ΣBEST
シグマベスト

最高水準問題集

中学国語

［文章問題］

鶴見貴之・木下雅博　共編著

文英堂

本書のねらい

▼みなさんは、〝定期テストでよい成績をとりたい〟とか、〝希望する高校に合格したい〟と考えて毎日勉強していることでしょう。そのためには、**どんな問題でも解ける最高レベルの実力**を身につける必要があります。では、どうしたらそのような実力がつくのでしょうか。それには、よい問題に数多くあたって、自分の力で解くことが大切です。

▼この問題集は、最高レベルの実力をつけたいという中学生のみなさんの願いに応えられるように、次の三つのことをねらいにしてつくりました。

1 教科書の内容を確実に理解しているかどうかを確かめられるようにする。

2 おさえておかなければならない内容をきめ細かく分析し、問題を一問一問練りあげる。

3 最高レベルの良問を数多く収録し、より広い見方や深い考え方の訓練ができるようにする。

▼この問題集を大いに活用して、どんな問題にぶつかっても対応できる最高レベルの実力を身につけてください。

本書の特色と使用法

1 すべての章を「標準問題」→「最高水準問題」で構成し、段階的に無理なく問題を解いていくことができる。

▼本書は「標準」と「最高水準」の二段階の問題を解いていくことで、各章の学習内容を確実に理解し、無理なく最高レベルの実力を身につけることができるようにしてあります。

▼本書での「標準問題」と「最高水準問題」それぞれの問題数は次のとおりです。

標準問題……25題　最高水準問題……40題

豊富な問題を解いて、最高レベルの実力を身につけましょう。

▼さらに、学習内容の理解度をはかるために、より広いまとまりごとに「**実力テスト**」を設けてあります。ここで学習の成果と自分の実力を診断しましょう。

2 「標準問題」で、各章の学習内容を確実におさえているかが確認できる。

▼「標準問題」は、各章の学習内容のポイントを一つ一つおさえられるようにしてある問題です。一問一問確実に解いていきましょう。各問題には［タイトル］がつけてあり、どんな内容をおさえるための問題かが一目でわかるようにしてあります。

▼どんな難問を解く力も、基礎学力を着実に積み重ねていくことによって身についてくるものです。まず、「標準問題」を順を追って解いていき、基礎を固めましょう。

▼その章の学習内容に直接かかわる問題に 重要 のマークをつけています。じっくり取り組んで、解答の導き方を確実に理解しましょう。

3 「最高水準問題」は各章の最高レベルの問題で、最高レベルの実力が身につく。

▼「最高水準問題」は、総合的で、幅広い見方や、より深い考え方が身につくように、難問・奇問ではなく、各章で勉強する基礎的な事項を応用・発展させた質の高い問題を集めました。

▼特に難しい問題には、難 のマークをつけて、解答でくわしく解説しました。

▼問題文は、実際に出題された分量を、できるだけ削らずに掲載しています。難関校入試をまずは体験してみるのにも適しています。

4 「標準問題」にある〈ガイド〉や、「最高水準問題」にある〈解答の方針〉で、基礎知識を押さえたり適切な解き方を確認したりすることができる。

▼「標準問題」には ガイド をつけ、学習内容の要点や理解のしかたを示しました。高校入試での出題傾向やその対策などもアドバイスしています。

▼「最高水準問題」の末尾には、解答の方針 をつけ、問題を解く糸口を示しました。ここで、解法の正しい道筋を確認してください。

5 くわしい〈解説〉つきの別冊解答。どんな難しい問題でも解き方が必ずわかる。

▼別冊の「解答と解説」には、くわしい解説があります。答えだけでなく、解説 もじっくり読みましょう。

▼解説 には ↗得点アップ を設け、知っているとためになる知識や、高校入試でよく問われることがら、差のつくポイントなどの情報を満載しました。

もくじ

1 論理的文章の読解

1 細部を読み取る

標準問題

解答 別冊 p.2

01 **[空所補入・部分解釈・内容一致]**

次の文章を読んであとの問いに答えなさい。

このごろ、日本語が乱れている、敬語が目茶苦茶だ、外来語のカタカナが多すぎる、若者の変な造語がさっぱりわからない、日本語はこの先どうなるんだと、よく話題になる。たしかにそういう気がしないでもない。①だが、本当にそうだろうか。

ここで、ａ正しい言葉とは一体何だろうと、もう一度考えてみる必要がある。もし正しい言葉というものが、一つだけはっきり定まっているのであれば、たしかに、皆がそれだけを使えば用は足りることになる。

たとえば水を飲みたいということを言いたいとき、意味が伝わりさえすればいいのであれば、「水が飲みたい」という言い方が一つあれば充分だ。[A]、現実はどうだろうか。そんな簡単なものではない。

人間の生活や心は限りなく豊かだ。そこで言葉にもｂひねりをかけようとする。「ああ、水が飲みてぇな」とか「喉がからっからだ」とか、なぜか一本調子の言い方から外してみたくなる。

特に、若者はｃ言葉の冒険をすることで自己主張をしたり、目立ちたがる。また、自分たちの遊び心や、グループの仲間意識などを満足させようとする。

若者ばかりでない。職人さんなども、自分たちの職業の特色を表わすために、言葉にひねりをかけることがある。

正しい言葉というものは、たしかにある。しかし、実際に生活のなかで言葉が活《い》きているのは、ひねりをかけて、そこからちょっと外した姿である。だから、逆に活きている言葉は、正しい言葉の外側にあるともいえる。

ガイド

● 論理的文章の読解

① **語意の把握**

辞書的な意味だけでなく、前後の文脈、文章全体の中での意味に注意する。

また、論理的文章では、**対義語**にも注意を払っておくとよい。これは文章のキーワードとなることも多い。

[例] 主観↔客観　精神↔物質
相対↔絶対　特殊↔一般
抽象↔具体　マクロ↔ミクロ
有機↔無機

② **文脈の把握**

前後の文脈がどのような関係になっているのか、順接か、逆接か、並立か、といったことを正しく把握しておく。このとき、文頭の**接続語**や**指示語**に注意する。

[例] したがって・そのため・それで・だから・〜から・〜ため・〜ので＝**順接の関係**

けれども・しかし・だが・ところが・〜ても・〜にもかかわらず・〜のだが・〜のに＝**逆接の関係**

および・しかも・そして・ならびに・また・〜とともに・〜しつつ＝**並立の関係**

その造ったおもしろい言葉、ひねった言葉、隠語などが活きているということは、逆にいうとひねっているということを、皆が意識しているわけだ。[B]、正しい言葉のあり方を、実は知っているということになる。

[C]、私は日本語の行く末について、それほど心配していない。いろいろと若者が造語を造る。ハイティーンやローティーンがカチャカチャやっている。それはやはり言葉遊びをして、言葉の感覚を磨いている、あるいは自分の個性を主張しているのだともいえる。

しかし、共通の正しい言い方というものが意識されているから、それができるわけだ。それがなければ、言葉は通じなくなってしまう。

だから、活きている言語、ビビット[*1]な生の言葉というのは、②遠心力と求心力がはたらいている。その両端の間を揺れ動いている。緊張感で人にアピールしているわけである。

（栗田勇『日本文化のキーワード』）

*1 ビビットな＝鮮烈な。

問一 ——線①「だが、本当にそうだろうか」とあるが、

(1) このような表現技法を何というか。漢字二字で答えなさい。

[ ][ ]

(2) ここでの「本当」とはどういうことを意味しているか。それを示す言葉を本文中から二字で抜き出して答えなさい。

[ ][ ]

問二 重要 [A]〜[C]に入る言葉として、最も適当なものを、それぞれ次のア〜オから一つ選び、記号で答えなさい。

ア そして　イ したがって　ウ つまり

エ しかし　オ または

A［　　］ B［　　］ C［　　］

---

③ **表現技法などの把握**

反語的表現・逆説的表現・比喩《ひゆ》的表現などは、その意味を正しくとらえること。

また、繰り返し出てくる語句や表現は、**重要語・キーセンテンス**となることが多いので注意する。

[例] このようなことが許されるだろうか。＝**反語的表現**

困ったときこそ笑おう。＝**逆説的表現**

人生は川の流れのようだ。＝**比喩的表現**

問三　本文中の〰〰線a～eを筆者の考えに即して二つに分けるとどうなるか。適当な組み合わせを、次のア～オから一つ選び、記号で答えなさい。〔　　〕

ア（a、b、d）（c、e）
イ（a、b、c）（d、e）
ウ（a、e）（b、c、d）
エ（a）（b、c、d、e）
オ（a、b）（c、d、e）

問四　――線②「遠心力と求心力がはたらいている」とはどういうことか。それを説明した次の文の［X］・［Y］に入る言葉を、本文からXは五字、Yは二字で抜き出して答えなさい。

活きた言葉は、中心にある［X］を意識しながら、そこから［Y］に離れようとすることで生まれるということ。

X □□□□□　Y □□

問五　本文の内容に合致するものを、次のア～クからすべて選び、記号で答えなさい。〔　　〕

ア　活きている言葉とは、生活の中で人々が使っている言葉であり、唯一の「正しい言葉」などというものは存在しない。
イ　人間の心の豊かさゆえに言葉も変化し続ける以上、一つだけの正しい言い方にとどまるということはない。
ウ　若者は自己主張が強く言葉遊びにも積極的なため、新しい活きた言葉を生みだすことが多い。

ガイド

● 筆者の主張をおさえながら読む

論理的文章とは、さまざまな領域の諸問題に対して、筆者が独自の観点から資料の分析や具体的な事例の比較・考察等を加え、自身の意見・主張を論理的に筋道立てて展開した文章である。

したがって、論理的文章の読解では、筆者の主張をおさえながら読むことが重要である。論理的文章の筆者は、自分の主張を強調するために、さまざまな方法でそれを印象づけようとしている。筆者の主張がどこに書かれているのか、その主張を支える事例が書かれているのはどこからどこまでか、など、文章の構造を把握したうえで、細部まで丁寧に読み解きたい。

エ　ひねりをかけた活きた言葉は、実際の生活の中でさまざまに変化し、それが「正しい言葉」を生むこともある。

オ　「正しい言葉」が存在しているからこそ、ひねりをかけた言葉も通じるのであり、それゆえ言葉は「一本調子」になる。

カ　若者たちや職人たちの「正しい言い方」にひねりをかけた言葉や言葉の冒険によって、彼らの職業意識や仲間意識が育てられる。

キ　言語規則に照らし合わせて、言葉の正確さのみを追い続ける人は、言葉のひねりを意識できず、言語の感覚を磨くことができない。

ク　日本語が乱れている、日本語はこの先どうなるのだという心配は、いよいよ現実のものになろうとしている。

02 【部分解釈・指示語の内容】

次の文章を読んで、あとの問いに答えなさい。

私は、今の時代は、いろいろなことが便利になり、①近道が非常に増えた時代だと思っている。何かをやろうと思ったときに、さまざまな情報があり、安易な道、やさしい道が目の前に数多くある。楽に進める環境も充実している。昔は、遠い、一本の道しかなかった。そのため、選択の余地なくその道を歩んだけれど、今は近道が他にたくさんできている。わざわざ②一番遠い道を選んで行くのは損だという思いにかられる。その横では近道で通りすぎてゆく人がたくさんいるのだから。自分自身で、「何をやっているのだ」と思うこともあるだろう。逆に、昔よりも選択が難しい時代なのかもしれない。しかし、遠回りをすると目標に到達するのに時間はかかるだろうが、歩みの過程で思わぬ発見や出会いがあったりする。将棋《しょうぎ》でも、直接対局に関係ないように思えることが、あとになってプラスになったということはいろいろある。対局で、未知の場面に遭遇《そうぐう》したときには、直接的な知識や経験以外のものが役に立ったりするのだ。

若いころ、一人で考え、学んだ知識は、今の将棋では古くなり、何の役にも立たない。だが、自分の力で吸収した考える力とか未知の局面に出会ったときの対処の方法とか、さまざまなことを学べたと思っている。私は、自ら努力せずに効率よくやろうとすると、身につくことが少ない気がしている。近道思考で、簡単に手に入れたものは、もしかしたらメッキかもしれない。メッキはすぐに剝《は》げてしまうだろう。

ビジネスの世界でも、最近は、プロジェクトを組んで進めることが多いという。「三人寄れば文殊《もんじゅ》の知恵」という諺《ことわざ》もある。プロの棋士の間でも、③集まって共同で研究や検討をしたりすることがある。一人で考えるか、それとも何人かの人が集まって知恵を出し合うか、どちらがより有効かは、非常に面白いテーマだ。私は、基本的には一人で考えなくてはいけないと思っている。将棋の場合、対局は一人で考えて答えを見いだしていくのだ。一人で考えていき、あるところまで到達する——そのうえで共同して知恵を出し合うのでなければ意味がないと思っている。

確かに、プロ同士二、三人で一緒に研究したほうが、ある特定の局面が問題になったときなどは、はるかに早く理解できる。というのも、一人で考えると、誰《だれ》でもひとりよがりとか自分

ガイド

● 指示語

文章の中で述べられたものごとを指し示すのが指示語。論理的文章の読解では、指示語が文章中のどこを指し示しているのか、具体的な内容は何なのか、答えさせる問題が多く出される。

● 指示語の指示内容

「この」「そう」「そこ」「それ」など、ごく短い指示語であっても、文節、句、文、段落と広い部分を指し示していることがある。まずは、指示している範囲を正しくとらえることが大切。

指示語が指示している部分は、指示語より前にあるのが一般的。ごくまれに指示語より後ろにあることもある。

● 指示内容の答え方

指示内容を問う問題は、文中から抜き出して答えさせるものが多い。そのまま抜き出すのではなく、言葉を補ったり、並べ替えたり、短くまとめたりすることが必要な場合もある。設問をよく読み、求められている形で解答すること。「〜はどのようなもの(こと)ですか。」という問いには、「〜もの」「〜こと」のように文末を対応させて答える。

答えがまとめられたら、指示語の代わりに入れてみて、文意や文脈が正しく通るか確認しよう。

の考えに固執してしまう部分がある。何人かの人と共同で検討すると、理解の度合いが二倍というよりも二乗、三乗と早く進んでいくのは確かだ。だからといって、それに全面的に頼ってしまうと、自分の力として勝負の場では生かせないだろう。

基本は、自分の力で一から考え、結論を出す。それが必要不可欠であり、前に進む力もそこ④からしか生まれないと、私は考えている。

（羽生善治『決断力』）

問一 ——線①「近道」とあるが、筆者は近道を行くことにはどのような問題点があると述べているか。次のア〜エから一つ選び、記号で答えなさい。［　　］

ア 通り過ぎる人がたくさんいるため、不安を持つことが多い。
イ 今は他にたくさん方法があるため、昔よりも選択が難しい。
ウ 努力せずに効率だけを求めるため、身につくことが少ない。
エ 直接的な知識や経験が増えるため、目標まで到達しやすい。

問二 ——線②「遠い道」について説明した次の文の［A］・［B］に入る語として適当なものを、本文より［A］は四字、［B］は五字で抜き出して答えなさい。

遠い道を選んだことで、筆者は［A］や［B］などを身につけることができた。

A □□□□
B □□□□□

問三 重要 ——線③「集まって〜したりする」とあるが、それを意味があるものにするためには、どうすることが必要だと筆者は述べているか。「こと」につながる形で三十字以内で答えなさい。

□□□□□□□□□□□□□□□□□□□□□□□□□□□□□□ こと

問四 重要 ——線④「そこ」が指示する内容を二十字以内で答えなさい。

□□□□□□□□□□□□□□□□□□□□

● **部分解釈**

部分解釈として問われる内容は次のようなものが多い。

① **ある言葉やことがらの具体的な内容**
文章のキーワードや筆者独特の言い回しやたとえについて問われることが多い。具体的な意味や内容を説明している部分や言い換えている部分を探す。

② **あることがらについて、筆者はどのように考えているか**
一般的には、「問題提起」→「筆者の意見」という文章の流れになる。まずはこの筋道をたどって、筆者の意見を探してみよう。

③ **筆者の意見について、理由や根拠を問う**
「なぜ、こう言えるのか」を念頭に、筆者が自分の意見を補強するために提示している理由や根拠を探す。

最高水準問題

03　次の文章を読んで、あとの問いに答えなさい。

（愛媛・愛光高）

解答　別冊 p.3

槌田敦《つちだあつし》さんは、『環境保護運動はどこが間違っているのか』（宝島社、一九九二年）のなかで、リサイクル運動の功罪について語っています。

牛乳パックのリサイクル運動は、一見、環境保護に役立つように見える。

しかし、いまの時点でリサイクルシステムを組めないものを集めてみても、意味がない。それに、リサイクルできるんだから、どんどん消費していいんだという気分をあおることになる。それは結局、物を売りたい企業の思うつぼだし、その結果、ゴミと毒物をさらにためこむことになる。

これはたいへん鋭い着眼点です。

槌田さんは、現在の不完全なリサイクルシステムのもとで、リサイクルを進めることに大きな問題があると主張します。槌田さんのこの現状認識は、正しいと思います。

ただ、この点は、槌田さんがこの本で書かれていることを超えて、さらに大きな問題へとつながっているような気がするのです。

この狭い日本、もうゴミの山を捨てる場所がありません。埋めたり、海に捨てたりするのも、限界があります。[A]、商品を作り続けなければ、日本経済は崩壊しますし、不況がさらに深刻になって企業がつぶれれば、我々の収入の道が閉ざされてしまいます。

そういう企業国ニッポンに残された、最後の道、それがリサイクル社会への脱皮なのだと、大企業の環境問題対策の関係者たちは思っているようです。

[B]、廃棄された商品を工場へと引き取ってきて、新たな製品を作るための材料にする。こういうリサイクルシステムを構築して、全社会にはりめぐらせることで、ゴミ問題は解決し、企業はつぶれずにすむ。[C]、そのリサイクルを請け負うあらたな業種が確立すれば、そこで雇用を確保できる。

こういう①青写真を描いている企業は、多いと思います。

[D]、現時点では、コストや技術や人手の問題があって、リサイクル社会の建設は夢のまた夢です。

しかし、日本をリサイクル社会に変えるのだという方針が国レベルで決まり、多くの大企業がそちらのほうへと事業を展開するようになれば、社会はかなり早い速度で、リサイクルシステムの構築へと動いてゆくでしょう。そして、企業は、そのシステムのなかでリサイクルできるものしか、基本的には作らないようになります。

②これは、いまの状況から考えると、夢のような話です。しかし、生活レベルを下げないで、ゴミ問題を解決するには、この方法しかないことは明らかです。（中略）

では、リサイクルシステムが完備した社会とは、どのような社会なのでしょうか。

ここで、ちょっと想像をたくましくして、その様子を考えてみましょう。

まず、その社会は、残飯や、いらなくなった耐久消費財や、生活廃物・汚物などが、すべて自動的に下水道のようなルートをとおって回収され、工場で多段階に分別され、それぞれもっとも適したかたちで再利用されます。あるものは、部品として再利用され、あるものは素材にまで分解して再利用され、どうにも使えないものは燃やされたり、宇宙に捨てられたりします。最終処理のしようがない地下資源は、なるべく使わなくてもすむように、生産工程を工夫します。

また、商品生産は、徹底した省エネでできるように改善されています。そして商品は、この社会のリサイクルシステムにのるようなかたちで、はじめから生産されます。ですから、リサイクルのために、膨大なエネルギーとコストと時間がかかったりはしません。

これが、リサイクル完備社会の基本像です。

そこでは、物を捨てても、ゴミとなってたまらない。

どんどん買って、どんどん捨てても、それがゴミの山となって蓄積するということはありません。これは、槌田さんが恐れている事態です。

でも、ちょっと待ってよ、と感じます。

もし捨てた商品がほんとうに完全に近いくらい再利用され、毒物をほとんど発生させないのであれば、商品を使い捨てたっていいはずです。

いくら捨てても、その商品は、形を変えてまた私たちの目の前に姿をあらわすわけですから。

極端な話をすれば、毎週テレビを買いかえて、捨てていっても、全然問題にならないわけです。捨てられたテレビは、部品を交換され、きれいに磨かれ、デザインを新しくして、また私たちのまえに姿をあらわします。もし、多くの人々が毎週テレビを買いかえるようになれば、テレビの値段はおそらくいまの瓶ビール数本くらいの値段に下がるはずです。（中略）

③槌田さんの問題提起は、まだリサイクルシステムが完備していない段階で、リサイクルを盲目的におしすすめることに対する警告でした。

しかし、もし将来、ここで述べたようなリサイクルシステムが完成してしまえば、その社会でリサイクルをすすめることには何の問題もないはずです。

それどころか、もしゴミ問題や、資源問題が生じないのであれば、大量生産・大量消費にもとづくリサイクル型超浪費社会を否定する根拠が、ほとんどなくなってしまうのです。

リサイクルできるものを、どんどん消費することが、どうして悪いのだ。

こういうことに、なってしまうのです。

それを悪いと言える根拠としては、「浪費」は悪いのだという精神論しか残りません。つまり、不必要なものをどんどん消費することは、私たちのこころをすさんだものにしてゆく。ものを大切にしない社会は、人のいのちをも大切にしない社会だ。だから、浪費は良くないのだ。

こういう精神論にもとづく反論です。

この精神論には、それなりの説得力があります。

そこには、たしかに、④無限の拡張を続けてゆこうとする「資本主義の運動」を、根本的に批判できるかもしれないまなざしが、含まれています。

しかし、リサイクル型資本主義は、そういう精神論をもまた、自ら*1のアイテムのひとつとして貪欲《どんよく》に吸収しながら、増殖を続けてゆくことでしょう。

つまり、そのような精神論に一定の需要《じゅよう》があると見るやいなや、そういう言説をたくみに商品化して、大量販売してゆくに違いありません。「リサイクルは我々を滅ぼす！」「清貧の思想こそが人類を救う！」こういうタイトルの書物やエッセイやテレビ番組が大量に生産され、どんどん販売されてゆくかもしれません。それらの書物は、当然、読まれたあとはきちんとリサイクルされてゆくわけですが。

結局のところ、私たちが、そういう精神論を読むことによって安心したい、問題解決したいと思っているかぎり、その精神論は資本主義システムの後押しをするだけです。資本主義システムを克服しようという精神論を説くだけの文化人は、結局、資本主義システムの手先にほかなりません。彼らの精神論は、麻薬から立ち直りたい人に、別種の麻薬をあたえるにすぎないのです。

だから、私たちが真にやるべきことは、このような、資本主義システムとそれを批判する精神論の共犯関係それ自体の構造を解明すること。そして、その循環構造から外へ一歩足を踏みだすやり方を、必死で模索することしかないのだと、私は思うのです。

（森岡正博『生命観を問いなおす―エコロジーから脳死まで』）

＊1 アイテム＝道具。

問一 [A]～[D]に入る適当な語を、それぞれ次の**ア**～**ク**から一つ選び、記号で答えなさい。

A［　］ B［　］ C［　］ D［　］

ア とりわけ　**イ** つまり　**ウ** ところで　**エ** しかし
オ もちろん　**カ** さらに　**キ** なぜなら　**ク** こうして

問二 ――線①「青写真を描いている」の本文での意味として適当なものを、次の**ア**～**オ**から一つ選び、記号で答えなさい。［　］

ア 社会の未来の姿をおおまかに予想している。
イ 人間にとって都合のいいことばかり考えている。
ウ 詳《くわ》しいスケジュールをすでに決定している。
エ 議論を尽くしていない案をそのまま提出する。
オ ちょっとした思いつきをすぐに現実化しようとする。

問三 難 ――線②「これは、～夢のような話です」とあるが、なぜそういえるのか。「これ」の内容を明らかにし、百字程度で説明しなさい。

問四 ――線③「槌田さんの問題提起は、～警告でした」とあるが、槌田さんの警告の内容を、本文中の言葉を使って、百字程度で答えなさい。

問五 ――線④「無限の～『資本主義の運動』」は将来どのような社会を生み出そうとしていると考えられるか。本文より二十字以上三十字以内で抜き出して答えなさい。

解答の方針

問五 逆接の接続語や否定表現の後ろは強調部分。見落とさないように注意して、筆者の言いたいことを読み取ろう。

---

04 次の文章を読んで、あとの問いに答えなさい。

（東京・筑波大附駒場高）

ぼんやりものを考えていて、客観ということ、客観ということばに疑問をいだくようになった。客観は本当に客観的でありうるのか、「一般的ないし普遍的なもの」（*1『大辞林』）ではないような気がするのである。

もともと、①主観に対しての客観である。完全に独立して存在するように考えるのがおかしい。主と客とは、いくら自立しようとしてもなお、相対的で、互いに交流、影響し合うことを免《まぬが》れない。

囲碁《いご》での対局者はともに主、客の立場にある当事者であって、その場の作用から自由であることは難しい。そばで見ている人間には、対局者の見えないところが労せずして見えるから、②岡目八目というようなことになる。さほど*2棋力のない人が高段者の対局の観戦記を書けるわけである。

③アメリカの事件のニュースをアメリカのメディアで知るより、イギリスの報道の方がわかりやすく、正しいことがある。客観的であるより傍観的だからであろう。味方の情報より敵の情報の方が正確だという不思議なことがありうるのも、やはりいわゆる客観の限界を暗示するといってよい。

第三者的立場の傍観が④客観よりも客観的であることははっきりしている。しかし一般には、傍観は客観より信頼できない無責任なものとして軽んじてきたのは、どうして生じたのかわからないが、偏見である。

喧嘩《けんか》両成敗という。喧嘩は主観と客観のぶつかり合いで、話し合いで解決するわけがないから、傍観の仲裁、判定が必要になる。

裁判は原告、被告の当事者から独立した裁判官によって行われる。普通、それで公正が保たれるが、なお裁判官でさえ当事者に近すぎるといろいろ疑問もありうる。そういう考えを反映して裁判員制度が生まれる。事件にまったく関係がなく、法律、訴訟《そしょう》の知識もない素人《しろうと》に重大な判断ができるかという不安もあって、裁判員になりたくないという人がすくなくない。実は、その無知、無関係なまったくの第三者が求められているのである。法律という、普遍、妥当《だとう》を求める世界において傍観者的存在は貴重である。いわゆる客観性の外に、より公正な傍観性が存在するというのは発見である。

　われわれは自分のことは自分がいちばんよく知っているように思っているが、主観的錯覚である。親はわが子のことは何でも知っていると信じているが、それも⑤客観的主観の誤解である。

　自叙伝はもっとも信頼できる伝記のようでいて、その実、案外、⑥時の試練に耐えられない。第三者による伝記も、身近な人の書いたもので⑦秀《すぐ》れたのはごくすくない。生前、本人に会ったこともないような人の書いた伝記が信頼すべき作品になる。

　近く、かかわりがあるのは純粋で普遍的認識にとって邪魔《じゃま》な障害である。主観がもっとも歪《ゆが》みやすく、対立する客観もなお充分に正しくない。傍観こそ普遍、妥当に近い。⑧自然科学は傍観主義の花である。

（外山滋比古「傍観主義」）

＊1『大辞林』＝国語辞典の一つ。
＊2 棋力＝囲碁や将棋での実力。

問一　――線①「主観」とあるが、一般的に「主観」とはどのようなものか。次のア～エから一つ選び、記号で答えなさい。［　　］

ア　自分自身への批判に配慮してものごとを見ること。
イ　自分自身の認識を根拠としてものごとを見ること。
ウ　自分自身の判断を打ち消してものごとを見ること。
エ　自分自身の信念を変えないでものごとを見ること。

問二　――線②「岡目八目」の意味として適当なものを、次のア～エから一つ選び、記号で答えなさい。［　　］

ア　事の当事者よりも第三者のほうが情勢や利害を正しく判断できること。
イ　当事者双方が争っているすきに乗じて第三者が利益を横取りすること。
ウ　第三者が知りながらも当事者だけ知らずに平穏な境地にいられること。
エ　第三者のどのような行為であっても当事者である自分の役に立つこと。

問三　――線③「アメリカの事件の～正しいことがある」とあるが、なぜこのようなことがおこるのか、答えなさい。

［　　　　　　　　］

問四　難　――線④「客観よりも客観的である」とあるが、これはどういうことか、説明しなさい。

問五 難 ――線⑤「客観的主観」とあるが、これはどういうことか、説明しなさい。

問六 難 ――線⑥「時の試練に耐えられない」とあるが、どういう意味か、答えなさい。

問七 ――線⑦「秀《すぐ》れたのはごくすくない」とあるが、それはなぜか、答えなさい。

問八 難 ――線⑧「自然科学は傍観主義の花である」とあるが、筆者がこのように思うのはなぜか、答えなさい。

解答の方針

問三〜八 理由は「どうしてそうなるのか」、説明は「別の言葉でいうとどういうことか」。それぞれ区別して、問われている内容にきちんと答えよう。

問四・五 「客観よりも客観的」「客観的主観」など、逆説的な筆者独自の表現について問う問題。

2 段落・構成をとらえる

標準問題

解答 別冊 p.5

05 **[指示語の内容・空所補入・部分解釈・段落の役割]**

次の文章を読んで、あとの問いに答えなさい。

　マーシャル・マクルーハン[*1]は、こんな話を紹介している。

　二〇世紀の前半、あるアフリカの村で、白人の衛生監視員たちが、村人たちに衛生の大切さを教える映画を見せた。上映後、監視員は、村人に「あなたたちは映画で何を見ましたか」とたずねた。監視員は「手を洗っているのを見ました」とか「服をきれいにしているのを見ました」といった反応を期待していたはずだ。ところが、村人から返ってきたのは「ニワトリを見ました」という答えだった。一人だけではなく、みな同じことをいった。

　監視員たちはとまどった。映画は衛生の大切さを説いたものであって、ニワトリとは関係ない。そもそもニワトリが映画に出ているはずなどなかった。いぶかしんだ監視員が注意深く映画を見なおすと、途中で、一瞬、画面の下をニワトリが横切る場面が見つかった。撮影現場のそばにいたニワトリが偶然カメラに映りこんでいたのだった。監視員たちは、このときまで、①だれもそのことに気づいていなかった。［ A ］、村人たちにとって、この映画でもっとも印象に残ったのが、このニワトリだった。一方、監視員たちが伝えたかった映画の筋については、村人はまったく理解していなかった。

　この話は、無文字社会の人びとが映画の内容を理解できないことを伝えているわけではない。人は、自分たちの文化的な文脈の中にあるものしか見えないのである。われわれが映画を見てストーリーを理解できるのは、そこに使われている約束事を学習して理解しているからだ。

　たとえば、ドラマの中で男性の笑っている顔が映り、つぎに女性が照れている顔が映ったら、われわれは説明されなくても、二人が同じ場所で見つめ合っているとわかる。それはふだんか

ガイド

● 段落・構成の把握

　論理的文章では、筆者は自分の意見をわかりやすく、効果的に伝えるために、各段落に一定の役割を与え、それを相互に関連づけて全体を論理的に構成している。したがって、**①段落相互の関係**、**②全体の構成**をつかむことは、文章全体の主張をとらえる上で不可欠である。

● 段落の役割

　各段落は、次のような役割をもちながら文章を構成している。

① **問題提起をする**

　筆者が考えを巡らすきっかけになったできごとを明らかにして、その文章で何について論じるのか、テーマを提示する。

② **筆者の意見を述べる**

　文章で取り上げている問題について、筆者の意見を述べる。

③ **筆者の意見を補強する**

　これはいくつかの内容に分けられる。

a　筆者の意見を具体的に、わかりやすく、より強調して言い換えたり、補足したりする。

b　なぜそのように考えるのか、理由や

らテレビや映画を通して、そういう映像の文法に慣れ親しんでいるからである。しかし、そうした約束事を知らなければ、男と女の関係を結びつけては考えられない。監視員たちが上映した映画の中に、村人がニワトリしか見えなかったのは、唯一、ニワトリだけが②村人の生活の文法で解釈できるものだったからである。

つまり「見る」には約束事が必要なのだ。これは人間も動物も同じである。動物行動学者のティンバーゲンは、セグロカモメのヒナは餌《えさ》がほしいとき、親鳥のくちばしの先にある赤い点をつつくことを発見した。ヒナは親鳥をその全体の姿で認識しているのではなく、くちばし状の形とその先端にある赤い点として把握しているのである。それがヒナにとって、親を認識するために先天的にプログラムされた約束事である。この時期のヒナには、たとえ赤い印をつけた棒であっても親鳥に見えるのである。

どうしてセグロカモメのヒナは親を全体として見ないのか。それは逆のパターンを考えればわかる。視覚に入ってくるすべての情報を分析してから認識するとなったら、とほうもない情報処理能力と時間が必要とされる。野生動物が、そんなことに時間をかけていては、自分の生存が危ぶまれる。そのため、③いま生きるうえで必要な情報だけを取り出し、わかりやすくパターン化してイメージを作りあげているのである。

セグロカモメのヒナだけでなく、人間もほかの動物も、ありのままの世界や自然を、全体として認識しているわけではない。というよりも、ありのままの世界は、見たくても見ることができないのである。ありのままの世界とは、どこにも切れ目も境界もない連続体である。それは名づけようもなければ、認識しようもないものである。（田中真知『美しいをさがす旅にでよう』）

＊1 マーシャル・マクルーハン＝カナダ出身の英文学者。文明批評家。

問一 ——線①「そのこと」が指示する内容を答えなさい。

［　　　　　　］

根拠を述べる。

c 筆者の意見にうまく合致する例をあげる。また、別の立場の人が同様の意見であること示す。

d 筆者の意見を展開し、他のことがらに当てはめても、正しいことを示す。

e 筆者とは異なる立場や反対の意見をあげ、対比する。これによって、自分の意見を強調したり、公平な立場で広く検討を行っていることを示したりする。

問二　A に入る語として適当なものを、次のア〜エから一つ選び、記号で答えなさい。

ア　そこで　　イ　だから　　ウ　また　　エ　しかし

〔　　　〕

問三　――線②「村人の〜解釈できるもの」とあるが、これと同じような意味で用いられている部分を、本文中より十五字以上二十字以内で抜き出して答えなさい。

問四　重要　――線③「いま生きるうえで〜作りあげている」とあるが、これはセグロカモメのヒナにとってはどういうことか、具体的に答えなさい。

〔　　　〕

問五　重要　「つまり『見る』には」で始まる第六段落は、本文においてどのような役割を果たしているか。次のア〜エから一つ選び、記号で答えなさい。

〔　　　〕

ア　それまでの内容に対して、根拠をあげて反論している。
イ　それまでの内容をふまえ、さらに問題を提起している。
ウ　それまでの内容をまとめた上で、新たな例をあげている。
エ　それまでの内容をいったん離れ、別の論を展開している。

ガイド

● 段落相互の結びつき

段落どうしの結びつき方にも、順接、逆接、並立（p.6〜7参照）などがあり、段落の最初の接続語でこれを示すことがある。段落の最初の接続語を問うことで、段落相互の結びつき方を問う出題も多い。p.18「段落の役割」③のa〜eの段落の冒頭の接続語としては、aが「つまり・すなわち」、bが「なぜなら」、cが「たとえば」、dが「さらに・また」、eが「しかし・ただし」などとなる。例1・例2、根拠1・根拠2のように対等の関係で並んでいるのが並立である。

● 意味段落

複数の段落の結びつきは、さらに大きな意味のまとまりを作り、文章を構成している。この段落の意味的なまとまりを「意味段落」という。この意味段落を把握することによって、p.22のように文章全体の構成をとらえることができる。

問題文がいくつの意味段落に分けられるか、各段落はどのように意味段落にまとめられるかを問う出題もある。

06 〔部分解釈・段落の構成・要旨〕

次の文章を読んで、あとの問いに答えなさい。

1 私の学生時代は、まだ映画の全盛時代で、主としてそのころ経験したことであるが、①日本の映画と外国の映画の美しさに違いがある。今でも旅先で半端な時間ができるとみる*1任《にん》俠《きょう》映画などに典型的にみられ、小さい画面で、あまりはっきりしなくなったがテレビでも認めることができる。それは、日本映画における物の配列の美しさである。富士を遠望する砂浜の場面では、かならず、手前に漁船と、そして、右上か、左上の隅には松の枝がかかっている。任俠映画の舞台になる、大正から昭和初期ころと思われるセットの町のたたずまいは、橋があり柳があり、右上か左上の隅には、美しい瓦《かわら》屋根の軒先が写っている。

2 日本の映画の特徴は、画面の配列にすきがない。扉なり幕などをあけて暗い劇場に入り、スクリーンをみた瞬間、その印象が強い。

3 その反対に、外国の映画の画面は、いかにも無造作である。町の一角、人生の一こまに光をあて、そこを写しているという感じがする。

4 私が、日本の映画と外国の映画をこのようにみくらべるようになったのは、山田智三郎氏の「美術における東洋と西洋」（『日本文化研究』新潮社）という論文を読んだことにはじまっている。氏は、東西の絵画を比較し、東では、線の美しさに焦点があり、西では、量感の美しさが中心であるとされた。

5 東の世界では、人間の視点が地表の一点にある。世界とは、その人間がぐるっと回って見えるものがすべてである。そこでは、物と物とは配列の関係において理解される。配列は線で示されるものであり、線の美しさを知るようになる。その発展の典型的な例が浮世絵である。

6 それに対して、西の世界では、人間の視点は、地表ではなく、天とはいわないまでも、空のどこかにあり、ななめ上から下をみる鳥瞰《ちょうかん》の視点がある。そこでは、物のひとつひとつが、三次元的存在として意識され、物の奥ゆき、あるいは「量感」と表現される感覚が発達している。

7 山田氏によれば、それぞれの美しさの感じ方の差は心の深くにまで達していて、一方は他方を感じ得ていないという。氏によれば、たとえば梅原龍三郎のような洋画の大家の作品にも、空間に破綻《はたん》があるという。それは、そもそも日本人には「量」の美しさを感じ得ていないからであるという。

8 その「空間の破綻」というのが、洋画の技法の習得の程度ということではなく、心の問題であるという見解は、大変に興味深い。

9 心の違いに根ざしているものであれば、それは美術だけでなく、多くの現象にあらわれているはずである。東西の映画にあらわれている違いも、美術と、ほとんど同じことで、その視点の違いによるものであろう。

10 東西の視点がこのように違っているのはなぜだろうか。ここにも、森林と砂漠の違いが反映していると私は考える。

11 森林のなかでは、人は地表の一点に定着している。人は、まわりの樹林と真上の天をみあげる存在である。そのみている樹木と天が、森林の民の世界である。黒沢明監督の「デルス　ウザーラ」という映画をごらんになった方がおられると思う。「雄大なシベリアの平原」をみられるかと期待していったが、ほとんど薄暗い森林のなかの描写ばかりで、その点ではがっかりしたが、考えてみれば、シベリアの森林地帯とは②人間にとってまさにそういうところなのであり、天の神、森の霊など、おどろおどろのシャーマニズム*2の世界を、デルス　ウザーラというゴルド人の猟師の生活によってかいまみることができたのは、私にとってはかえって収穫であった。

12 一方、砂漠の世界では、人は、一点にいて生活することはできない。意識のなかでは常に鳥の高さで広域をみとおしていなければならない。そこでは、物とははっきりと三次元の存在である。森林の民の視点が「下から上へ」であるのに対して、砂漠の民の視点は、「上から下へ」であろう。

（鈴木秀夫『森林の思考・砂漠の思考』）

＊1 任侠《にんきょう》映画＝ヤクザを主役とする映画。
＊2 シャーマニズム＝霊的存在との交渉を中心とする宗教様式。

ガイド

● 文章の構成

論理的文章の展開の仕方、全体の構成には、一般的なパターンがある。このパターンをおさえることで、長文であっても、論の展開を正しくつかむ手がかりとなり、論旨の理解に役立つ。

一般的な論理的文章は、次のような段階をたどりながら、大きな三つの意味段落によって構成されている。

① **序論（問題提起）**

本論への導入部分。筆者の問題意識が、それを引き起こした要因とともに、提示される。「何について書かれた文章か」すなわち文章のテーマを読み取ろう。引き続いて、筆者の意見（結論）がひとまず述べられ、本論でこれを論証していく構成も多い。

② **本論（説明・論証）**

筆者が自分の意見が正しいことを説明し、証明する部分。理由や根拠をあげたり、具体例をあげたり、異なる意見と対比したりしながら、自分の意見を補強し、展開していく。

③ **結論（まとめ）**

論をしめくくり、自分の意見をもう一度まとめる部分。本論で述べた内容と自分の意見をもう一度結びつける、自分の意見を簡潔に言い換えるなどして、読み手に結論を印象づける。

問一 ――線①「日本の映画と外国の映画の美しさに違いがある」とあるが、その違いについて説明した次の文の[A]・[B]に入る適当な語を、それぞれア〜オから一つ選び、記号で答えなさい。

日本の映画は画面の全体的な[A]を重視するが、外国の映画は強調したい事物に[B]を当てて描く。

ア 光　**イ** 奥行き　**ウ** 調和　**エ** 比率　**オ** 焦点

A〔　　〕B〔　　〕

問二 ――線②「人間にとってまさにそういうところ」とはどういうところか。わかりやすく説明しなさい。

〔　　　　〕

問三 **重要** 本文を三つに分けると、どのように分かれるか。適当なものを、次の**ア**〜**オ**から一つ選び、記号で答えなさい。

ア [1]／[2]〜[7]／[8]〜[12]
イ [1]〜[3]／[4]〜[8]／[9]〜[12]
ウ [1]〜[3]／[4]〜[9]／[10]〜[12]
エ [1]〜[4]／[5]〜[9]／[10]〜[12]
オ [1]〜[4]／[5]〜[10]／[11]〜[12]

〔　　〕

問四 本文の筆者の論じ方の説明として適当なものを、次の**ア**〜**オ**から一つ選び、記号で答えなさい。

〔　　〕

ア 日本の映画と外国の映画の違いについて、題材となる時代やテーマの違いから説明している。
イ 日本の映画と外国の映画の違いについて、東西の風土の違いから生じた視点の違いから説明している。
ウ 日本の映画と外国の映画の繊細さと粗雑さの違いについて、気候の違いから説明している。
エ 東西の文化の主観と客観の違いについて、物を見る視点の高さの違いから説明している。
オ 東西の文化の視点の違いについて、日本と外国の映画のカメラワークの違いから説明している。

● 意見と事実

これまで見てきたように、論理的文章は、大まかには、筆者の「意見」と、これを証明するための根拠や例となる「事実」が内容の大半を占める。根拠や例としてあげる事実が適切でない場合、「論理的」とは言えなくなる。読解においては、「意見」なのか「事実」なのかを判別することが、構成を理解する上での基本となる。

[例] 明日は雨が降るだろう。**(意見)**
なぜなら、秋雨前線が北上しているからだ。**(事実)** ―論理的
なぜなら、昨年の同じ日も雨が降ったからだ。**(事実)** ―非論理的

最高水準問題

07　次の文章を読んで、あとの問いに答えなさい。

（東京・明治大付明治高 改）

解答 別冊 p. 6

子どもの感性が大人よりも豊かだとか、大人よりも子どものほうが純粋だというのは、①大いなる錯覚だと私は思っています。

もちろん、子どもと大人では物事の感じ方が違うことはたしかで、したがって子どもの考え方やものの見方が大人には新鮮に感じられることはあります。

たとえば夏に公園で蟬《せみ》の抜け殻を見つければ、大人はべつに何とも思いませんが、子どもはびっくりして興奮しますね。キャーキャーいって抜け殻を拾い集めている姿を見れば、驚きも感動もしない［ A ］な大人と違って、なるほど子どもは［ B ］なものだと無性《むしょう》に感心する人もいるでしょう。

でもね、蟬の抜け殻を初めて見た子どもが興奮するのは、べつに感性が豊かだからじゃありません。②それは、単に未熟でものを知らないからなんですね。大人が驚かないのも、［ A ］だからではなく、それについてよく知っているからです。だから、蟬の抜け殻に興奮できないからといって、「私の心は俗世間の垢《あか》にまみれて薄汚れてしまった」なんて嘆くことはない。大人がいちいち子どもと同じものに感動していたら、そっちのほうが問題です。

出版された子どもの詩集などは、たいがい先生や編集者が手直ししたものだと思ったほうがいいでしょう。

子どもに自分で作曲した音楽を演奏させるコンサート番組もありますが、それも同じ。私はそういうイベントの裏方を務めている芸大の学生から話を聞いたことがありますが、子どもの作った曲というのは、たいてい箸《はし》にも棒にもかからないもので、とてもそのまま人に聴かせられるようなものじゃないそうです。だから彼らがそれを書き直して、演奏のほうも必死にレッスンをつけてやる。それでようやく、なんとか人前に出せるものに仕上がるということでした。最終的に演奏された曲のうち、子どもが自分で作ったといえる部分は全体の一割もないというのが実情なんですね。（中略）

私もね、小学生の時分に、たとえば俳句なんかこしらえたことはあります。

いまでも「霜柱道でみんなで背比べ」なんて書いてみたことを覚えていたりしますが、こんなものは芸術でも何でもない。ただ見たままを五七五にしているだけであって、まさに［ C ］ものです。そういう子どもの無邪気さを面白がる気持ちは誰《だれ》にでもあるんでしょうが、それは芸術とは違う話であって、大人が勝手にそこに芸術性なんか見出すべきじゃないんですね。

子どもの未熟さを「純粋さ」と読み替えたり、「いつまでも子どもの心を失わない」などという言葉が芸術家への賛辞として通用してしまう背景には、おそらく③「感性」という言葉に対する浅薄な理解があるんだろうと思います。

たとえば難解な現代音楽や得体《えたい》の知れない抽象画を前にして、「私には意味がわからない」と悩んでいる人がいると、必ず、「そんなもの、意味なんか考えずに心で感じればいいんだよ。芸術っていうのは、理屈じゃなく感性で受け止めるもんだ」なんてことをいう人がいますね。ここで使われている「感性」という言葉は、きわめてインチキ臭いものだと私は思うんです。耳ざわりのいいムードがあるだけで、何をもって「感性」というのか判然としない。

そこで、小難しい理屈をこねくり回して芸術を語る人々の存在が、俄然《がぜん》クローズアップされてくるのですが、ところがこういう存在が、芸術の世界からふつうの人々を遠ざけていることはほぼ間違いない。

そういうことで敷居の高さを感じている人が多いのは、芸術そのものにとって不幸なことです。

でも、だからといって、芸術を創《つく》ったり鑑賞したりする行為が、「考える」ことと無縁であっていいわけがありません。むしろ、すぐれた作品というのは芸術家が考えに考え抜いた結果として生み出されたものなんであってね、だからこそ、それは鑑賞する者にもいろいろなことを考えさせる。そこに芸術の楽しさや豊かさがあるんです。

（林望『「芸術力」の磨きかた　鑑賞、そして自己表現へ』）

問一 難　――線①「大いなる錯覚」とあるが、これはどういうことか、説明しなさい。

問二　――線②「それ」が指示する内容を答えなさい。

問三　A・B に入る適当な対義語を、それぞれ漢字二字で答えなさい。

A □□　B □□

問四　C に入る慣用表現を本文より抜き出して答えなさい。

問五 難　――線③「『感性』という言葉に対する浅薄な理解」とあるが、これはどのようなものか。四十字以内で説明しなさい。

問六　次の文章からなる一段落が本文から抜けている。どの段落の前に入るのが適当か、その段落の最初の五字を抜き出して答えなさい。

絵や詩も同じことで、子どもの作ったものが大人の作品より新鮮に見えたとしても、それはただ未熟だからなんですね。それに、メディアを通じてそれが流されてくる場合、果たしてほんとうに「子どもの作品」かどうかきわめて疑わしい。

解答の方針

問二　指示語の指示内容は、指示語の、①直前、②もっと前、③後ろの順に探そう。

08

次の文章を読んで、あとの問いに答えなさい。

（東京・早稲田実業高）

① さまざまな仕事のあいだには、そのきつさの違いもあれば、見返り（報酬）の違いも存在する。しかしながら、そうしたさまざまな仕事は、それぞれに相互に依存しあい、全体として複雑な協業を構成している。

仕事について働くということは、そうした相互依存のネットワークに自ら能動的に参与する、ということに他ならない。また他のもろもろの活動が可能となるための条件となる。自分の活動が、こうした相互依存のネットワークの網目の一つを織り成すようになる、ということが、すなわち仕事をもって働くということなのである。

こうした事情は、経済学の分野では、「社会的に有用な労働」が仕事である、という言い方で表現されたりもする。しかし「社会的に有用」ということの眼目は「誰もが必要とするもの、必要とするようになりうるものを作り、届ける」というところにあるのであって、全社会的に注目されるような顕著な有用性ということではない。

したがって、さまざまな社会的な役割の中でも、経済活動において自分のいる位置を示す役割は、格段の意義を有している。この役割を負うことによって、どんなに見知らぬ他人を前にしても、その人に対して――その人が必要とするもの・必要とすることがありうるものを提供する者として――ある、ということを相互に確認できるようになる。すなわち、こうした役割は、人間としての社会的な存在を相互に承認しあうときの、もっとも普遍的な足場を与えてくれる。

しかし、社会的に有用な仕事は、承認の足場ではあっても、社会的な承認のすべてなのではない。

② そもそも、そのつど他者に対して――何ものかとして――ある、という各自の存在が社会的に承認され、〝ここで、このようにしていてよい〟と肯定されるということは、あくまで具体的な生身の個人との間柄における事態である。

したがって、自分の存在が承認され、肯定されるためには、特定の個人との間柄での個人的役割の遂行が不可欠である。こうした特定の人との間柄における相互承認こそが、互いに相手の代替不能性の承認をともない、翻って各自の存在の取り替えのきかなさを認めあうことにつながる。

しかしながら、もし、特定の個人に対する、個人的な役割の遂行がすべてであった、としよう。そのときには、人は個人的な信頼が成り立っている親密圏に引きこもることになる。こうなると、それぞれにとって、〝相手に映っているであろう自分〟の姿を確かめようとすることが、もっぱらの関心となる。ところが、その場合、各自は「私は相手にとって○○である」という以外の仕方では存在しえない。のみならず、相手のほうもまた、「私にとって××である」という以外の仕方では存在しえない。

こうなると、それぞれが、合わせ鏡もさながらの、①確たる像の見えない不安と苛立《いらだ》ちをぶつけあうことになる。

③ 「あなた」・「私」という対面の間柄における対他存在の承認は、自分と相手とを共に包んでいる、より大きなつながりのなかに係留されて、はじめて限定され安定したものとなる。それぞれが異なる社会的な役割を負っていることを理解し、対面で向かい合っているだけでは見えない相手の姿が理解できるようになってこそ、対面の間柄も、合わせ鏡のように向かい合うだけではない、安定したものとなる。したがって、自分の存在が承認され肯定されるためには、他方では不特定の任意の個人とのあいだでの社会的役割を遂行することによって、そうした人々とのあいだでも相互承認が成立しなければならない。

そして仕事という社会的な役割は、万人が相互に依存し合っている協業のネットワークにおいて、しかるべき一つの網目となるということであり、相互性の射程がもっとも広い役割であった。したがって、仕事をもつという役割を引き受け、遂行していくことは、互いの存在を相互に承認するためには欠かしえない意義を有している。

　しかし、だからと言って、仕事さえこなしていれば、自分の存在が承認され、肯定されるということにはならない。いま、ある人が、仕事に打ち込んで、誰《だれ》もが必要とするもの・必要としうるものを提供する役割をこなしている、とする。しかし、もしそれだけであるなら、特定個人としての持続的な存在承認には充分ではない。

　というのも、仕事に代表されるような社会的役割は、あくまで不特定の他者に対する役割であり、その役割を負うのが誰であるかということは、対人的な間柄のように本質的な問題にならないからである。依存しあっている他人が不特定のままであるかぎり、あなた自身もまた、不特定の一人にとどまる。

　その場合には、相手にとっては目の前にいるのが、あなたでなくとも一向に構わない。そこで成り立つのは、たかだか「○○の提供者」―「○○の（潜在的）使用者」という、役割同士の関係でしかない。しかるに、そうした役割同士の相互依存的な関係だけでは、人間としての対他存在の相互承認には十分ではない。

④　たしかに、私たちは、みな生きているかぎり、そのつど・そのつど何らかの役割を遂行している。しかし、私もあなたも、そうした役割の束《たば》に尽きるのではない。あなたも、時間の推移・場所の変化とともに多種多様な役割をこなしている。そのとき、あなたが「役割を遂行している」のであって、あなたが「役割である」のではない。（中略）

　「○○を提供する、あるいは使用する」という役割だけに注目すれば、その役割を遂行するのは、あなたでなくても構わない。あなたの他にも、その役割をこなせるひとはたくさんいる。しかし、役割を遂行するのは、他の誰でもないあなたであり、あなたという人は一人しかいない。このことが認められ肯定されないのなら、自分の存在が認められたことにはならない。

　しかし、そうした唯一性の承認も、自分ひとりで紡《つむ》ぎ出すことはできない。「他の誰でもない、他ならぬあなた」という呼びかけは、過去から現在にいたるまで、そうした個人的な役割を引き受けあい・認めあった中から生じる呼びかけであり、そうした呼びかけに応《こた》えて、未来に続いている関わり合い（コミットメント）を引き受けていくことなしには、唯一性の承認が生じることもない。（中略）

　このように、［A］とのあいだで対人的な役割を引き受け遂行することと、［B］とのあいだでの社会的役割を遂行することは、その人の存在の承認を可能にする、いわば車の両輪であって、そのどちらが欠けても、対他存在の承認は不安定になり、〝ここで・こうしていてよい〟と安堵《あんど》しうる居場所は危うくなる。（中略）

⑤　改めて言うまでもなく、生存を確保するという観点から見れば、仕事について働くということは、生活を維持し再生産するための糧《かて》を得るための活動である。しかし、そのつど他者に対して何ものかとしてある、という人間としての存在という観点から見るならば、何らかの仕事について働くということは、ごくかぎられた人々との個人的な間柄を離れても、すなわち見知らぬ不特定の人々に対しても、そのつど他者に対して――何ものかとして――ある、という自分の存在が確証される、ということに他ならない。このように仕事について働くということは、②生き延びるための手段には尽きない意味をもっている。（中略）

　かくして私たちは、〝人は、生きるために働かざるをえない〟という、あの圧倒的なまでに正しく響く答えについても、今や次のように言うことができる。生きることは、働くことと別のことではない。働くこととは別個に、生きるということがあって、働くことは、それとは別個に生きるための手段だ、というのではない。

「生きるためには働かざるをえない」という必然性は、一方では、「働かないと食べていけない」という事実に由来する必要性でもある。しかし、この必要性は、人間として、互いに存在を肯定しあって生きていくための規範的な要件でもある。仕事を得て・働くということは、たんに個体を保存するための手段なのではない。

周りからの刺激に反応して生存していく動物とは違って、私たちが生きるということは、［C］として相互に承認しあって、生きるということである。そのように相互に承認しあう間柄において、〝こうしていてよい〟と存在が肯定されることは、〝いい人生〟を送るために、つまり他人からも肯定され自分でも納得のいく人生を送るために必要なのである。

（大庭健『いま、働くということ』）

問一 難 ――線①「確たる像の見えない不安と苛立《いらだ》ち」とあるが、なぜこのようなことが起こるのか。次の説明文の［a］・［b］に入る適当な言葉を十字以上十五字以内で本文より抜き出し、最初と最後の三字をそれぞれ答えなさい。

自分も相手も［a］になり、各自が［b］ばかりに目を向けすぎて自分で自分を見ようとしなくなるから。

a 最初［　　　］ 最後［　　　］

b 最初［　　　］ 最後［　　　］

問二 ［A］・［B］に入る、対照的な意味の語句を、本文より、［A］は五字、［B］は六字で抜き出して答えなさい。

A［　　　　　］

B［　　　　　　］

問三 難 ――線②「生き延びるための手段には尽きない意味」とあるが、その意味とはどういうことか。その説明として適当なものを、次のア〜オから一つ選び、記号で答えなさい。［　］

ア 食べるという行為が他者からの存在承認の前提となっているということ。

イ 生きていく上で食べるという行為は極めて重要な行為であると考えること。

ウ 食べるという行為の一方で、相互に存在が確証されること。

エ 生き延びるための手段には食べるという行為以外にも様々な意味があるということ。

オ 食べるという行為を拒否してまで、他者からの存在承認を得ようとすること。

問四 難 ［C］に入る適当な語句を、本文より漢字五字以内で抜き出して答えなさい。

［　　　　　］

問五 難 本文の段落①〜⑤の関係として適当なものを、次のア〜オから一つ選び、記号で答えなさい。［　］

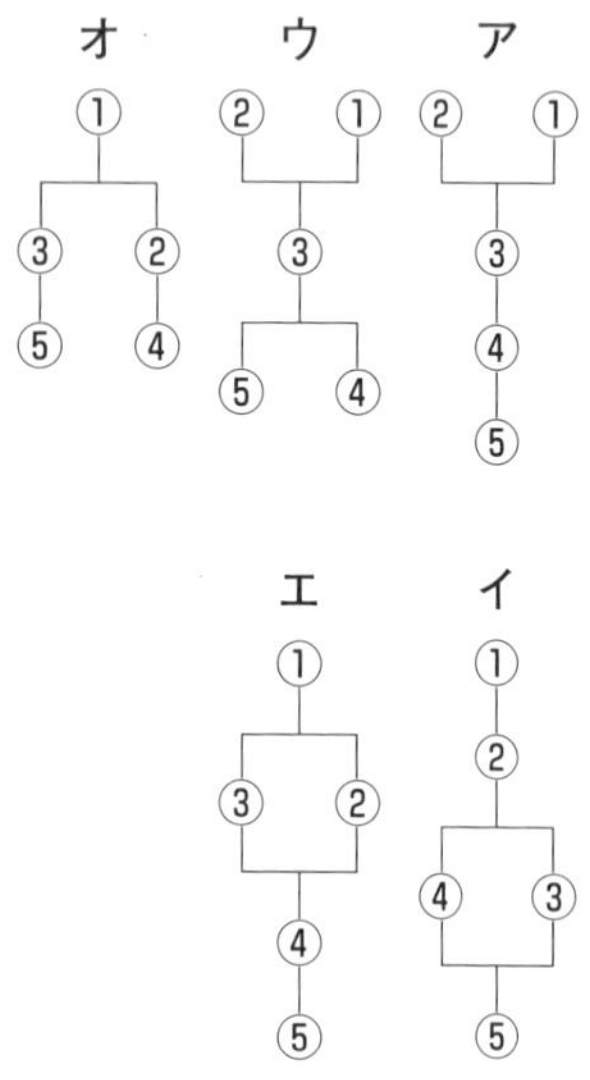

09 次の文章を読んで、あとの問いに答えなさい。

（奈良・東大寺学園高）

仕事が、その内容からしても、仕事のこなしかたからしても、過去とつながり未来とつながり、また、すぐそばの他人の仕事やもっと遠くの他人の仕事とつながるのにたいして、遊びは、酒宴にしても、歌舞にしても、スポーツにしても、ゲームにしても、一定時間を過ごして終わりがくれば、とりあえずそれで完結した、と考えることができる。次に新しい遊びを始めるときは、前の遊びとのつながりなど考えなくてもよく、これはこれで一つのまとまった遊びとして楽しむことができる。

行為としての遊びのそのような完結性は、日々の暮らしの［ A ］性とは著しい対照をなす。日々の暮らしはさまざまな変化をふくみつつ、一つの流れをなして続いている。右に折れ左に折れ、上昇もあれば下降もあるが、そういう変化を内にふくんで昨日から今日へ、今日から明日へとつながっている。そのようにつながっているからこそ、たとえば一人の人間の生まれてから死ぬまでを一つの生涯としてイメージすることができる。《ア》

遊びは、そういう流れに素直には従わないようなものとして暮らしのなかにあらわれる。流れを断ち切るほどの強さはもたないが、流れに乗ってそのまま前へとは進まないようなものとしてあらわれる。日常性のなかの非日常的な時間、——そんなふうに名づけたくなるものが遊びのなかにはある。日常生活が安定した静かな流れをなすことは望ましいことだから、非日常的な時間や空間はいつでも歓迎されるというものではおよそないが、人間の意識は平穏な日常のひたすらなる連続には耐えられない。耐えられなくなった日常意識が、個人として、あるいは集団として、みずから求め、みずから生みだしたもの、それが遊びだといえるかもしれない。遊びに逃避らしき意味合いや余業らしき意味合いがこもるのは、遊びと日常生活との関係からすれば［ B ］的なことだといわねばならない。《イ》

日常生活からふっと浮かび上がるようにして、①完結した遊びの世界がしつらえられる。それが楽しいものに感じられる。その楽しさとはどんな楽しさだろうか。

日常生活のしがらみから解放された自由さが楽しみを生む基本条件になっている。それは確かだ。が、②それはあくまで条件であって、楽しみの内実はそれから先にある。日常性を抜けだした自由さのなかで、初めと終わりのある完結した行動として展開するのが遊びだとして、その遊びの世界の楽しさとはなにか。

自分が遊んでいるときの心理を振りかえってみても、他人の遊ぶすがたを外からながめても、遊びのなかで人は興奮した状態にある。みずから緊張状態を作りだそうとし、作りだされた緊張状態にみずから溶けこもうとしている。そういう気分の*1昂揚《こうよう》が遊びの基本要素の一つだ。そして、気分の昂揚は完結した一世界を主体的に作りだす創造性と強く結びついている。《ウ》

日常世界にしっかりとはめこまれた仕事や労働は、外からやってくるさまざまな強制や要請を受けいれざるをえず、また、作業そのものの要求する合理性や効率性に縛られて、自由な創造行為とははるかに遠いところにある。が、遊びはそうではない。日常生活を抜けだしている分だけ社会からの強制が働かないし、物を生産したりサービスを提供したり損得を計算したりする行為ではないから、合理性や効率性に縛られることも少ない。どうふるまうかは各自の自由な主体性にゆだねられている部分が大きい。ということは、遊びがどう展開するかはきわめて不確定だということで、遊びにおける気分の昂揚は、不確定の状況に身を置く不安と、自他の創意と工夫によって不確定を確定へともたらす主体性の発現とがからまり合って生みだされるのだ。もともと気分の昂揚《こうよう》が予想され期待され、その予想と期待に応じるように気分が昂揚すると、遊びの世界は日常世界とはちがう華やかさを帯びてくる。それが遊びの楽しさだ。《エ》

　そうした楽しさは遊ぶ人びとの気分の昂揚によってもたらされたものだが、気分の昂揚がひたすら感情的に追求されると、遊びは無秩序な乱痴気騒ぎになって、それでは楽しみが持続しない。遊びは一回ごとに完結するもので、いつまでも楽しさが持続することはないが、一回の遊びの時間内では楽しさが持続するのが望ましい。遊びに、それなりのルールや作法や仕掛けや段取りが存在するのは、楽しみの持続を願う多くの人びとの、無意識の、あるいは意識的な、知恵のたまものなのだ。ルールや作法や仕掛けや段取りは、なによりも、遊びを楽しいものにするためのものだ。

　その点で、③遊びのうちにある秩序は仕事の秩序とは質を異にする。《オ》

　仕事の秩序は合理性と効率性を基本とする秩序だ。どれだけ短い時間に、どれだけ人手を少なくして、どれだけ多くの物を作れるか。どの部署に、どんな人物を、どんな規模で配置するか。外からの注文や要望や苦情にだれが、どう対応し、内部の動きにそれをどう反映させるか。……そういった配慮のもとに仕事の秩序――部局の設置、責任の分担、人員の配置、生産の規模、労務管理、支社との連携、関連会社との協力体制、等々――が組み立てられ、情勢の変化に応じて秩序はさまざまに手直しされる。組み立てにも手直しにも合理性と効率性への配慮が欠かせない。

　そこが遊びの秩序は決定的にちがう。合理性と効率性への配慮はゼロではないが、それが秩序の基本ではない。どう気分を昂揚させ興奮の波を作るか。いいかえれば、どう遊びを楽しくするか。そうした配慮が秩序の――ルールや作法や仕掛けや段取りなどの――基本だ。前の遊びとつながらなくてもよい。遊びの始まる前にあった出来事ともつながらなくてよい。遊びの後に来る出来事ともつながらなくていいし、後続の遊びともつながらなくてよい。遊びが始まって終わるまでの流れが、④緊張と弛緩《しかん》、動と静、リズムとハーモニーを備えた充実した時間をなし、そこで楽しい気分の昂揚が味わえることがなにより大切なのだ。遊びの秩序は、まずもって、そういう充実と楽しさを作りだし維持するためにある。秩序の作りかたという点から見ても、遊びは、衣食住という暮らしの土台からはやや浮いたところにあり、生活の直接の必要や、生活に直接に役立つ有用性や有益性を逸脱した営みだということができる。必要や有用性や有益性を逸脱しているからこそ、楽しみを純粋にそれとして追求することが可能なのだ。

（長谷川宏『高校生のための哲学入門』）

＊1　昂揚《こうよう》＝精神や気分などが高まること。

問一　[A]・[B]に入る適当な語を、それぞれ次のア〜エから一つ選び、記号で答えなさい。

A［　　］　B［　　］

A　ア 合理　イ 連続　ウ 普遍　エ 独自

B　ア 積極　イ 偶発　ウ 否定　エ 必然

問二　――線①「完結した遊びの世界」とあるが、「完結した」とはどういうことか。適当なものを、次のア〜エから一つ選び、記号で答えなさい。

［　　］

ア　内容に応じた成果が常に期待されるということ。

イ　それ自体が独立した内容や意味を待つということ。

ウ　すでに完成された独特の形式を用いるということ。

エ　周囲と関係なく閉鎖的な集団で行われるということ。

問三 難 ——線②「それはあくまで～それから先にある」とあるが、遊びにおける「楽しみの内実」とはどのようなことか。八十字以内で説明しなさい。

問四 難 ——線③「遊びのうちにある秩序は～質を異にする」とあるが、仕事の秩序と遊びの秩序との質の違いを、六十字以内でわかりやすく説明しなさい。

問五 ——線④「緊張と弛緩、～充実した時間」とあるが、これと対照的な遊びの様子を述べた部分を、本文から十字以内で抜き出して答えなさい。

問六 この文章全体を内容のまとまりによって三段落に分けるとすると、第一段落と第二段落の終わりはどこになるか。それぞれ文中の《ア》～《オ》から一つ選び、記号で答えなさい。

第一段落［　　］ **第二段落**［　　］

解答の方針

問四 違いを説明するには、次の文形が基本。

○○は（ A ）だが(で)、
⇔対比
△△は（ B ）である。

対比される事項の（A）と（B）は何か、よく考えよう。

標準問題

解答 別冊 p.9

10 **【部分解釈・内容一致】** 次の文章は［　　］の内容を受けて、「日本語の特徴」について書かれたものである。本文を読んで、あとの問いに答えなさい。

> 言語の働きとは何か。それは「伝達」である。話し手が相手に「知らない何か」を伝えたいと思い、また聞き手がその相手から「何かを聞きとろう」と思うときに、言語はその役割を果たすのである。

もう一つ日本語の社会の特徴がある。それは、人の移動の少ない、狭い人間関係の中で人々が生活してきたので、人は事実をすみずみまで明確に表現するよりも、自分の相手となる人の気持ちに遠慮し気がねをする。相手の気持ちをそこねまいとすることのほうを大事にする。いかに事実をはっきり伝えるかというよりも、いかにして相手にいやに思われずにすませるかに細かい神経を使うという面がある。

現代の英語やドイツ語ならば、①主語と述語を応じ合うように表現することが文を成り立たせるもっとも根本的な型である。それに対して、日本人は相手に対する心づかいを重要とする。文脈上、相手の知っていそうなことは省略していわないということもその一つの現れである。「あの本、どうした?」と聞かれたときに、②「読んじゃった」とだけ答える。話題が「あの本」に関することはもう分かっている。とすれば、それはくり返さない。それで十分通ずる。誰に聞かれても分かるという表現をするよりも、我と汝《なんじ》との間柄だから分かるという言い方を重んじる。この相手なら、すでに分かっているはずと思われることは省略する。英語でもドイツ語

ガイド

● 要旨と論旨

要旨、または論旨は、ある文章で筆者が言いたいことを要約したものをいう。文章全体のあらまし(大意)ではなく、もっとも重要な筆者の意見を理解していることが示されていなければならない。

要旨と論旨はほぼ同じ意味で使われることが多いが、論旨は「論旨が明快だ。」のように、「議論の筋道」という意味で用いられることがある。

● 要旨・論旨をつかむ

要旨・論旨をつかむためには次のような点に注意する。

① 文章のテーマ

何について筆者は論じ、意見を述べているのか、明確にする。

② 筆者の意見

筆者がもっともいいたいことは何かをとらえる。根拠や例などの事実をあげている段落はひとまず省く。その上で、筆者の最終的な意見(結論)を述べている段落を見つける。その内容が要旨・論旨の中心となる。

③ キーワード

文章のキーワードとなる言葉を見つける

でも、日記を書く場合には「私」（I, ich）という主語を書かないという。また非常に親しい相手に手紙を書くときには、動詞の主語になる「私」をやはり書かないことがあるという。先に見たように、日本人はしばしば主語を省略した表現をする。つまり、英語やドイツ語を話す人たちならば非常に親しい間柄ではじめて成立することを、日本人はいつでも普通の人の間で成立させているのだともいえるのではないか。

また、英語やドイツ語では、相手がどんな聞き方をしたとしても、答えの事実が肯定なら“Yes”，“Ja”と答え、事実が否定なら“No”，“Nein”と答えるという。しかし日本語では、

「行きましたか」　「はい、行きました」

「行きませんでしたか」　「いいえ、行きました」

と、③相手の聞き方に応じた返事をする。これなども、事実そのものだけよりも、相手への配慮が大きく働く結果だといえるだろう。

いまここで、私は相手がまだ知らないことを相手に伝えるのが言語のもっとも基本的な条件だということをいった。それからまた、相手がすでに知っていることは省略するということを述べた。そこで考えてみると、英語やドイツ語の文では主語と述語とが応じ合うことをもって大事な条件として組み立てられているのに対して、日本語の文のもっとも基本的な条件は、(1)すでに知っていること〔既知〕と、(2)知らないこと〔未知〕というこの二つを要素として文を組み立てるところにあるのではないか。それが日本語の構文の基本のようだと私は見ている。

（大野晋『日本語の文法を考える』）

問一 ——線①「主語と述語を応じ合うように表現する」とあるが、それはどのような考え方に基づいているか。本文より十五字以上二十字以内で抜き出して答えなさい。

問二 ——線②「読んじゃった」を、英語やドイツ語の根本的な型で答えるとしたら、どのような答え方になるか。日本語で答えなさい。

と①②の理解に役立つ。繰り返し出てくる言葉や筆者独自の言い回しで印象づけようとしている言葉がキーワードにあたることが多い。

［　　　　］

問三 重要 ――線③「相手の聞き方に応じた返事をする」について説明した、次の文の［A］・［B］に入る適当な語を、［A］は二字で、［B］は六字で、本文より抜き出して答えなさい。

日本語では、相手が否定形「～しないのか」で質問した場合、自分の答えの事実が肯定であっても［A］で答える。それは答える際に［B］が働くからで、英語やドイツ語には見られないものである。

A □□
B □□□□□□

問四 重要 この文章を読んだあと、「本文からわかったこと」について四人の中学生が話し合った。本文の内容と合致しない発言を、次の**ア**～**エ**から一つ選び、記号で答えなさい。［　］

ア 生徒A「日本は、狭くて人の行き来が限られた閉鎖的社会だったってことが、日本語に大きな影響を与えたんだね。確かに、知っている人が多いと相手に気を遣《つか》うからね。」

イ 生徒B「英語やドイツ語では、どんな場合でも主語と述語をきちんと表現するって、そういえばそうだなと思ったよ。国によって一番大切に考えることって違うんだ。」

ウ 生徒C「そうそう。日本語は、相手を気遣ってもう分かっていることは言わない、そこに神経を使うんだよね。だから、よく主語を省くんだ。おもしろいよね。」

エ 生徒D「でもそれは、相手がある程度内容を知っていることを前提にしているんだよ。だから、相手が知らないことはやっぱり省略なんかしないで、ちゃんと伝えることが言語活動の基本だってことを忘れちゃいけないよ。」

ガイド

● 内容一致問題の注意点①

要旨・論旨が理解できているかを問う問題としては、本文の内容や筆者の主張と合うもの、または合わないものを選択肢から選ばせる内容一致問題の形式が多い。この場合、選択肢と文章を比較し、筆者の意見と合っているかどうかを検討する。筆者の意見を、文章から読み取れる範囲で要約したり、言い換えたりしている場合もある。同一の表現ではないことが、すなわち、内容が合致しないことではないので注意する。

● 内容一致問題の注意点②

内容一致問題では、文章と明らかに矛盾する部分を見つけ、一致しない選択肢を確定していくとよい。とくに、筆者が例外を認めていたり、条件をつけていたり、断定していなかったりする内容について、「すべての～」「どんな～でも」「～のみ」のような言い回しで断定し、不一致とする場合がよく見られる。一見、筆者の意見と合致するように思えるので紛らわしい。極端な断定表現の選択肢は不一致を疑ってくわしく検討しよう。

● 表題

表題は文章の題、見出しのこと。論理的文章では、その文章のテーマや要旨・論旨を端的に表す表題がつけられることが多く、内容を理解するためのヒントになる。まれ

11 ［部分解釈・要旨・内容一致］ 次の文章を読んで、あとの問いに答えなさい。

読書は、どれほど積極的な構えで行おうとも、基本的に著者の世界に入り込むことを前提としている。三時間かけて一冊の本を読む場合、その三時間は、その著者の思考の筋道に寄り添って歩くことになる。①これは、かなりの忍耐力を要する作業だ。お互いに対等な立場でディスカッションをしているのであれば、三時間はさしたる時間ではない。しかし、ひたすら相手の思考に沿い続けるというのは、厳しいトレーニングである。

つまり、読書はまず、「聴く」作業なのである。人の話をしっかりと聴き続けるための根底的な訓練として、読書は有効である。

読書によって鍛えられる構えは、〈積極的受動性〉の構えである。積極的受動性とは、ただ普通に受動的であるということではなく、受動的であることに積極的な構えを言うために、私がつくったコンセプト[*1]だ。

たとえば、食べ物を食べるときのしっかり「味わう」構えが、積極的受動性にあたる。食べ物をなんとなく食べてしまう場合が、消極的な受動性である。これに対して、微《かす》かな味の違いも感じ分け、味わいつくすように注意深く受け入れる構えが、積極的受動性だ。積極的受動性の構えをとることによって、同じものでも、意味が豊かになってくる。②音楽を聴く場合にも、消極的な受動性と積極的な受動性の構えの差はある。しかし、音楽は聴く側の脳が相当疲れていても、向こうからやってきてくれる。

それに対して読書の場合は、こちら側から入り込んでいくことが必要だ。意識が集中していなければ、字面を追うことになり、まったく意味をとることができない。消極的な受動性の構えを、読書の場合は長く続けてはいられない。音楽を聴く場合であれば、消極的な受動性であっても、なんとなく聴いていることができる。相当ゆるい本ならばともかく、ある程度硬い内容の本であれば、積極的受動性の構えなくしては読み進めることが難しい。

視点を変えれば、積極的受動性の構えをトレーニングするメニューとして、読書は最適だということになる。深く味わう積極的受動性の構えを持つことによって、世界はより豊かになる。積極的受動性の構えをつくること自体が、教育の大きなねらいの一つだと私は考えている。

に、文章を読み、表題を答えさせる（つけさせる）問題が出題されることもある。まずは、文章のテーマが明らかになっているか、要旨・論旨が反映されているかに注意する。文章中で用いられている言葉を表題とするのが一般的であり、繰り返される言葉やキーワードに着目するとよい。

ストレッチングを例にとっても、自分の筋肉のどこが今伸びているのかを積極的に味わうことができれば、その筋をよりリラックスさせることができる。どこが伸びているのか、今どこが鍛《きた》えられているのかを意識化できることが、効果に大きく影響を与えることは、スポーツ界ではよく知られている。

この積極的受動性の構えは、自分にとって必ずしも都合のよくないものや、慣れていないものをも味わう構えだ。したがって、当たり前の構えではなく、練習によって身につけ向上させていくものである。本を読むという行為は、本質的に積極的受動性のトレーニングメニューとなっている。

（齋藤孝『三色ボールペンで読む日本語』）

＊1　コンセプト＝物事についての考え。

問一　――線①「これは、かなりの忍耐力を要する作業だ」とあるが、それはなぜか。次のア～オから一つ選び、記号で答えなさい。［　　］

ア　読書は、情報も娯楽も両方得ることができる作業だから。
イ　読書は、ディスカッションするより楽しくない作業だから。
ウ　長時間の読書は、長時間著者の思考に沿い続ける作業だから。
エ　読書は文字を追って、事柄を言語的に整理する作業だから。
オ　長時間の読書は、長時間の敗北状態に等しい作業だから。

問二　重要　――線②「音楽を聴く」とあるが、「音楽を聴く」ことと「読書」との違いをまとめた次の文の［A］～［D］に入る適当な語句を本文より抜き出して答えなさい。

A［　　］　B［　　］
C［　　］　D［　　］

ガイド

● **要旨・論旨を問う問題**

要旨・論旨を直接記述する問題では、

① **最終的な筆者の意見（結論）を探し、答えの核となる部分を決める**

② **キーワードを探し、解答に生かす**

この二点が得点に結びつく。解答の制限字数が非常に多い場合は、筆者の意見を導くための根拠などを付け加える。文章の中で主語が省略されていたり、指示語が用いられている場合はきちんと補う。解答自体の主語・述語が整っているか、前に指示内容がないのに、指示語を用いていないか、読み返して確認しよう。

● **論理的文章の読解**

これまで、さまざまな観点から論理的文章へのアプローチの仕方を取り上げてきた。これらを論理的文章の読解法としてまとめると次のようになる。

① その文章では何について論じているのか、テーマを早い段階でつかみ、読み進める。表題がテーマを明らかにしていることが多い。

② 各段落の役割や段落相互の関係を意識し、各段落の要点をまとめながら読む。意味段落に区切りながら、最終的には文章全体の構成を明らかにできるとなおよい。

③ 何かと何かが対比されている場合、これをしっかり把握し、論の展開を追う。

音楽は A ので、音楽を聴くことは B の構えでも続けることができるが、読書は C なので、 D の構えがなければ続けられない。

問三 「積極的受動性」にあたるものを、次のア～クからすべて選び、記号で答えなさい。
［　　　］

ア 遠足で山を歩くときに、秋の風情を感じとろうとする。
イ ピアノコンサートの演奏をバックにしてぐっすり寝る。
ウ 野球部の練習で監督に怒られないようノルマをこなす。
エ 自転車での登下校のときに、足腰を鍛えようと思う。
オ せっかく海外に行ったので、日本人街で買い物をする。
カ 有権者の義務であると思って、とりあえず投票に行く。
キ 歴史の授業中、昔の出来事の裏話を興味を持って聞く。
ク 帰宅するとテレビをつけっぱなしにして過ごしている。

問四 重要 本文の内容に合致しないものを、次のア～オから一つ選び、記号で答えなさい。
［　　　］

ア 積極的受動性の構えにより、対象となる物をより深く知ることができる。
イ 読書することによって、人の話をしっかり聴くことができるようになる。
ウ 読書は、自分にとって不都合なものや不慣れなものに接する訓練になる。
エ 食べ物をしっかり味わおうとするのも積極的受動性の構えの一つである。
オ 積極的受動性の構えは、生まれつきすべての人間に備わった能力である。

どちらが筆者の意見に合致するのかにも注目する。
④筆者の意見と、その根拠や例となる事実を区別し、論理の筋道を明らかにしながら読む。そして、筆者がいちばん訴えたいことを明確にする。

最高水準問題

解答　別冊 p.10

12 **次の文章を読んで、あとの問いに答えなさい。**

（東京・中央大杉並高 改）

古代、万葉の時代には、色の形容はずっと少なかったと言われている。日本語の色の形容は、赤い／黒い／白い／青いという、下に「い」がついて形容詞となる四つであったそうだ。黄色いとか茶色いは、下に「色」が付されているので例外とする。古代に生まれた四つの形容詞はそれぞれ、明るく勢いのある様《さま》／暗く光のない様／顕《いちじる》しい輝き／茫漠《ぼうばく》とした印象／を形容している。四つは少ないように感じるが、おそらくは言葉の守備範囲が広く、用いられる文脈で指し示す意味や風情《ふぜい》の微妙な差異を表現できたであろうし、また、色というものの識別が今日のような厳密さで存在する必要もなく、①ブルーもグリーンも総じて青いという心情で包含できていたのかもしれない。他の色名は、受け手の心理を含んだ形容語というよりも、藍《あい》や紫などの植物染料の名前や、橙《だいだい》、灰、若草など、その色を体現している対象物の名称に即して生まれたと考えられる。

②日本の伝統色がめくるめく多様性として見出《みいだ》されていくのは、平安の王朝文化においてである。自然のうつろいを細やかにとらえ、それを衣類や調度の色に託して表現し交感していく文化がこの時代に育《はぐく》まれた。季節のうつろいを四季と呼ぶが、中国の暦法から移入した二十四節気、七十二候という分類を日本は自分たちの感性に添わせた形で運用していく。一年を五日ほどの周期に分けて雪月花の微妙な変化に目を凝らしていくことがこの時代の教養であり、それを見事に詩で表現できる人が教養のある人とされた。

*1「萌黄《もえぎ》」や「浅葱《あさぎ》」など自然の色のうつろいをとらえた言葉は繊細でか弱いが、色を見出していく視点は的確で説得力を持っている。だから人の感性の深みにすっと入り込む。③それは色の名という糸のついた猛烈に細い針のようなもので、僕らの感覚の鋭敏な部分をたやすく的確に縫《ぬ》う。胸に込み上げてくるのはまさに標的を射抜かれた快感あるいは共感である。さらに言えば、それらの繊細な感受性が現代の生活環境の中で消滅しつつあることを同時に悟り、せつない気分におそわれることも感慨の一部である。

ぽとりぽとりとしたたり落ちる雫《しずく》の、一滴一滴の気の遠くなるような反復から「鍾乳洞《しょうにゅうどう》」が形作られていくように、④人が自然の輝きや世界のうつろいに向き合った時に生まれる心象が、少しずつ堆積《たいせき》して色の名前となる。あるものは失われ、あるものは変化を遂げながら、いつしかそれは色という大きな意識の体系をなしている。おそらく伝統色という色の体系は世界中に、言語や文化の数だけあるだろう。「日本の伝統色」もその一つである。

（原研哉『白』）

*1「萌黄《もえぎ》」や「浅葱《あさぎ》」＝日本の伝統的な色の名。

問一　――線①「ブルーも～包含できていたのかもしれない」を説明した次の文の A ・ B に入る適当な語を、それぞれ（　）内の字数で本文より抜き出して答えなさい。

万葉の時代における「青」という色の名前は、目の前の風景に対する A （3字）の心理を含んだ、 B （7字）を形容する言葉であるので、かりに色それ自体が今日のものと異なっていたとしても、古代の人々の理解の仕方においては同じものとして扱われていたのだろう、ということ。

A □□□

B □□□□□□□

問二 ——線②「日本の伝統色が〜見出されていく」とはどのような過程のことか。その説明として適当なものを、次のア〜オから一つ選び、記号で答えなさい。　［　　］

ア 奈良から平安へという時代の変化に伴って、それぞれの色の名が広範な意味を内蔵していくこと。
イ あらかじめ分離独立して自然の中にある色を、衣類や調度の色に託して表現していくこと。
ウ 二十四節気や七十二候という中国の暦法にしたがって、大陸の感性を獲得していくこと。
エ 言葉の守備範囲が曖昧《あいまい》でも、用いられる文脈で意味や風情の差異を表現できるようになること。
オ 四季折々変化する自然のうつろいに目を凝《こ》らし、それを色の名前として定式化していくこと。

問三 ——線③「色の名という糸のついた猛烈に細い針のようなもの」とあるが、これは何をたとえているか。本文より十字以内で抜き出して答えなさい。

問四 難 ——線④「人が自然の輝きや〜色の名前となる」とあるが、これはどういうことか。本文の内容に即して四十五字以内で答えなさい。

問五 難 本文の内容の説明として適当なものを、次のア〜オから一つ選び、記号で答えなさい。　［　　］

ア 伝統色は、公の議論を通じて見出されてきた多様な言葉の堆積であるので、そこには、同一国家の中で生きてきた人々の歴史が刻まれている。
イ 伝統色は、特定の言語に限定されつつも、その思想においては普遍的な要素を含んでおり、人類共通の意識が反映された大きな体系をなしている。
ウ 伝統色は、平安時代に形成された貴重なものだが、現代においてその伝統は失われ、色彩の持つ魅力を堪能《たんのう》することができなくなってしまっている。
エ 伝統色は、客観的な世界の色を写し取ったものではなく、その色をどのような観点で切り取ったかという、人々の意識や心情が積み重なってできたものである。
オ 伝統色は、かつて生きていた人々の感性のあり方を教えてくれるものなので、それを現代に蘇《よみがえ》らせるためには、私たちがすでに手にしている色彩への通念を捨てなければならない。

解答の方針

問三 語句や言葉を抜き出す問題では、設問部分の近くにこだわらず、全体を見わたそう。なかなか見つけられないときには、後回しにすることも考えよう。

13

次の文章を読んで、あとの問いに答えなさい。

（福岡・久留米大附設高）

　競技としてのスポーツは、若い頃《ころ》は泥まみれになってしたけれど、最近はとんとすることがない。けれども、見るのは好きで、いまもときどき掌《てのひら》に汗をかく。

　競技は勝つためにするもので、負けるためにやるものではない。どんなに苦しい練習も、勝ち試合のあとの「美酒」を想像すると、たいていは辛抱できる。が、実際の競技はなんとも酷な仕組みになっている。トーナメントがその典型なのだが、勝つのはたった一人の競技者、たった一つのチームだけだからだ。たとえば高校野球のように五千ほどのチームが全国から参加しても、地方で予選を勝ち抜き、甲子園で最後まで勝ち続けるのは一チームだけだ。その一チームをのぞいて他のチームはことごとく途中で負ける。そして半年を冗談ではなく「棒に振る」。

　とすると、競技においてもっとも普遍的な経験というのは、逆説的にも、負けるということの経験だということになる。いくら強くても負ける、いくらがんばっても負ける、そういう敗北をだれもが経験する。腹の底から悔し泣きをする。そういう経験である。

　なぜひとびとはそのようなことを推奨《すいしょう》してきたのか。それは、負けるという悔しい思いをしたひとは、他人が負けたときに、その悔しさ、悲しみが、痛いほど分かるからである。競技をおこなうことの意味の大半はたぶん①そこにある。

　そう考えれば、応援団という存在の奇妙なふるまいも理解できる。応援団が代々伝えてきた風習はなかなかに自虐《じぎゃく》的である。まるで喉《のど》を痛めないといけないかのようにぎりぎりまで声を張り上げ、唸《うな》る。炎天下で学生服を着て、あらんかぎりの体力を消耗《しょうもう》し、黒地に塩を吹かせる。強風の下、ひとりでチームの重い旗を立てつづける。「勝て」と祈り、励ますより以上に、じりじり敗北へと近づいているその悔しさに想《おも》いをはせ、それを選手とともに痛むところで、応援はクライマックスに近づく。耐えに耐える苦しい訓練、そして最後は敗北の悔しさ、それを競技者とともにするのが応援団の「美学」だとすると、ほんとうは②勝ってくれたら困るとすら言えるかもしれない。家族が命を懸けた闘いをしているあいだ、布一枚の服装で冷たい井戸水を浴びつづけたかつての女性たちのふるまいにどこか似ている。

　それはどこか、③「判官《ほうがん》びいき」に通じるものである。　**A**　者、あるいは薄幸の者に　**B**　方したいという心持ちである。そういえば、かつては「同情」、いまは「共感」と訳される英語の「シンパシー」も、語源からすると「苦しみの共有」を意味する。

　「祈り」。それは、「待つ」とともに、いま多くのひとが忘れかけている感覚だ。少しずつずり落ちてゆくその無念の時間をくぐり抜けつつあるひとと、離れた場所でそれを共有する。奇跡を信じて、まんじりともせず、じりじりと皮膚を灼《や》かれるような想いで。

　そういえば、恋文の返事を待つ時間もそのようなものであった。返事が待ちきれずに、次の手紙を書くこともあった。ちゃんと届いているか不安になって、恋する人の家のポストを確かめに行くこともあった。時間が刻々と身を灼いていた。

　じりじり、ひりひりとするその時間がいまは押しのけられる。電子通信によって配達時間は極限にまで縮められ、録画装置によって時間は反復・再生が可能になり、つまり時間は「取り返し」のつくものになった。いきおい、みな結果を何より先に知りたくなって、ダイジェストのニュースを見、すぐに結果が出ないものは「占い」ででも一応知っておきたくなる。時間は浸《ひた》るもの、浸《つ》けられるものではなく、跨《また》がれるものになった。

（鷲田清一「跨がれる時間」）

問一 ——線①「そこ」が指示する内容を、「こと」に続くように三十字以内で答えなさい。

［　　　　　　　　　　　　　　　］こと

問二 ——線②「勝ってくれたら困る」とあるが、

(1) 「応援団」が「勝ってくれたら困る」というような、通常の論理に反するかに見える論理を何というか、本文より漢字二字で抜き出して答えなさい。

［　　］

(2) どうして「勝ってくれたら困る」のか、「から」に続くように答えなさい。

［　　　　　　　　　　］から

問三 ——線③「判官びいき」の意味を説明した部分の A ・ B に入る漢字一字をそれぞれ答えなさい。

A［　］ B［　］

問四 本文の内容に当てはまらないものを、次の**ア**～**カ**から二つ選び、記号で答えなさい。

［　］［　］

ア 競技スポーツにおいては、勝つことに意味はなく、負ける経験の中にのみ学ぶことがある。

イ 応援団の「美学」は、応援している選手が負けてしまったその瞬間に達成される。

ウ 語源をたどると、英語圏の人々も「判官びいき」に似た精神を持っていたと想像できる。

エ 恋文の来ない返事を待つ人は、流れ去る時間にどっぷりと身を浸していた。

オ 通信手段の発達は、人々の生活から次第に「待つ」という経験を失わせていった。

カ 「占い」は、現代人が経験できるようになった時間の反復の一つの例である。

問五 難 本文の「応援団」「恋文」の例は、どのようなことを言うためにあげられているか。次の説明文の（　　）に適当な内容を答えなさい。ただし、「時間」「他者」の二語を必ず使うこと。

［　　　　　　　　　　］

「祈る」「待つ」という経験が、（　　　　）という価値を持っていることを説明するため。

解答の方針

問四 内容一致問題は、断定しているものや因果関係のおかしなものは疑ってかかるようにしたい。

問五 例から導かれる筆者の意見に注目する。

14　次の文章を読んで、あとの問いに答えなさい。

（東京・筑波大附高）

　では、現在のわれわれ人間の社会はどのようになっているか。人間が地球に現れ、危険なアフリカで生き延びてきた何十万年という長い間、ずっと働き続けてきた学習の遺伝的プログラムはスムーズに具体化されうる状況にあるのだろうか。

　現在われわれは、百人、二百人の大集団で生きているわけではない。みんなが家族ごとに家かあるいは団地の中の一室に住んでいる。人間はいろいろなものを発明したから、今ではがっちりした鉄の扉や立派な鍵《かぎ》もでき、いったんドアを閉めたら、家の中は家族だけしかいない状態になる。父親が一人、母親が一人、子どもが一人か二人か、それだけが閉じられた空間の中に生きている。

　しかし父親という男は、かつて百人、二百人といたはずの集団の中のたった一人にすぎない。人間にはみんな個性があるから、一人一人みんなキャラクターが違う。癖《くせ》も違う、得意にしていることも違う。感覚というかセンスも違う。平均値的な人間というのはいないから、①父親という一人の男は、百人、二百人の男たちの中では、ある意味で必ずずれた存在である。母親についても同じことが言える。百人、二百人といる大人の女たちの中の一人にすぎないので、やはり全体から見れば、必ずずれた存在なのだ。

　ずれた存在である一人の父親と、ずれた存在である一人の母親しかいない家庭の中で子どもが育つということは、ほかのもっと違う男や女たちがやっていることを見ずに育つということである。見る機会がないということは、その人々のやっていることから学ぶきっかけを得られないということでもある。それは非常にゆゆしき問題ではないだろうか。

　人間にはさまざまな人がいて、その人なりにいろいろなことをやっている。それをかつての子どもたちは毎日毎日、目《ま》のあたりにしていたはずだ。そうすると、ああ、あんなこともするのか、こういうこともするのか、こういうことをしたいときにはこうすればいい、ああいうことをやるとダメなんだな、といったことを次々に経験する。おかげで非常に多くのことを学習できたはずであるし、それは一人一人の子どもにしてみれば、興味のつきないことでもあったはずだ。

　他人とのつきあい方にしても、決して一様のものではない。この人とは、こうつきあう。あの人とは、別のつきあい方をする。かつてはそれをちゃんと学ぶことができたはずだ。ところが現在は、それがほとんどできなくなってしまった。要するに、家族が家族ごとに独立して生きていくことになったので、そういうふうになってしまったのである。

　集団生活を学ぶために、学校があるじゃないかという人もいるだろう。たしかに、学校に行けば、たくさんの子どもたちがいる。けれども残念ながら、教育の効果をあげるために、今の学校は学級をつくり、そこに同じ年齢の子どもだけを集めるようにしている。だから学校に行くと同じ年の子どもの姿しか目に入らない。もう少し年上になったら、どういうふうになるのだろうということを見る機会はほとんどない。もっと小さい弟、妹ぐらいの子どもたちを見ることによって、少し前まで自分がどんなふうにしていたのかを知ることもない。もう二、三年経《た》ったら自分は、どんなふうにしたらよいのか、ということを学ぶためには、兄さん姉さんが必要である。だが、兄弟がいない子も多い。そうすると、ほかの世代から学習することもできない。

　結果的にどういうことになったかと言えば、②かつてみんなが自然に学んでいたようなことが、ほとんど学習できなくなってしまったのである。つまり、石器時代の人々がごく自然な形で具体化していた遺伝的プログラムを、文明の進んだ現在ではほとんど具体化できなくなっているということなのだ。これは大変大きな問題ではないだろうか。

③さらに皮肉なことに、昔と違って今はいろいろなものが発明され、物事が複雑になっている。学ばねばならないことが増えているわけだ。その一方でほかの人々を見る機会は、どんどんなくなってきている。ということは、どう生きていくかを学ぶことがどんどん困難になりつつあるということなのである。

また、現在では家族でしつけをしたり、行儀を教えたりするのが当たり前だと思われているが、家庭というのは、先述したようにずれた男とずれた女と、ごく数の少ない子どもしかいない、そういう社会である。その中でいったい何が学べるのか。ずれた男一人から、ほかの男たちがしていることを全部知ることは不可能である。女についても同じだ。

これが現状なのである。学習の遺伝的プログラムを具体化するためには、きわめて都合の悪い状態だとしか思えないではないか。

人間はたくさんの人がいる中で育っていくべきものであり、多様な人々から、いろいろなことを学び取っていくようにできている動物なのに、現代はそれができない社会になってしまっている。これは非常に困ったことだというほかはない。

（日高敏隆『人間は遺伝か環境か？ 遺伝的プログラム論』）

問一 ——線①「父親という〜ずれた存在である」とあるが、「ずれた存在である」とはどのようなことか、三十字以内で説明しなさい。

問二 ——線②「かつてみんなが自然に学んでいたようなこと」として本文では二つのことをあげている。それぞれ答えなさい。

問三 難 ——線③「さらに皮肉なことに」とあるが、どのようなところが皮肉なのか、説明しなさい。

問四 難 〰〰線「見る機会が〜ゆゆしき問題ではないだろうか」とあるが、本文をふまえると、「ゆゆしき問題」としてどのようなことが考えられるか、一つ答えなさい。

解答の方針

問二・三・四 記述式の問題は、まず、問われていることが何なのかを理解してから、解答作業を進めること。

4 論理的文章の総合的読解

標準問題

解答 別冊 p.12

15 **[部分解釈・要旨]** **次の文章を読んで、あとの問いに答えなさい。**

1 ブナ林などの落葉広葉樹林では、初夏にいっせいに開葉が起こります。そして、この開葉とともに、葉っぱには大量のイモムシが現れます。彼らは柔らかくて栄養に富んだ若葉を好んで食うのです。イモムシの量も中途半端ではありませんので、これをめがけて多くの小鳥が集まってきます。冬の間は、幹や枝でそれぞれの得意な方法を駆使して餌《えさ》をとっていた連中が、みな葉っぱに集中するのですが、このなかには、樹をつつくアカゲラなどのキツツキも含まれます。温帯において、なぜ鳥の繁殖期が初夏なのかに関しては、この時期が森のイモムシに代表されるように、ヒナの餌がもっとも豊かな時期であり、これにあわせて繁殖を開始するように鳥たちが進化してきたからだと考えられています。

2 さて、樹木の葉っぱはイモムシに食われっぱなしであるかのように、私たちは考えがちですが、①植物も食われないように防御しているのだということが知られています。樹木の葉っぱは開葉後急速に堅くなっていきますが、これは水分含量が減っていくためです。同じことは、庭木でも簡単に観察できますが、柔らかいのは本当にわずかの期間です。また、葉っぱは堅くなると同時に窒素の含有量を減らしていきます。窒素は生物にとって重要な栄養源ですので、このことは葉っぱが昆虫の餌としての価値を急速に下げていくことを意味しています。そして、葉っぱはタンニンに代表される毒物をためるようになります。

3 このように、植物が昆虫に食われないように防御していることは、生態学者には比較的知られた事実だったのですが、この十五年ほどの間に、もっと積極的に防衛していることが明らかになってきました。それは、植物が葉っぱを植食者にかじられると、植食者の天敵を

ガイド

● 問題文のテーマ①

高校入試の論理的文章でよく出題されるテーマは次の通りである。

〈文化〉

[例]・日本と西洋の芸術・言葉・建築・生活習慣などを比較し、根本にある文化や発想の違いを論じる。キリスト教や自然観が根拠とされることが多い。

〈近代化〉

[例]・近代の科学や産業はどのように成立したのか、何が必要だったのか、その転換点を論じる。

・近代化以前と以後で社会や人間の暮らす環境はどう変化したのか、それは人間に幸福をもたらしたのかを論じる。

〈科学〉

[例]・最新の科学技術によって何が可能になったのか、将来、どのように役立てられるのかを論じる。

・生活はもちろん、自然環境や生命観まで一変させ、人類の生存を脅《おびや》かすまでになった科学のあり方を論じる。

〈自然・環境〉

呼んでいるという事実です。実験がおこなわれたのは、植物と、その大害虫であるナミハダニと、捕食者のチリカブリダニの三者関係についてです。ダニにはいろいろなダニがいて、植物食のダニと肉食のダニもいるわけです。

4 実験は、Y字型の試験管を用いておこなわれました。捕食者であるチリカブリダニを試験管の一つの端に位置させ、そのまま進むと分岐にさしかかりどちらかの道(試験管)を選ばざるを得ないという設定です。第一の実験では、分岐の一方からは空気、もう一方からはナミハダニの餌となるリママメという植物の葉っぱの香りが流れてくるしくみに設定しました。すると、チリカブリダニは五十四対二十六の割合でリママメの香りのほうを選びました。これは、チリカブリダニからするとリママメのあるところ、餌のナミハダニがいるからだと解釈されます。

5 第二の実験では、片方にはリママメのかじられていない葉っぱ、もう一方にはナミハダニにかじられたリママメの葉っぱが置かれました。するとチリカブリダニは、今度は五十一対十一の割合でかじられた葉っぱのほうを選んだのです。ここでかじられた葉っぱから出されているチリカブリダニの誘引物質については、いくつかの可能性が考えられます。そこで、かじられた葉っぱ、ナミハダニそのもの、ナミハダニの糞《ふん》の三者について、さきと同じY字迷路の実験をおこなったところ、かじられた葉っぱそのものに誘因性があることが明らかとなりました。つまりリママメは、ナミハダニにかじられるとチリカブリダニを誘引する物質を出していると考えられます。

6 以上のことは、②「敵の敵は味方」の関係を植物が積極的に利用していることを意味します。植物はまさにだまって食べられているわけではありません。かじられると、植食者の天敵を積極的に呼んで敵を退治してもらっているというわけです。

(江崎保男『生態系ってなに? 生きものたちの意外な連鎖』)

問一 ――線①「植物も食われないように防御している」とあるが、2段落からその具体的な方法を、次のようにまとめた。A・Bに入る内容を、それぞれ十字以内で答えなさい。

[例]・一見無秩序な自然環境や生態系がいかに精妙なシステムのもと維持されているか、これをどう守るかを論じる。
・資源の浪費をやめ、廃棄物を極力出さないリサイクル社会をどう実現していくのか、どうすれば、現在の大量消費社会から脱却できるのかを論じる。
・エコロジーの思想によって私たちの生活や行動はどう変わりつつあるのかを論じる。

〈言語〉

[例]・言語を記号としてみた場合、どのような特質があるのか、「意味」とは何か、言語と私たちの世界認識とはどのように関わっているのかについて論じる。
・外国語と日本語、古代の日本語と現代の日本語を比較し、その違いや変化の様子について論じる。
・時代により、変化せざるを得ない言語の宿命と、無秩序な「乱れ」への警鐘を対比させ、論じる。

・葉っぱは［A］ことによって、堅くなる。
・葉っぱは［B］ことによって、餌《えさ》としての価値を急速に下げる。
・葉っぱはタンニンに代表される毒物をためる。

A［　　　　　　　　　　］
B［　　　　　　　　　　］

問二　——線②「『敵の敵は味方』の関係を植物が積極的に利用している」とあるが、④⑤段落の、リママメを使ってチリカブリダニの行動を調べた実験を、次のようにまとめた。［C］に入る内容を、十五字以上二十字以内で本文より抜き出して答えなさい。

［　　　　　　　　　　　　　　　　　　　　］

	実験の内容	実験の結果	結果から考えられること
第一の実験	空気とリママメの香りのどちらを選ぶか調べる。	多くのチリカブリダニはリママメの香りのほうを選んだ。	チリカブリダニがリママメのあるところに、餌のナミハダニがいると判断したと思われる。
第二の実験	リママメのかじられた葉っぱとかじられていない葉っぱのどちらを選ぶか調べる。	どの実験でも、多くのチリカブリダニはリママメのかじられた葉っぱのほうを選んだ。	ナミハダニにかじられると、リママメの葉っぱは、［C］と思われる。
	リママメのかじられた葉っぱとナミハダニそのもののどちらを選ぶか調べる。		
	リママメのかじられた葉っぱとナミハダニの糞《ふん》のどちらを選ぶか調べる。		

ガイド

● 問題文のテーマ②

〈情報・メディア〉

［例］・インターネットや携帯電話など、情報通信技術の急速な革新と私たちのコミュニケーションのあり方について論じる。

・情報化社会といわれ、膨大な量の情報に接することが可能になる中で、正確で有益な情報を選択する目をどう養うかを論じる。

〈社会〉

［例］・都市化や地方の過疎化によって伝統的な地域の共同体が失われつつある問題を論じる。

・少子高齢化社会における、家族、若者の教育・就労、高齢者の介護・看取《みと》りのあり方などについて論じる。

〈国際〉

［例］・グローバル化といわれ、人や物、情報や資本が国境を越えて行き交う現状とその影響について論じる。

・イデオロギーの対立がなくなり、国家間の紛争が減少する一方で、なぜ民族や宗教間の紛争が絶えないのかについて論じる。

〈医療〉

［例］・いわゆる終末医療において、どのように残りの生の充実を図り、尊厳ある死を迎えるかを論じる。

・遺伝子の解明や臓器移植、クローン

16 【部分解釈・空所補入・要旨・内容一致】

次の文章を読んで、あとの問いに答えなさい。

科学は、自然の仕組みとはたらきを客観的にとらえて、記述する一つの方法であり、技術は、科学の成果を私たちの生活に応用し、実用化する術とみることができます。

ここで、私たちがいう「科学」とは、ヨーロッパで生まれた近代科学を指します。近代科学の考え方の特徴は、人間と自然は別個の存在であり、自然は分解できる要素から成り立っていて、それらの要素は自然の法則にしたがって機械的に運動するというものです。

ここから、人間が自然を理解するとは、その［ A ］な自然法則を発見することであり、その法則を利用すれば、自然を支配することができるという考え方が生まれてきます。

こうした自然(世界)の見方は、自然と人間を分けることのできない一体のものとしてみる東洋的な見方とは、正反対といってもよいものです。人間が自然の一部であるならば、自然の破壊は人間自らの破壊でもあるからです。

この①二つの見方のどちらが正しいかをめぐって、昔から議論がされてきました。

近代科学の根底には、自然は人類の生存をおびやかす以外の何物でもなく、いかに自然を手なずけコントロールするかが、人類の進歩であるという考えがあります。

これに対して、環境問題は、自然の支配という考えにたった近代科学から［ B ］に生まれてきたものであり、［ C ］に解決するには、自然と人間が一体になった共生関係という東洋的なとらえ方によって、社会の意識を変えていくことが必要であるという考え方が他方にあります。

「客観的」とは、だれがみても同じで、動かすことのできない事実として、人びとに受け入れられるもの、という意味です。そして、「客観的」な科学や技術と、人びとのさまざまな判断や主観的な行動によってつくられている人間社会とは、ときに矛盾をはらんだ関係にあります。

科学(自然法則)を無視した技術は、明らかに実現できません。また、社会の必要と経済性を無視した技術の開発は意味がありません。これを単純にいうと、技術は科学と社会の間にあって、両方の橋渡しをしていると考えられます。

技術などの、生命倫理上の問題点について論じる。

〈哲学〉

［例］・心と身体はどのように結びついているのか、身体を飾ったり、損ねたり、病気になったりすることは、私たちの心のあり方とどのように関わるのかについて論じる。

・「私」とは何か、他と区別される「私」という特別な存在について論じる。

以上、右以外にも、さまざまなテーマが専門的な立場から論じられる。過去の入試問題でもよいので、さまざまな論理的文章に触れるよう心がけよう。その上で、新聞やニュース番組などを通じて、どのようなことがらが社会的な関心を集めたり、問題視されたりしているのか、関心を持つようにしたい。

科学は、基本的に、科学そのものの理屈で、自由に発展していくと考えられます。つまり科学は、科学者の純粋な好奇心、努力の積み重ね、偶然の発見などによって進歩していきます。それは、ときには人びとの自然(世界)の見方を大きく変えることによって、社会に直接に大きな影響をあたえることもあります。例として、コペルニクスの地動説やダーウィンの進化論などがあげられるでしょう。

しかし、多くの場合、科学は技術を通じて社会とかかわりあうといってもよいでしょう。もちろん、社会の要求が、科学の進歩をうながすこともありますが、必要性があるからといって科学の大発見が可能になるとはいえません。

一方、技術の発展は、科学の進歩によって可能になります。熱や温度や圧力についての科学である熱力学は、蒸気機関の発明から現在の高性能エンジンの開発まで、大きく役だっています。スペースシャトルや人工衛星の打ち上げは、ニュートンがつくりあげた力学の応用です。

産業革命の原動力となったいろいろな発明(蒸気機関など)、化学合成技術(ナイロンの発明など)からトランジスター、今日のコンピュータ技術を中心とする情報革命まで、近代から以後の人間社会の発展は、技術の進歩の歴史と表裏一体です。

また、科学の成果を社会や経済に生かすという役割と同時に、技術は、社会の要求によって発展するという、関係ももっています。

この二つは、結果が原因にもなるという関係です。技術の進歩が、経済の発展や人びとの生活の向上をうながし、また経済を含む人間社会の必要によって技術は発展します。

(後藤則行『中・高校生のためのやさしい地球温暖化入門』)

問一　[A]～[C]に入る語の組み合わせとして適当なものを、次のア～エから一つ選び、記号で答えなさい。　〔　　〕

ア　A 一般的　B 効果的　C 基本的
イ　A 合理的　B 計画的　C 具体的
ウ　A 抽象的　B 機械的　C 強制的
エ　A 客観的　B 必然的　C 根本的

ガイド

● 問題文の読み方

とくに難関校では、問題文が長文化しており、長大な文章をすばやく、効率的に読み、設問に答える力が要求されている。大事な部分を頭に刻みつけ、あとから見やすくする工夫を自分なりにしてみよう。一例を挙げると、

・意味段落の区切りに印をつける。
・重要な筆者の意見に傍線を引く。
・筆者の意見と、その根拠や例とを区別し、それらを線で結ぶ。
・繰り返し出てくる言葉を丸で囲んでおく。

以上のような書き込みが考えられる。設問を解く際に「このへんに書いてあったな」と、すぐに解答に必要な部分をたどれることが肝心である。

問二 ――線①「二つの見方」について、次のようにまとめた。［ a ］に入る言葉を本文より抜き出して、［ b ］に入る内容を本文中の言葉を使って三十字程度で答えなさい。

二つの見方	対照的に述べられている内容
近代科学の見方	［ b ］と考える。
［ a ］	自然と人間とは分けることのできない一体のもので、共生関係にあると考える。

a ［　　　］

b ［　　　　　　　　　　　　　　　　　　　　　　　　　　　　］

問三 本文で筆者が述べている科学に当てはまるものを、次の**ア**～**エ**から一つ選び、記号で答えなさい。［　］

ア 地動説　**イ** 蒸気機関　**ウ** スペースシャトル　**エ** 産業革命

問四 重要 本文で筆者が述べている、技術と科学と社会の関係として適当なものを、次の**ア**～**エ**から一つ選び、記号で答えなさい。［　］

ア 技術は、科学の発展なしに進歩しないのは明らかだが、人びとの自然（世界）の見方を変えることによって、科学以上に社会に直接に影響をあたえる。

イ 科学は技術と社会との間の橋渡しをするもので、社会の発展が科学の進歩をうながすのだが、技術の発展も科学の進歩にとっては不可欠なものである。

ウ 技術は、科学の進歩によって発展し、科学の成果を社会や経済に生かすという面をもつが、経済を含む人間社会の必要によって発展するという面ももつ。

エ 科学は技術の進歩をうながし、産業革命や情報革命の原動力となって社会を発展させたが、科学の大発見は人間社会の要求があってはじめて可能になる。

最高水準問題

17 **次の文章を読んで、あとの問いに答えなさい。**

解答 別冊 p.13

（京都・同志社高）

書棚に本は数百冊と並べられていても、目的なしにどれかを抜き出して読んでみようとするとき、かならず青春時代の手垢《てあか》をつけた数冊の書物に手が伸びる。それは、旅を想《おも》うときにも似て、まだ行ってない土地がいくらもあるのに、三度、四度と、同じ旅先へ足をむけてしまう気持ちにも通じる。夏の季節に訪れたある土地へ、冬に行ってみたくなる。秋に訪れたある土地の春が知ってみたくなる。それは、結婚前の異性を妻にしようと決めた時、その人の日常生活の、他人には見せたがらない表情や坐《すわ》り方を見たくなる気持ちにも似て、その土地の①よそゆきの顔の仮面をはいでみたくなる非人情さにも通じる。

しかし、結局、それが相手を知る早道であり、後日の理解のためには無駄でないことがわかる。ある土地の生活も同じだ。

東京で想像していた信州にしても、そこに冬を過ごしてみて、机の上のインクが一夜のうちに凍りつくことを知った。東京育ちの私は、中学校を卒業するまでソバの花の白さを知らなかった。雪解け水のかがやくわさび畑の清冽《せいれつ》な流れを知らなかった。いつの間にか、夏という季節は「虚色」だと知った。夏の信州の避暑地に接しても、そこに一年を過ごす人々の苦労はわからない。夏という季節に、だまされてはならない。夏は九州でも、北海道でも、ものみな喜色にみちている。夏のあいだに稼がなくては、冬が暮らせないという生き方を、旅行者には語ろうとはせず、奉仕してくれる土地の人の態度に、人はだまされやすい。人間には、だまされるたのしさもあるのだ。「お客さま方が来て下さったお蔭《かげ》で、こんな立派な旅館になりました」と信州のある温泉宿の主人が言ったとき、その正直な感想の裏に秘められた心情について、私はふと考えた。

なぜなら、その旅館の外装は心ある都会人の感覚を誤解したものであったし、そこに住む人たちだけの好みでつくられていたからだ。そこがどこであったかを私はあえて語りたくないが、信州に限らず、戦後は、こうした感想を洩《も》らしたくなる土地が多すぎるのである。

②夏に訪れる旅行者をよろこばせることが、その宿の評価を高めると思い込むことに、どうして反省が生まれないのであろうか。たとえば信州のような風土に、夏の季節おとずれる人々は、たいてい避暑が目的であろう。彼等《かれら》はあついはずの夏に、涼しくあることをねがい、冬はあたたかいことを期待する。そういう希望をもつ人々は、その土地の寒冷な冬をみようとはしないのである。旅人とは、結局、永遠にその土地の理解者とはなり得ない人々のことであろうか。

彼等の一部は、やっと咲いた石楠花《しゃくなげ》の花をつむのだ。石楠花は長い冬、雪に痛めつけられ、葉をかたく氷らせて耐えぬいてきたのだ。その花の美しさには、透徹した色がある。それが見る人々を感動させるのだ。しかし、虚色の夏しか見ようとしない人々には、石楠花が過ごす冬のつらさに思いは及ばない。花弁が初夏の日開花するまで、どれほどの忍耐があったか。おそらく、その日のために、あのように葉は厚く、毛まで生やしているのだ。

石楠花が、冬の日、山頂にちかい斜面でどのように身をこごえさせているかを知るためには、冬の山に登らなくては理解できない。雪国の人々の一部が、冬は暖かい土地へ移住して、出稼ぎと称して他地で働くのは、植物とちがって、人間は石楠花のような生き方が出来ないからだ。植物ならば耐え得ても、人間は稼がなければ暮らしてゆけない。仕方なく、出稼ぎに出る。しかし、ある時、信州の千曲川《ちくまがわ》源流の村で、私が石楠花の話をしたとき、宿の主人は、カラマツの芽吹きの季節の感動を強調した。石楠花のようにはなやかではなく、語られることもない山林の衣替えの季節。毎年雪国の春の訪れを象徴するように、色づくカラマツの林。

そこは梓山《あずさやま》とよばれる千曲川のみなもとにちかい村であった。そこから見える山が金峯山《きんぷさん》と甲武信岳《こぶしだけ》ならば、とりまく山肌は石楠花の宝庫のはずであったが、宿の主人は、石楠花よりもカラマツ林の芽吹きのよろこびを語った。

ここには夏の虚色を賞《ほ》めにくる人々は少ない。一昔前の軽井沢のような風景がとりまいているが、③虚色に満足する人々の視野には入らない。

私は、秋の終わり、カラマツが黄金色にかがやいて散ってゆくのを知っている。このひとときも壮烈な華麗さだ。石楠花のような花をもつ植物に目をひかれ、心をひかれる段階は、まだ未熟なのかもしれない。

（岡田喜秋『思索の旅路』）

問一　――線①「よそゆきの顔の仮面」という比喩《ひゆ》の内容にあたるものとして適当なものを、次のア〜オから一つ選び、記号で答えなさい。　［　　］

ア　書棚に並ぶ数百冊の本
イ　まだ行っていない土地
ウ　夏の季節に訪れたある土地
エ　秋に訪れたある土地の春
オ　妻にしようと決めた女性の日常生活の、他人には見せたがらない表情や坐《すわ》り方

問二　難　――線②「夏に訪れる旅行者を〜思い込むこと」とあるが、そのように思い込むにはどのような事情があるか。本文中の語句を用いて二十五字以内で説明しなさい。

問三　――線③「虚色に満足する人々」とあるが、同じ内容を「虚色」という言葉を使わずに表現している部分を、本文より二十字以内で抜き出して答えなさい。

問四　本文の内容と合致するものを、次のア〜オから一つ選び、記号で答えなさい。　［　　］

ア　同じ土地を何度も訪れるのは、その土地の醜悪な部分をかくす仮面をはがしたいという非人間的な欲求に促されるためである。
イ　旅行者が訪れない季節でも避暑地には人の心をうつ自然があり、それを知る時、夏の喜色により隠されているものに気づくのだ。
ウ　避暑地の人々は夏の快適さを売り物にして旅行者に奉仕するが、旅行者もまたそれにだまされる楽しさを味わうのが旅である。
エ　都会人と避暑地に暮らす住民の生活感覚は根本的に違うので、旅人はその土地の真実の姿を本質的に理解することはできない。
オ　石楠花のような花をもつ植物はカラマツよりも旅行者の目をひくが、カラマツこそよそゆきでない土地の生活を示しているのだ。

18　次の文章を読んで、あとの問いに答えなさい。（兵庫・灘高）

わたしは職業柄、深夜に仕事をして、朝寝て昼に起きることが多く、出勤も午後からが多いので、家を出る直前に「昼どき日本列島」というNHKのテレビ番組をよく見ます。あるとき、埼玉県のある村の子どもの花祭りを紹介していました。五月のツツジの季節で、子どもたちは満開のツツジの花をちぎっては、大きな籠《かご》に入れていました。そうして花でいっぱいになった籠をみんなが持ち寄ると、その花を道でたがいにぶちまけあいだしたんです。

村の大人たちが大事に大事に育てた花を、残酷にも引きちぎったり、むしったりするなんて、本来は許されないはずです。しかも、それを道にぶちまける。あとの掃除のことを考えてもそれはしてはいけないことです。でも、一日だけそれが許される。このお祭りは、いったい何なんだろう。だれかが一所懸命に育てた花を摘んで、それをおおっぴらに捨てる、あるいはたがいにそれを投げつけあう。これは何だろうと、ずっと気になっていました。

その後、前衛的といってよい華道家の生け花を間近に見る経験をしました。華道というのは、とにかく美しい花をきれいに生けて室内を飾るものだぐらいにしか考えていなかったわたしは、驚いてしまいました。

「生け花」と言いながら①「殺し花」だからです。その花は、枝から切ったり、土から抜いてきたりしたものです。それを美しく見せるために、枝を折ったり、余分な葉をそぎ落としたり、極端な場合には花を一輪しか残さないこともあります。枝を切る、割る、葉をむしる、裂く、ちぎる。最後に、だめ押しのように剣山にブスッと刺す。人間だったら、拷問《ごうもん》そのものです。栄養をやったり虫をとったりと大事に育てた花も、何日もかけて山奥から探してきた枝も、ポキンと折ったり、裂いたり、葉をむしったりする。そういうものが、じつは生け花です。

じつは、先ほどの花祭りとよく似ているんです。大事に育てたものをいじめ抜く、殺す。そうすることがひとつの日本文化として伝承されているのです。華道という文化として伝承されている。これは、いったい何でしょう。

なんだ、わたしたちが毎日やっていることじゃないかということに気がつきました。②わたしたちが生きる、その実相ではないかということです。

わたしたちが食べるものは、塩などをのぞけば、ほとんどが生きものです。肉、魚、野菜、果物、砂糖、酒——すべていのちあるものからできています。わたしたちは毎日、これを何度かに分けて、たえず体内に入れなければ生きてゆけません。わたしたちが生きるということはだから、別のいのちを殺すことなのです。「別のいのちをいただくことです。だから、「いただきます。」と手を合わせる。「ごめんなさい、いただきます。」と言って、いただいているのです。

しかも、わたしたちの食べているものは、肉にしても牧畜というかたちで育てたものです。野生の牛じゃない。食べ物をあたえて、毛を梳《す》いてあげて、ときにはビールまで飲ませて、大事に育てて、それを殺していただいている。野菜も、果物もそうです。農家の方は、天候を気にかけながら、慈《いつく》しむようにして野菜や樹木を育てる。それをちょんぎって、箱詰めにして流通させる。そして、だれかの口に入るのです。華道と同じです。

埼玉県の花祭りも、華道家がしていることも、わたしたちが日常やっていることなのです。そのことを、わたしたちはきちんと見ていないのです。その実相をしっかりと目に見えるかたちにし、生きるとはこういうことなんだと、まざまざと思い知らせるのが右の花祭りと華道だったのです。

わたしの好きな詩人の一人に長田弘《おさだひろし》さんという方がおられます。その方に、こういう言葉があります。「見えているがだれも見ていないものを見えるようにするのが、詩だ。」この詩の定義は、哲学にも当てはまると思います。見えているのにだれも見ていないものを、見えるようにする。言葉で見えるようにする。これが哲学の仕事だと思います。

いまの日本人は、③これと反対のことをしています。食生活を考えてみても、スーパーマーケットでは、いのちあるものを殺したことが見えないように工夫されています。肉はサイコロ状にしてあったり、薄く切ってバラの花のように、芸術品のようにしてあったりします。魚は切り身や短冊の刺身にして、もとの姿が思い浮かばないような姿で売られています。野菜や果物も、サイズが揃《そろ》ったものだけを入荷して透明なフィルムでラップされて売られている。

怖いことに、肉も果物も魚も、日用品と同じ感触です。ツルッとした薄いフィルムの感触を共通してもっています。肉をさわっているつもり、野菜をさわっているつもりで、わたしたちの身体が経験しているのはフィルムの感触です。とくに一九七〇年代以降に生まれたひとたちは、ラップされた肉をさわっても、フィルムをさわっているとは思わないくらいあたりまえのことになっている。

触覚は、物のリアリティ、現実を知るうえで重要な感覚です。押してもがんとして動かないその感触が、現実というのは思うようにはならんもんだという実感をあたえてくれます。そういう現実感覚の根っこにある触覚に、なにか大きな変化が起こっている可能性があるのです。

たとえば、ひとが生まれるとはどういうことかということも、かつての日本人は家庭で体験しました。ひとが生まれるときに、どんなに大きな苦痛の声をあげるか、どんなに血まみれになるか。病むことにしても、どれほどしんどいことであるのか。さらには、死ぬとはどういうことか。わたしは見たことはないのですが、身体の孔《あな》という孔から体液が出てきて、皮膚の色が急速に変化するそうです。かつては、たいていのひとが各家庭で死を迎え、家族がからだを清めてあげたものです。

いまのわたしたちはどうでしょう。出産のシーンやひとの死後のからだの変化のありさまをじかに見られた方は少ないんじゃないでしょうか。誕生した子どもに初めて対面するときにしても、すでに看護婦さんが身体をきれいに拭《ぬぐ》って産着《うぶぎ》を着せています。病室で亡《な》くなったわたしの父や母の死もそうでした。こんなに色艶《いろつや》が良かったかなと思うぐらい健康そうに見える顔で、着物をきちんと着せてもらって出てきました。このように一種のラップ・フィルムをかけられた状態でしか、人間の誕生も、病むことも、経験できなくなっているのです。

かつては、みずから家で魚をさばくとか、出産を手伝うとか、死後の遺体処理を手伝うなどをしていました。それを、病院やスーパーマーケット、レストラン、クリーニング屋、し尿処理業者など、外部のサービス機関に委託するようになった。これが社会の近代化なのです。そのなかでわたしたちは、④生きることの根本にあるものに、まるでラップ・フィルム越しにしかふれることができなくなってきた。そういうときに、右の花祭りや華道は、もう一度ラップ・フィルムをはがして、生きるとはこういうことですよ、ひとは別のいのちをいただいて生きているんですよ、と教えてきたのです。

（鷲田清一「死なないでいる理由」）

問一　——線①「殺し花」とあるが、「生け花」がなぜ「殺し花」と言えるのか。五十字以内で具体的に説明しなさい。

問二 難 ——線②「わたしたちが生きる、その実相」とあるが、これはどういうことか、説明しなさい。

問三　——線③「これ」が指示する内容を答えなさい。

問四 難 ——線④「生きることの根本に〜できなくなってきた」とあるが、これはどういうことか、説明しなさい。

問五 難 〰〰線「このお祭りは、いったい何なんだろう」とあるが、筆者は「花祭り」の意義をどういうところにあると考えているか、答えなさい。

解答の方針

問一　「具体的に答える」ことと「具体例をあげて答える」こととは別のこと。とくに指示がない場合は、具体例を答えるのではなく、筆者の意見を中心に答えること。ただし、よりはっきり、簡潔に答えるようにすること。

問二・四・五　いずれもこの文章の中心となる筆者の意見が読み取れているかを問う問題。

19 **次の文章を読んで、あとの問いに答えなさい。**　（東京・日比谷高）

最近、「AI[*1]が人間を超える」とさかんに言われるようになりました。しかし、そうした議論には、与《くみ》しません。

もちろん、特定のジャンルで人間を超えることはあります。私が最初にAIに興味を持ったのは将棋がきっかけでしたが、将棋や囲碁はゲームですから、一定のアルゴリズム（計算方法）で処理できる。だから、あらゆる手を吟味できるAIの処理能力を大きくして、高速化すれば、AIが人間を負かすのは当たり前です。

そもそも、人間はコンピューターやAIと勝負する必要はありません。たとえば、百メートル走をオートバイと競う人がいるでしょうか。同様に、計算に特化したAIと人間が計算で争ったところで、AIが勝つに決まっているんですから。

また、AIが生物のようになる可能性はあり得ません。もちろん、コンピューターの世界のなかでなら既に実現しているし可能ですが、物質の世界で分子から組み立てていくことはできません。なぜなら、人工的に作れた細胞はないからです。

さらに言うと、脳の観点から見れば、人間とAIは全くの別物です。ゼロとイチの二進法のアルゴリズムで動くAIが、人間の脳を本質的に超えるということはないでしょう。

ただ、これからAIが発達するにつれて、大きな問題が起きるとも思っています。コンピューターやAIが行っているデジタル処理のあり方が、これまで以上に「人間の存在」を大きく規定していくことは間違いありません。つまり、人間が「情報化」されていくのです。

人間の「情報化」とはどういうことか。人間の根本的な部分から説明していきたいと思います。

人間とAIの関係をみていくには、人間と動物の違いを考えることが有効です。

①人間とは「意識＝理性」によって、「同じ」という概念を獲得した生き物です。それによって「等価交換」ができるようになり、言葉やお金、民主主義を生み出しました。

反対に、動物は「同一である」ということが理解できません。「感覚[*2]所与＝現実、事実」に依拠しているため、「同じ」とは対立する「差異」によって、物事の判断を行っています。

たとえば、〝同じ〟コップがここに二個あるとします。しかし、別々のものとして、違う場所にあるわけですから、動物にとっては、それは〝違う〟コップです。

それを人間が〝同じ〟と認識するのは、脳が「意識＝理性」によって判断しているからです。

「同じである」、つまり「a＝bゆえにb＝a」という「交換の法則」にまつわる有名な故事があります。「朝三暮四」という四字熟語は、〈宋《そう》の狙公《そこう》が、飼っていたサルに「トチの実を朝に三つ、夜には四つやる」と言ったら、サルが「少ない」と怒った。「では、朝に四つ、夜に三つやろう」と言うと喜んだ〉という話です。

大きいほうの利益を先に得るということで、考えの浅い「短見」の例として挙げられますが、実は、動物には等価交換がわからないということを表していると言えます。

人間にとっては、どちらも「一日に七つ」で同じ数であっても、感覚を優先する動物にはイコールが理解できないということです。

しかし、実は生物学的に見ると、人間とチンパンジーの遺伝子は九八％同じです。

では、どこで両者の知能は分かれていくのか。

面白い研究があります。ある研究者が、自分の子どもと同じ頃に誕生したチンパンジーを探してきて、一緒に兄弟として育てました。そうすると、三歳くらいまではチンパンジーのほうがはるかに発育がよく、利口でした。ところが、三歳を過ぎて、四歳から五歳になってくると、ヒトはどんどん発育が進むのですが、チンパンジーは停滞しました。その頃にヒトとチンパンジーを分ける何かがあると言えます。

この分け隔てるものを、②認知科学では「心の理論」と名付けています。これは簡単な実験で確かめることができます。

三歳児と五歳児に舞台を見せておきます。舞台にはAとBの二つの箱を置いておく。そこへお姉ちゃんがやってきて、Aに人形を入れて、箱に蓋をしてからいなくなる。次にお母さんがやってきて、Aに入っている人形をBに移して、蓋をして、舞台からいなくなる。

次にお姉ちゃんが再登場し、このとき二人の子どもに「お姉ちゃんはどちらの箱を開ける?」と質問します。

すると、三歳児は人形がいまどちらに入っているかを知っているから「Bを開ける」と答える。三歳児にとっては、現在の自分の知識が全てであり、お姉ちゃんの頭の中がどうなっているかは考えないからです。

しかし、五歳児だと、「お姉ちゃんは、お母さんが人形をBに移したことを見ていなかったから、元のAに入ったままだと思っているだろう」ということで「Aを開ける」と正解するのです。

人間は成長するにつれて、「同じ」という概念を獲得し、相手の立場に立つことができるようになるというわけです。

私は、三十年前に『唯脳論《ゆいのうろん》』を書き、現代は脳の時代で「脳化社会」であると定義しました。脳化社会とは、脳の機能である「意識」が創り出す社会という意味で、情報化社会とは、③社会がほとんど脳そのものになったということです。

あらゆる人工物は、脳機能の表出、つまり脳の産物に他なりません。そこでは、植物や地面などの自然すら、人為的に配置されています。

われわれは自然という現実を無視し、脳という御伽噺《おとぎばなし》の世界に住むことになり、自然から自己を解放したと記しました。

この三十年で急速に進んだデジタル化によって、社会の「脳化」はますます鮮明になり、世界が究極的な理性主義になっています。理性・理論は、万国共通です。理性をもっとも牽引《けんいん》しているのはアメリカですが、これには必然的な理由があります。アメリカ社会というのは、多民族、多文化で構成されていますから、公の議論というのは、最終的に理性的にならざるを得ない。つまり、〝差異〟をともなったローカルルールは通用しません。

「理性」を突き詰めたのがコンピューターであり、その先にあるAIです。ゼロとイチだけでできたデジタル世界は、「同じ」の極致と言えます。

一方、わたしたちの身の回りの生活を見てみると、現代の都市というのは、「同じ」であることを突き詰め、④どんどん「感覚をそぎ落としている」ということがよくわかります。

オフィスを見れば、照明の明るさは変わらず、床は全部平面で同じ固さ。外の天気にも左右されることはありません。しかも、ゴキブリも出てこないし、蚊だってハエだって飛んでいない。つまり、無意味なものが一切ないのです。

同じものが追求される都市化された社会の影響は、人間の行動にもあらわれています。

たとえば、医療現場では、患者の血圧を測っていても、医者は相手の表情や様子を見るのではなく、カルテやパソコンの画面ばかり見ている。要するに医者は、患者という生身の人間ではなく、「人体に関する情報」を読み取っているだけです。

五、六年前、「人間の情報化」について考えるきっかけになった出来事がありました。

銀行に行って手続きをしようとしたら、事務員に「本人確認の書類はお持ちですか?」と聞かれたのです。私は運転免許証を持っていないし、健康保険証も病院に来たわけじゃないから持ってきていませんでした。するとその事務員は、「困りましたね。養老《ようろう》先生ってわかっているんですけどね……。」と言いました。私本人が目の前に立っているのに、相手が必要なのは書類、つまり情報ということです。

私は、「はて、相手が言っている本人ってなんだろう」と悩んでしまった。だったら、うちで飼っている猫が、私の身分証明証をくわえて行けば、それでいいのでしょうか……。

このときのことがずっと頭の中にひっかかっていて、数年考え続けていたのですが、あるとき、「最近の新入社員は、同じ部屋で働いているのに、メールで報告してきやがる」と言う上司がいました。私は、「あっ!」と気付きました。「本人はいらないんだ!」と。

つまり、現代社会における「本人」というのは「ノイズ」でしかないということです。情報化されず、コンピューターシステムに取り込むことができない、身体を伴う「本人」は不要なものになっている。

要するにデジタル化を追求すると、関係のないものはそぎ落とされた「データ」だけが必要とされるようになるのです。

しかし、意味のあるものだけに囲まれていると、いつの間にか、意味のないものの存在が許せなくなってしまうということを忘れてはいけません。

⑤果たして「人間の情報化」の行き着く先に、人間が本当に求めている世界はあるのでしょうか。私は、デジタル的な理性一辺倒の世界は、本来の人間には合わないと感じています。

（養老孟司『AI無脳論』）

＊1 AI＝Artificial Intelligence の略。人工知能。
＊2 感覚所与＝感覚としてあらかじめ与えられるもの。

問一 ——線①「人間とは『意識＝理性』によって、『同じ』という概念を獲得した生き物です。それによって『等価交換』ができるようになり、言葉やお金、民主主義を生み出しました。」とあるが、人間は「言葉」をどのようにして生み出したのか。五十字以内で答えなさい。

問二 ——線②「認知科学では『心の理論』と名付けています。」とあるが、認知科学で、これを「心の」とするのはなぜか。その理由を説明したものとして適当なものを、次のア〜エから一つ選び、記号で答えなさい。［　　］

ア 人間が、感覚ではなく、「心」といえるものを具体的な実在として初めて実感する理論であるから。
イ 肉体的な成長によるものではなく、表面的には出てこない「心」の成長についての理論であるから。
ウ 単なる理解ではなく、他の人の「心」を推察する能力を身に付ける過程についての理論であるから。
エ 同じ人間の一部でありながら、身体を支配する主体としての「心」の優位性を示す理論であるから。

問三　——線③「社会がほとんど脳そのものになった」とあるが、どういうことか。これを説明したものとして適当なものを次のア～エから一つ選び、記号で答えなさい。［　　］

ア　環境が全てデジタル情報によって構築されて、人の感覚に基づいた価値よりもデータとしての正しさが優先されているということ。

イ　社会のあり方が、人間の脳のあり方を意識して、あらゆる要素を関連づけて作られ、人の脳による支配が可能になったということ。

ウ　現実の環境が、コンピューター上の仮想空間において検証されたものを模範として作られ、現実感のないものになったということ。

エ　自分たちの身の回りの世界が、最も効率的に利用されるように、全ての物が意識的に作られ、配置されたものになったということ。

問四　——線④「どんどん『感覚をそぎ落としている』ということ」とあるが、どういうことか。これを説明したものとして適当なものを次のア～エから一つ選び、記号で答えなさい。［　　］

ア　個々が感覚を研ぎ澄まして個性的な状態を競い合うのではなく、互いに同じであることを前提にして、同じ環境、同じ条件で自由に競い合い、それが平等に認められるのが都市空間のあり方だということ。

イ　同じ快適さを求める都市空間では、不快をもたらすさまざまな要素を排除していくから、与えられる刺激によってそれぞれの人に呼び起こされるべき感覚が発生しない状況を作り出しているということ。

ウ　現代の都市での生活は、システムを含めて全て計算され尽くしてできあがっているので、個人個人がそれぞれの感覚でどう感じとったかということは、ほとんど問題にもされなくなっているということ。

エ　現代社会は、科学の発達と高度な技術によって環境が整えられているので、それぞれの個人がどう感じるかという感覚は否定されて全体でどう評価されるかが問題とされるようになっているということ。

問五　——線⑤「果たして『人間の情報化』の行き着く先に、人間が本当に求めている世界はあるのでしょうか。」とあるが、このことについて、筆者の指摘する「人間の情報化」がどのようなものであるか、これに該当する具体的な例を示した上で、あなたの考えを二百五十字以内で書きなさい。なお、（、）や（。）や（「）などのほか、書き出しや改行の際の空欄もそれぞれ字数に数えること。

解答の方針

問五 まず、設問を二段階に分けて考えよう。「人間の情報化」の理解とその具体化が第一段階。次に、それについての見解を述べること。後半ばかりに気を取られすぎないようにしたい。

第1回 実力テスト

時間 30分　目標 35点

得点　　／50

▼解答→別冊 p.16

1 次の文章を読んで、あとの問いに答えなさい。

私たちは昼と夜をまったく別の空間として体験する。とくに夜の闇《やみ》のなかにいると、空間のなかに闇が溶けているのではなく、逆に闇そのものが空間を形成しているのではないかと思えてくる。闇と空間は一体となって私たちにはたらきかける。ミンコフスキー[*1]は、夜の闇を昼の「明るい空間」に対立させたうえで、その積極的な価値に注目する。

……夜は死せるなにものかでもない。ただそれはそれに固有の生命をもっている。夜に於《お》ても、私は梟《ふくろう》の鳴き声や仲間の呼び声を聞いたり、はるか遠くに微《かす》かな光が尾をひくのを認めたりすることがある。しかしこれらすべての印象は、明るい空間が形成するのとは全然異なった基盤の上に、繰り広げられるであろう。この基盤は、生ける自我と一種特別な関係にあり、明るい空間の場合とはまったく異なった仕方で、自我に与えられるであろう。

明るい空間のなかでは、私たちは視覚によってものをとらえることができる。私たちとものあいだ、私たちと空間のあいだを距離がへだてている。距離は物差《ものさし》で測定できる量的なもので、この距離を媒介にして、私たちは空間と間接的な関係を結ぶ。私たちと空間のあいだを「距離」がへだてているため、空間が私たちに直接触れることはない。

［ A ］、闇は「明るい空間」①とはまったく別の方法で私たちにはたらきかける。明るい空間のなかでは視覚が優先し、その結果、他の身体感覚が抑制される。ところが闇のなかでは、視覚にかわって、明るい空間のなかで抑制されていた身体感覚がよびさまされ、その身体感覚による空間把握が活発化する。私たちの身体は空間に直接触れ合い、空間が私たちの身体に浸透するように感じられる。空間と私たちはひとつに溶けあう。それは「物質的」で、「手触り」のあるものだ。明るい空間はよそよそしいが、暗い空間はなれなれしい。恋人たちの愛のささやきは、明るい空間よりも暗い空間のなかでこそふさわしい。

闇のなかでは、私たちと空間はある共通の雰囲気に参与している。私たちを支配するのは、ミンコフスキーが指摘するように、あらゆる方向から私たちを包みこむ「深さ」の次元である。それは気配に満ち、神秘性を帯びている。

「深さ」は私たちの前にあるのではない。私たちのまわりにあって、私たちを包みこむ。しかも私たちの五感全体をつらぬき、身体全体に浸透する共感覚的な体験である。

近代の空間が失ってきたのは、実は［ 1 ］の次元である。近代建築がめざしてきたのは明るい空間の実現であった。ピロティ[*2]、連続窓[*3]、ガラスの壁、陸屋根[*4]は、近代建築が明るい空間を実現するために開発した装置である。明るい空間が実現するにつれ、視覚を中心にした身体感覚の制度化がすすんだ。視覚はものと空間を対象化する。空間は測定可能な量に還元され、空間を支配するのは距離であり、ひろがりであると考えられるようになった。それと同時に、たがいに異なる意味や価値を帯びた「場所性」が空間から排除され、空間のあらゆる場所は人工的に均質化されることになった。こうして、場所における違いをもたないユークリッド*5的な均質空間ができあがる。

　深さは、空間的には水平方向における深さをあらわしている。幅に対する奥行《おくゆき》である。［B］、均質化された近代の空間にはこの奥行が存在しない。なぜなら、均質空間はどの場所も無性格で取り換え可能だから、奥行は横から見られた幅であり、奥行と幅は相対化された距離に還元されてしまうからだ。均質空間では、幅も奥行も「距離」という次元に置き換えられる。［C］、そこにあるのは空間のひろがりだけであり、深さがない。

　ミンコフスキーが深さについて語っているのは、もっぱら空間的な意味においてである。一般に西洋では、深さは水平方向における深さであり、純粋に空間的な意味しかもっていないようである。それに対して、わが国では深さは水平方向における深さであると同時に、時間的な長さをも意味する。深さは空間的であるとともに時間的な意味をもつ。それを端的にあらわしたことばが「奥」である。奥は日常的にもよく使われることばだ。

　［D］来客を家のなかに案内するさい、よく「奥へどうぞ」などという。②具体的に座敷とか応接間といわずに「奥」という。この場合の「奥」とはいったい何を指しているのだろうか。それが具体的な部屋を指しているのでないことは明らかである。「座敷へどうぞ」「応接間へどうぞ」といわれれば、部屋のイメージを頭に思い描くこともできる。だが奥といわれると、少しおおげさにいえば、いったいどこへつれて行かれるのだろうという一抹《いちまつ》の不安が心をよぎる。奥は漠然として、つかみどころがない。奥は具体的な対象物を指すことばではなく、漠然とあるなにものかを暗示することばである。このあたりに、日本語に固有な奥ということばの深い意味がかくされているように思われる。

（狩野敏次『住居空間の心身論——「奥」の日本文化』）

＊1　ミンコフスキー＝ユージン・ミンコフスキー（一八八五〜一九七二）。ロシアで生まれ、主にフランスで活動した精神科医・哲学者。
＊2　ピロティ＝地上の一階部分を柱だけにして、外部に開放した建築の様式。
＊3　連続窓＝窓が連続して横に並んでいる建築の様式。
＊4　陸屋根＝傾斜がほとんどなく、水平に近い屋根。
＊5　ユークリッド＝古代ギリシャの数学者・天文学者。数学の幾何学を集大成した。「ユークリッド幾何学」にその名を残している。

問一　［A］〜［D］に入る適当な語を、それぞれ次のア〜オから一つ選び、記号で答えなさい。（各2点　計8点）

ア　したがって　　イ　しかし　　ウ　一方　　エ　そして
オ　たとえば

A［　　］　B［　　］　C［　　］　D［　　］

問二　——線①「まったく別の方法」とはどういう方法か、八十字以内でわかりやすく説明しなさい。（16点）

問三　1 に入る適当な語を、本文より抜き出して答えなさい。（4点）

［　　　　　　　　］

問四　――線②「具体的に座敷とか応接間といわずに『奥』という」のはどうしてか。その説明として適当なものを、次のア～オから一つ選び、記号で答えなさい。（4点）　［　　］

ア　「奥」は日常的にもよく使われる言葉だから。
イ　具体的にどこに案内するかまだ決めかねているから。
ウ　単に場所のことだけを言いたいわけではないから。
エ　西洋の「深さ」は空間的な意味しか持たないから。
オ　部屋のイメージを思い描かせたいと思っているから。

問五　この文章において、「闇《やみ》」と「奥」に共通しているとされているのはどのようなことか。四十字以内で答えなさい。（12点）

問六　次の文が本文から抜けている。どの部分の後ろに入れるのが適当か、直前の五字を抜き出して答えなさい。句読点は字数に含まないこと。（6点）

人工照明の発達がそれに拍車をかける。

2

文学的文章の読解

1 細部を読み取る

標準問題

解答 別冊 p.17

20 **［部分解釈・心情の理解・表現の理解］**
次の文章を読んで、あとの問いに答えなさい。

秋の体育祭と文化祭が終わると、急に空が高くなる。空気の匂《にお》いが変わる。香ばしさが風にかすかに混じり、住宅地の中を抜けて行くだけなのに、みのりの季節が近づいているのがわかる。ようやく穏やかな日々が戻ってくる。体育祭や文化祭の賑々《にぎにぎ》しさが私は苦手だ。今さら走ったり、踊ったり、新鮮味のない模擬店を出したり、そういうことをさせられるのが億劫《おっくう》でならない。終わってほっとした。退屈な日常でも、喧噪《けんそう》よりはいい。

それなのに、まただ。ホームルームの最後に、そろそろ合唱コンクールの準備を、と佐々木さんがいったのだった。何がそろそろだ。文化祭が終わったばかりじゃないの。ひとつ終えるとまたひとつ、秋は行事のペースが速くなるらしい。

「まだ少し先のことですけど、早めに準備して、いい結果を残せるといいなと思っています」

クラス委員の佐々木さんはそう締めくくった。合唱コンクールなんて興味もないけれど、それでも、いい結果を残せるといい、というのはちょっと違うだろうと思ってしまう。結果を残すために歌うんじゃない。結果の前に原因がある。あるいは、過程。そっちのほうが大事なんじゃないのか。——ついそんなことを考えてしまってから、関係ないなと思う。私にはどうでもいいことだ。そしてたぶん、クラスのみんなにとっても。

毎年、秋の終わりにクラス対抗の校内合唱コンクールがある。仲間と力を合わせ、声を合わせよう。そう書かれたポスターを去年も見ている。力を合わせるために声を合わせるのか、声を合わせるために力を合わせるのか。どちらが正しいというものでもないだろうけど、私はポスターの前で立ちどまった。クラスの団結が目的で、合唱は手段になってしまっている。①歌を

ガイド

● **文学的文章とは**

高校入試で出題される文学的文章には、大きく分けて、**物語（小説）**と**随筆**とがある。

① **物語**

作者が自由に**人物（登場人物）**を造形し、その人物の身に起こるできごとを描く。人物の置かれた状況とそこで起こるできごと、そのできごとに対する反応や思いを描きながら、読み手に特別な感情を抱かせたり、作者の思いや訴え（**主題**）に向き合わせたりする。

② **随筆**

筆者が見聞きし、経験したことがらをもとにして、そこから引き起こされた感情や思考を自由に書き表す。筆者の独自な感性や個性、日頃《ひごろ》感じていることを直接表現し、読み手の共感を誘う。

● **文学的文章の読解**

文学的文章を適切に読解するには、次のような点を意識しながら読む。

① **時代背景・場所**
② **視点・語り手**
③ **人物の性格・心情**
④ **できごと（場面）の展開**

利用していることへの軽い憤《いきどお》りを、どうでもいいじゃないそんなこと、と声に出してかき消した。

そもそもたいていの生徒にとって合唱コンクールの優先順位は低い。校内イベントの中でも最下位か二番手、三番手あたりをうろうろしていると思われる。マラソン大会といい勝負かもしれない。むしろマラソンのほうが嫌われている分だけ存在感がある。合唱は歯牙《しが》にもかけられずその辺に放《ほう》っておかれている。

②そういえば去年、熱心なクラスがあった。担任の力なのか、誰《だれ》か指導力のある生徒がいたのか、あるいは合唱部に属する生徒が多かったのか、見事な歌声を聴いた。校内合唱コンクール程度でここまでの合唱を聴けるとは思っていなかったほどだ。

最初は放課後だった。校舎のどこかから合わせる声が聞こえてきた。たどたどしく、おそるおそる、の声。ちょうど今ごろの季節だったと思う。まるでばらばらに聞こえる日もあった。それが日を追うごとにまとまっていった。張り上げすぎていたソプラノは艶《つや》が出て、アルトがぐんと響き出す。そうそう、その調子、と私は鞄《かばん》を提《さ》げて校舎をぐるぐる歩きまわった。生徒玄関まで行くと声は届かなくなってしまうから、わざとゆっくり階段を上り下りした。普通の生徒でも練習次第でこんなに変わるのかと胸を打たれていた。

それに比べ、私のクラスは話にならなかった。おざなりな練習しかせず、それだって不参加の人が多くて、もしかすると楽譜なしでは最後まで歌えない人もけっこういたかもしれない。誰もなり手がいなくて結局ジャンケンで決まった指揮者が機械的に指揮棒を振るだけで、私も声を出さなかった。声楽の発声で合唱はできないし、歌って目立つのも嫌だった。

クラス替えはあったものの、今年だって似たり寄ったりだ。そろそろ合唱コンクールが、と佐々木さんがいったとき、しらっとした空気が流れた。文句さえ出なかった。もちろん、私も同じだ。関係のない話だと思った。この高校に入ってからというもの、すべてのことが私には関係なく過ぎてゆく。

翌週のホームルームで議題が合唱コンクールのことになったときも、私は窓から外を眺めていた。中庭の欅《けやき》が色づいている。いい季節になった、と思う。温度も湿度も適度にあって、声帯に弾力が出る。声が伸びる。音大の受験を考えるなら、そろそろ本腰を入れて準備をしなけ

---

⑤ 描写・表現

● 時代背景・場所

人物の置かれた時代が過去なのか、現代なのか、場所が日常暮らす場所なのか、旅先なのか、外国なのかなどを把握する。その時代や場所がもつ特徴が、そこで起こるできごとや登場人物の心情・行動の背景となる。

● 視点・語り手

物語が**誰《だれ》の立場（視点）**から語られているかを意識して読む。おおまかには、次の二つの視点に分けられる。

① 登場人物の一人の視点から語る（一人称の語り手）

[例] 私は鈴木に怒りを感じた。

② 物語のすべてを知る作者の視点から語る

[例] 佐藤は鈴木に怒りを感じた。

視点人物や語り手が不意に変化することもある。これを見失うと、できごとや人物の関係が混乱するので注意しよう。過去を回想している、目の前にいる人物に語りかけている、手紙や日記として書いているなど、文章の構造にも注意する。随筆では、語り手である「私」が、筆者その人であることがほとんどである。

ればいけない時期だった。

「誰か、指揮をやりたい人、やってもいい人、いませんか」

議長の佐々木さんが壇上から呼びかけている。指揮なんかやりたい人がいるわけがない。どうせまた決まらなくてジャンケンかクジになるんだろう。

頬杖《ほおづえ》をついて、高い空に飛行機雲が伸びていくのを見上げたとき、

「御木元《みきもと》さんがいるでしょ」

という声がした。驚いて声のほうを見たけれど、誰だかわからなかった。

「そうだ、御木元さんがいるじゃん」

「御木元さんがやればいい」

教室のあちこちから声が上がる。そのとき、わかった。みんな、知っていたのだ。私が御木元響《ひびき》の娘だということを。そしてきっと、音大の附属高校に落ちてここにいることも。

さざ波のように広がった声はとても好意的には感じられなかった。母親が音楽家なのだから娘もそれなりに何かできるはずだと、ただそれだけの理由で自分たちの厄介《やっかい》ごとを押しつけようとしている。

「御木元さんがやってくれたらいいと私も思います」

立ち上がってそういった人がいた。③声が素直で救われた。

議長が私を見た。

「お願いできますか」

「何を」

聞き返すと、発言者はもう一度立ち上がり、恥ずかしそうにちょっと振り返って私を見た。

「指揮か、ピアノ。それか、指導だけでもいい」

「どうして私が」

すると彼女はほんの少しためらった後で口を開いた。

「御木元さんは音楽が好きそうだから」

虚を突かれて返事ができなかった。

「お願いできますか」

ガイド

● 人物の性格・心情

登場人物、とくに主人公がどんな性格なのか、日頃《ひごろ》どんなことを思っているのか、あるできごとに接してどのように感じ、以前とどのように変化したのかを把握する。人物の心情をちょっとした動作で暗示したり、比喩《ひゆ》を用いて読み手が共感しやすくしたり、「うれしい」「悲しい」のような語で直接表現することのほうが少ないだろう。注意深く読み取らなければならない。

● できごと(場面)の展開

物語の世界でどんな経過をたどって、どんなできごとが起きているのかを把握する。過去のあるできごとが原因になっているとか、そのできごとが、人物にこんな影響を及ぼしたとか、複数のできごとの時間的な関係や因果関係を明確にすること。

● 描写・表現

作者は、自分が作りあげようとする物語の世界にもっとも適切な描写や表現の方法を求めて、工夫を凝《こ》らす。単なる風景の描写でも、それを眺めて、語っている人物の心情が反映されているはずであり、その心情を風景の描写から読み取ることが必要とされる場合もある。主観的になるおそれもあるが、登場人物や語り手の心情を想像し、これと結びつけながら、読んでみよう。その上で、作者がどんな効果を期待している

もう一度議長に聞かれて、④うなずいていた。音楽が得意そうだから、といわれていたら断っていたかもしれない。でも、音楽が好きそうだからというそのあまりに素朴な声に少し気持ちがほどけた。音楽が好きかどうか、今となっては自信もないのだけれど。

「じゃあ指揮を」

私が答えると、黒板に、指揮・御木元玲《れい》、と書かれた。

（宮下奈都『よろこびの歌』）

問一 ――線①「歌を利用していることへの軽い憤《いきどお》り」とあるが、「歌を利用している」とはどういうことか四十字以内で答えなさい。

問二 重要 ――線②「そういえば～胸を打たれていた」の二段落は、小説の展開上どのような働きをしているか。次のア～エから一つ選び、記号で答えなさい。［　　］

ア 熱心に取り組んでいる他クラスの練習風景を描いて、合唱コンクールに対する「私」のクラスの独特な無関心さを浮き彫りにしている。

イ 去年の「私」が合唱コンクールに熱意を感じた場面を描いて、今年になってからの「私」の冷ややかな態度との対比を際立たせている。

ウ 本当のところは歌声に関心を持っている「私」の内面を描いて、後に合唱コンクールの指揮者を引き受けることになる伏線にしている。

エ 去年の合唱で歌に感動した「私」の体験を描いて、合唱コンクールに魅《み》せられつい参加を決めることになる「私」の姿を暗示している。

問三 ――線③「声が素直で救われた」とあるが、これはどのようなことを表しているか。次のア～エから一つ選び、記号で答えなさい。［　　］

ア 自分たちにはない才能を持つ人を仲間はずれにするようなクラスの中で、自分に好意的な人もいることがわかり、「私」の気分が少しは晴れたということ。

のか、なぜ、読み手は感動するのかなど、描写や表現方法の意味を探ってみよう。

イ　互いの気持ちを探り合ってばかりいる話し合いの中で、素直できっぱりとした推薦の言葉が、面倒くさいと思う「私」の気持ちを吹き飛ばしたということ。

ウ　音楽家の娘であることを隠す「私」を非難する空気が漂う中で、こだわりのない素直な発言が、罪悪感を抱く「私」の気持ちを軽くしてくれたということ。

エ　面倒なことは誰かに押しつけようとする雰囲気の中で、「私」に指揮をしてほしいという気持ちのこもった言葉に、「私」の嫌な気分が薄らいだということ。

問四 重要 ――線④「うなずいていた」とあるが、これはどのようなことを表しているか。次のア～エから一つ選び、記号で答えなさい。　[　　]

ア　同級生の飾り気のない言葉に驚くと同時に、それを聞いて「私」の心の奥にしまわれていた歌への素直な思いがふと胸をよぎり、思わず承諾してしまったということ。

イ　話したこともない相手から推薦を受けて意表を突かれると同時に、畳みかけるように議長に促されて、わけのわからないままつい首を縦に振ってしまったということ。

ウ　思いがけない展開にたじろぐと同時に、これ以上断るのは「私」を推薦してくれた彼女に悪いと感じて、乗り気ではなかったものの引き受けることにしたということ。

エ　友人の素直な賞賛の言葉に戸惑《とまど》うと同時に、やってみたいというひそかな思いを今さら言い出すこともできず、人に言われて仕方なくという形で承知したということ。

問五 重要 〰〰線「秋の体育祭と～戻ってくる」とあるが、この部分の表現はどのような効果をあげているか。次のア～エから一つ選び、記号で答えなさい。　[　　]

ア　夏から秋にかけての美しい景色が「私」の新鮮な感動を伴って描かれるとともに、嫌な行事も後から思えばすがすがしく感じる「私」の心を表現している。

イ　「私」の繊細な感性によってとらえられた季節の移り変わりが鮮やかに描かれるとともに、煩《わずら》わしいことがやっと終わった「私」の解放感を表現している。

ウ　豊かなみのりを思わせる秋の情景が「私」の視点から簡潔に描かれるとともに、節目の季節を迎え少しずつ成長していく「私」や友人の姿を表現している。

エ　暑かった季節がさわやかになっていく様子が感傷的な筆致で描かれるとともに、この後「私」や周囲の人々に訪れることになる劇的な変化を表現している。

ガイド

● 文学的文章が論理的文章と異なる点

① 会話文が多用される

文学的文章では、会話文が多用される。会話文は、できごとの展開の鍵《かぎ》となり、人物の性格や心情を知るヒントとなる。一方で、人物の心情を率直に表しているとは限らない。会話の裏に潜む、人物の本当の気持ちを問う問題もよく出題される。

② 比喩《ひゆ》などの表現技法が多用される

文学的文章では、読み手が共感し、感情移入がしやすくしたり、余韻《よいん》を残し、感動させたりするような表現の工夫が行われる。比喩の意味する内容を問う、表現技法の効果を問うなどの問題も出題される。

③ 場面が自由に行き来する

文学的文章では、過去から現在に視点が変わったり、ある登場人物から別の登場人物の描写に変わったりといった場面の変化が自由に行われる。今読んでいるのは、誰《だれ》についてのどんな場面なのか、常に把握しておく必要がある。場面の転換点をつかむことで、文章全体の構成が明確になる。

④ 心内語が多用される

「心内語」とは、登場人物が心の中で言った言葉のこと。文学的文章では、登場人物の心情が心内語で表現されることが多く、文章のほとんどが語り手の心の中の言葉(独白)で構成されることもある。直接的な話し言葉で書かれていることも多い。

最高水準問題

解答 別冊 p.17

21 次の文章を読んで、あとの問いに答えなさい。

（兵庫・関西学院高）

ナムソライ中佐がまず最初に僕らを連れていってくれたのは、かつてかなり激しい戦闘があったと思われる高地だった。川又*1から南東の方向に向けて、二十分ばかりジープを走らせたところにこの高地はある。もちろん道などというものはみじんもない。この高地の正確な名前はわからない。地図からすれば、おそらく激戦地として有名な「ノロ高地」（当時の日本軍の呼称）かその近辺ではないかと推測するのだが、定かではない。見たところもともとはなだらかな緑の丘であったらしいが、おそらくはソビエト軍の集中砲撃のせいでその形は見事に変形し、緑はごっそりと抉《えぐ》りとられ、砂地がいたるところで剝《む》き出しになっている。八月後半のソビエト・モンゴル軍の大攻勢の折に血みどろの包囲戦が繰り広げられたのだろう、斜面の砂地の上には当時の激しい戦闘のあとがまったくそのままに残っている。あたりには砲弾の破片や、銃弾や、穴が開いた缶詰の缶や、そんなものがところ狭しと散らばっている。不発に終わったとおぼしき臼砲弾*2《きゅうほうだん》（だと思う）の一部まで落ちていた。僕はその光景の真っ只中《ただなか》に立って、しばらくのあいだ口もきけなかった。だってなにしろ五十五年も前の戦争なのだ。それがまるでつい数年前におこなわれたもののように、死体こそなく、血こそ流れていないものの、ほとんど手付かずの状態で僕の足元に散らばっているのである。

おそらく乾燥した気候のせいで、そしてそこが訪れる人もないきわめて辺鄙《へんぴ》な場所であったせいで、それらの雑多な鉄製品は原形をとどめたままそこに残されることになったのだろう。鉄はそれぞれに赤茶色に錆《さ》びてはいるが、手にとってもぼろぼろと崩れるようなことはない。赤いのは表面だけで、錆《さび》を落とすとその下には生々しいばかりの「鉄」がまだ息づいている。それほどの大量の鉄片が、これほど狭い場所に集中してばらまかれたという事実に対して、僕は茫然《ぼうぜん》としないわけにはいかなかった。我々は歴史的に分類すれば、たぶん「後期鉄器時代」というような時代に属しているのだろう。そこでは、①有効に大量の鉄を相手側にばらまいた側が、そしてそれによって少しでも多く相手の肉を切り裂いたほうが、勝利と正義を得るのだ。②そしてぱっとしない草原の一画をめでたく手に入れることができるのだ。

この衝撃的な光景を忘れないためにも、足元に落ちていた銃弾をひとつと臼砲弾の一部を拾って、ビニールの袋に入れて日本に持って帰ることにした。べつに記念品が欲しかったわけではない。ただ、忘れないということが、おそらくは僕にできる唯一《ゆいいつ》の行為であるように思えたのだ。そして僕はその手掛かりのようなものを、何かひとつ残しておきたかったのだ。

それからさらに三十分ばかり奥に進んだ緑の草原の真ん中に、うち捨てられたソビエト軍の中型戦車が一台あった。「何かもっと大きな戦争のあとのようなものがあったら、それを写真にとりたいのですが」という松村君のリクエストにこたえて、ナムソライ中佐が「それならば」ということで僕らをそこに案内してくれたのである。この戦車は、さすがに砲塔や機銃こそ取り払われているが、あとはほとんどその当時のままに、実にきれいに原形をとどめている。おそらく戦闘中に破壊され、味方の戦車がロープで牽引《けんいん》しようとしたものの思うようにいかずに放置したらしく、ワイヤ・ロープが結びつけられたままになっている。どこかに運んでいって鉄屑《てつくず》にでもすれば、少しでもお金になるだろうにと僕なんかは思うのだが、モンゴルの人はどうやら鉄屑の回収というような面倒なことにはあまり興味がないようだ。足場が悪くてトラックが入り込めないような場所だからかもしれないし、あるいは回収したところで、そのあとの運送コストがかさみすぎるからかもしれない。いずれにせよそのおかげで、草原のいたるところに様々な種類の鉄製品が放りっぱなしになっており、僕らは今でも当時の熾烈《しれつ》な「鉄の戦争」の痕跡《こんせき》を、その③あっけらかんとした見事な消費ぶりを、眼前に見ることができる。こんなにすんなりと昔の戦争のあとが保存されている場所は、世界中探してもあまり例を見ないのではないだろうか。（中略）

スンブルからチョイバルサンまでの長い帰り道の途中で、草原の真ん中に一匹の狼《おおかみ》をみつけた。モンゴル人は狼をみつけると、必ず殺す。ほとんど条件反射的に殺す。遊牧民である彼らにとって、狼というのは見かければその場で殺すしかない動物なのだ。動物愛護などという概念はこの国にはまったく存在しない。運転手は「行くか」も何もなく、さっさと道を外れてジープを草原の中に乗り入れる。チョグマントラ中尉は座席の下から馴《な》れた手付きでAK47自動小銃を取り出し、そこに*3マガジンをセットする。彼はマガジンを、黒いプラスチックのアタッシュ・ケースに入れていつも持ち歩いているのだ。そしてジープのドアを開けて身を乗りだし、狙《ねら》いを定めて単発で、逃げる狼を撃ちはじめる。草原の真ん中で聞くAK47の銃声は「ぱあん、ぱあん」という乾いた小さな音で、想像したような凄《すご》みはあまりない。映画のサウンドトラックで聞くような、耳を*4聾《ろう》する轟音《ごうおん》ではない。むしろそれは非現実的に聞こえる。どこかずっと遠くの世界でおこなわれている、僕には関係のないものごとの営みのように感じられる。僕は頭の中で、「そうだ、僕は今モンゴルの草原の真ん中にいて、そのとなりでチョグマントラが狼を撃っているんだな」とまるで他人事のようにぼんやりと考えている。走って逃げる狼のまわりに、ぱっぱっと着弾の砂煙が上がる。しかし狼の動きは素早く、なかなか弾はあたらない。かすりもしない。狼はジープとの距離を計算し、小回りのよさを利用して、さっさっと向きを変えながら逃げる。最初のマガジンが空になり、チョグマントラは舌打ちしながら新しいマガジンをかしゃっとセットする。この男はいったいいくつのマガジンを用意しているのだろう。運転手のナスンジャルグルは何も言わず唇《くちびる》をぎゅっと噛《か》みしめて、ハンドルを右に左に切り、狼を追い詰める。結局のところ、最初から狼に勝ち目はない。狼のフットワークはいかにも*5敏捷《びんしょう》でクレバーだが、残念ながら彼らにはそれに見合うだけの持続力というものが備わっていない。あるいは彼らは馬には勝てるかもしれない――その確率はだいたい五分五分だとモンゴル人たちは言う。しかし*6遮蔽物《しゃへいぶつ》も溝も起伏も木立も何もないまっ平らな大草原の真ん中では、狼は四輪駆動車にはまず勝てない。自動車は決して［A］からだ。それはただの大きな鉄の機械であり、肺というものを持たない。十分で狼は完全にへたってしまう。その肺はもう破裂寸前なのだ。狼は立ち止まり、肩で大きく息をし、［B］ように僕らのほうをじっと見つめる。どうあがいてもそれ以上逃げ切れないことを、狼は知っている。そこにはもう選択肢というものはない。死ぬしかないのだ。

チョグマントラは運転手にジープを停《と》めさせ、ライフルの銃身をドアに固定し、照準を狼にあわせる。彼は急がない。狼がもうどこにも行かないことを彼は知っている。そのあいだ狼は不思議なくらい澄んだ目で僕らを見ている。狼は銃口を見つめ、僕らを見つめ、また銃口を見つめる。いろんな強烈な感情がひとつに混じりあった目だ。恐怖と、絶望と、混乱と、困惑と、あきらめと、……それから僕にはよくわからない何か。

（村上春樹『辺境・近境』）

＊1 川又＝川の合流点。
＊2 臼砲弾《きゅうほうだん》＝砲身が短く、射角が大きい大砲の弾丸。
＊3 マガジン＝銃弾を入れる金属製の容器。
＊4 耳を聾《ろう》する＝耳が聞こえなくなるほどの。
＊5 クレバー＝賢い、賢明である。
＊6 遮蔽物《しゃへいぶつ》＝さえぎるための物。

問一 難 ――線①「有効に大量の鉄を相手側にばらまいた」とあるが、具体的にどのようにすることか、答えなさい。

［　　　　　　］

問二 難 ――線②「ぱっとしない草原の一画をめでたく手に入れること」とあるが、具体的にどのようにすることか、答えなさい。

［　　　　　　］

問三 ――線③「すんなりと昔の戦争のあとが保存されている」とあるが、具体的にどのようになっていることか。本文中の言葉を用いて三十字以内で答えなさい。

問四 [A] に入る適当な語句を、次のア〜オから選び、記号で答えなさい。［　］

ア 騒がない　イ 立ち止まれない　ウ 恐れない　エ 疲れない
オ 追い越さない

問五 [B] に入る適当な語句を、次のア〜オから選び、記号で答えなさい。［　］

ア 逆転をねらう　イ 逃走を試みる　ウ 希望を探す
エ 理解できない　オ 覚悟を決めた

解答の方針

問一・二・三　小説・随筆の部分解釈の問題では、まず主語を確認することが大切。誰《だれ》の（何の）ことについて答えるのか、はっきりさせた上で内容をとらえていくようにしよう。

22　次の文章を読んで、あとの問いに答えなさい。

（神奈川・慶應高）

　上高地《かみこうち》の帝国ホテルへ着いたのは夕方であった。穂高岳《ほたかだけ》には雪が残っているし、a焼嶽《やけだけ》は僅《わず》かではあるが白い煙を吐いていた。落葉松《からまつ》と白樺《しら》《かば》の林の向こうに連峰が高く聳《そび》えて①天を摩している景観はちょうどスイスのような趣があるが、ホテルは外観も内部もシュワルツワルド[*1]の田舎《いなか》あたりの感じがする。スイスのホテルはアルプス山中のシルス・マリアのような比較的地味なところでさえ、夕食には男はスモーキング[*2]に着換えなければならず、女はみなイーブニングドレスを華やかに着飾っていた。上高地のホテルの食堂では日本人を四、五組と西洋人を二組ばかり見たがいずれも旅行着のままだった。設備その他すべて、田舎風にできている。ホールには大きいストーブがあって七月下旬というのに薪がたいてある。洋装の婦人がおお寒いといって体をすくめているのを見た。

　夜、ベランダへ出てみると紺色《こんいろ》の空一面にb水晶のような星がばらまかれている。私はドーデー[*3]の「星」と題する文の中の「空がこれほど深く、星がこれほど輝いて見えたことはなかった」という句を思い出さないではいられなかった。「cおお沢山《たくさん》に。何とまあ美しい。こんなに星を見たのは初めてだ」

　夜中に眼がさめて郭公《かっこう》らしい声をきいた。朝、起きて窓を明けて外を見ると、眼前に聳えている山々の輪郭が午前の空にくっきりと浮き出ていて私は思わず『ツァラトゥストラ』[*4]の中の Unbewegt ist meine Seele und hell wie das Gebirge am Vormittag の句を口ずさんだ。ニイチェの感覚は実に確かである。私は外へ出てホテルの庭つづきを一人歩いて木の葉や草の葉を嗅《か》いで②久しく忘れていた純真な自然の慰藉《いしゃ》[*5]を全身にあびた。

　午後には上高地平を歩いてみた。白樺やハンノキの林を通るのは何ともいえず気もちがいい。ところどころに姫百合《ひめゆり》が咲いている。大きな楡《にれ》や桂《かつら》や七葉樹《とちのき》もあった。いわゆるケショウヤナギもある。冬の間は芽が真赤で白い粉を吹いているので化粧柳というのだそうだ。鶯《うぐいす》が絶え間なく鳴いている。静けさは限りもない。路傍にシナノキがあって花をつけていた。本郷の一高[*6]の裏庭にあった菩提樹《ぼだいじゅ》のことを思い出した。シナノキと菩提樹とは非常によく似ていてただ葉裏の葉脈の股に細毛があるのとないのとの違いだけだと聞いている。旧一高のはたしか菩提樹であったと思う。梓川《あずさがわ》は水が美しい。岩魚《いわな》がいるということだ。大正池は焼嶽から噴出した溶岩が梓川を堰止《せきと》めて出来たのだそうだ。死んだ白樺の幹だけが水中に樹立しているのはいかにも陰惨《いんさん》で私には決していい気もちを与えなかった。

　案内者を雇《やと》って焼嶽へ登った。朝晩は非常に涼しい上高地も日中は歩きつめるとさすがに暑くてたまらない。渓川《たにがわ》へ来たとき案内者が水を掬《く》んで飲んだので私も久し振りで渓川の水を手ですくって飲んだ。山道にはミズナラ、ナナカマド、キワダ、ブナなどの木が目につく。針葉樹ではアララギを初めとしてトウヒ、シラベ、コメツガ、ウラジロモミなどが多い。こういう針葉樹を見るとシュワルツワルドで Fichte[*7] と Tanne との区別を教えられたことを思い出す。バーデン・ワイラー[*8]の温泉場でエルンスト・ホフマン教授夫妻に偶然出逢《であ》ったので一緒にブラウエン[*9]へ登ったことがあった。そのとき夫人が Fichte と Tanne との区別を教えてくれたのであった。そんなことを思い出しながら急な山道をたどった。左側には大正何年かに噴出した溶岩の流れた跡がある。イワカガミやゴゼンタチバナやマイヅルソウなどの高山植物が目についてきた。羊歯《しだ》の類を指してこれは何というものだろうと聞くと、案内者は地元ではコアメといいますがもっといい名があるのでしょうといった。「小雨」ならば非常に美しい名で、もっといい名など要《い》らないと思った。しかし「小雨」とすれば［A］といってコアメとはいうまい。案内者は言葉をついで、ワラビのように軸が食べられてちょっと美味《おい》しいものですといった。してみるとコアメは「小甘え」のことらしい。それならばもっといい名があってもいいわけだ。エンダラという木を案内者が教えてくれた。若い時にはとげがありますが、大きくなるとなくなりますといった。面白いことだ。私も若い時にはずいぶんとげがあった。そのため心ならずも他人を苦しめたことも多かったろう。もうそろそろとげをなくしたいものだ。

鶯はずっと鳴いている。ヒガラののどかな声も交じっている。ガッチという小鳥も見えた。ガッチは他の鳥や猫の鳴き声の真似《まね》をすると案内者がいった。私は野や山を歩きながらこういう素朴な人間と二人で話をしているのは好きだ。すべてが自然の中へ浸《ひた》りきってしまう。

焼嶽小屋のところまで登った。ここまで登る途中で二組、三組下りてくる人に出逢《であ》った。ここにもまだ二組ばかり休んでいたが、みなこれから下りる人ばかりらしい。ここからは広い展望がきく。笠ケ嶽《かさがたけ》、三俣蓮華嶽《みつまたれんげだけ》、鷲羽嶽《わしばだけ》、水晶山、槍ケ嶽《やりがたけ》などが遥《はる》か遠くに見える。今からでは頂上まで行くと帰りは暗くなるというのでここから下りることにした。

下りながら案内者は真暗がりでこの山を下りた時の話をした。大臣をしたことのある某代議士が夫人と共に登ったのを案内した時のことである。夫人は元気だったが、主人の方が非常に足が弱く、それにすっかり足に豆をこしらえてしまって殆《ほとん》ど歩けないようになった。あの時ほど困ったことはない。下りる時は真暗になってしまったので懐中電気で二人の足許《あしもと》を照しながら自分はまるで後向きのまま山を下りた。ホテルへ帰ったなら帰りの遅くなったのを夫人のせいにするだろうと思っていたら、案の通り③「妻が弱ったもので」といったという話を④得意そうにした。素朴とばかり思っていた⑤この案内者もなかなか食えない奴なので私は少し不快を感じたが、しかし山の人間をこんなに食えなくするのは都会の人間の罪なのだ。この男の悪賢い予想に対して予想通りの裏書きをするのは某政党の総務なのだ。某前大臣なのだ。

上高地の一日の清浄な空気が少し汚されたような感じがしながら、私は落葉松と白樺の林が灰色に変わる頃《ころ》にホテルへ帰り着いて、間もなく自動車で松本へ向かった。

（九鬼周造「上高地」）

＊1 シュワルツワルド＝南ドイツの山林地帯の名。
＊2 スモーキング＝スモーキングジャケット。タキシード。
＊3 ドーデー＝アルフォンス・ドーデー（1840～1897）。フランスの小説家。
＊4 『ツァラトゥストラ』＝『ツァラトゥストラはこう語った』ドイツの哲学者フリードリッヒ・ニーチェの著作。1885年刊。引用されたドイツ語は「揺るぎない私の心、午前の山々のように晴れ渡っている」の意。
＊5 慰藉《いしゃ》＝なぐさめ。
＊6 一高＝第一高等学校。旧制高校の一つで、現在の東京大学教養学部の前身。
＊7 FichteとTanneとの区別＝ドイツ語でそれぞれトウヒ、モミの仲間を指す。どちらもマツ科の常緑高木。
＊8 バーデン・ワイラー＝シュワルツワルドの温泉地。
＊9 ブラウエン＝南ドイツの山の名。

問一 ——線①「摩している」を六字以内のわかりやすい表現で言い換えて答えなさい。

問二 〰〰線a～cのうち、擬人法を含むものを一つ選び、記号で答えなさい。［　　］

問三 ――線②「久しく」の意味として適当なものを、次のア〜エから一つ選び、記号で答えなさい。

ア 長く　**イ** 久々に　**ウ** 永久に　**エ** 完全に　［　　］

問四 A に入る適当な語をカタカナ三字で答えなさい。

問五 ――線③「『妻が弱ったもので』といった」・④「得意そうにした」の主語として適当なものを、それぞれ次のア〜エから一つ選び、記号で答えなさい。

ア 代議士　**イ** 夫人　**ウ** 案内者　**エ** 私　③［　　］④［　　］

問六 ――線⑤「この案内者もなかなか食えない奴」とあるが、このように感じたのは、案内者のどのような言動に基づいているか。四十字以内で答えなさい。

---

23 次の文章を読んで、あとの問いに答えなさい。

（奈良・東大寺学園高）

①子供はおびえたように、少し離れたところから沼の方を見ていた。

沼はすぐそこだった。夏休みの終わりに近い頃《ころ》で、背の高い、頂きに白い花弁をつけた鉄道草が、身の丈《たけ》よりも高く生い茂っていた。草の間から、折よくぎらりと太陽の光線を反射した沼の水が、子供の眼《め》に魔法のように映った。あの光ったところが沼なのに違いない。

すぐ先の方で、小学生たちが四五人手を振りながら口々に騒いでいた。そこは夏の間じゅう、子供たちが蟬《せみ》を取ったり、蝶《ちょう》を追いかけたりして遊ぶ場所だった。すぐ側に、「ごみをすてるな」と書かれた立て札があり、その先に、「危険。ここで遊んではいけない」と下手な字で警告した立て札が、鉄道草の間から顔を出していた。しかし子供は此所《ここ》へ来たのは初めてだったし、まだ小さくて、書かれた字が読めなかった。

子供は少しずつ沼の方へ近づいた。そこはお母ちゃんに、行ってはいけないととめられていた場所だ。雨がしょっちゅう降っていた頃、沢山《たくさん》の蛙《かえる》の声が一かたまりになって、庭の向こうの方から聞こえて来た。蛙はいつでもおどけたように、「お出《い》で、お出で」と鳴いた。

[1]「ほら、沼で蛙が鳴いている」とお母ちゃんが言った。

「どこにあるの、その沼？」

そう訊《き》いてみたら、お母ちゃんは眼を三角にして、「駄目。ボクなんかの行くところじゃないのよ。一人で行っちゃ駄目」と言った。あんなに蛙が待っているのに。

②子供はまだ少しおびえていた。小学生たちのきいきいいう叫び、甲高い笑い声が、少しずつ子供の気持ちを落ちつかせた。だって、いつのまにか来てしまったんだもの。子供は、自分よりも大きな男の子たちに見つからないように用心して（きっと意地悪だろうから）前へ進

んだ。大きな樹《き》の幹を楯《たて》に取り、怖々《おずおず》と首を出して覗《のぞ》いてみた。

　そこが沼だった。どんよりした生ぬるそうな水が、すぐ足許《あしもと》からひろがって、――しかし眼を移すと、ほんのちょっと先には、もう苔《こけ》の生えた、樹の茂った、向こう岸がある。何だい、こんなに小さいの。それに蛙もいなかった。ぎらぎらした太陽が水の上に浮かんでいるばかり。

　どぶん、――水音がした。小学生たちの一人が、不意に小石を投げ込んだのだ。思わず樹の幹にしがみつき、波紋が、太陽と、青い藻草と、きたならしいごみとをゆらゆらさせ、じきに向こう岸にぶつかって、幾重《いくえ》にもまじり合うのを見ていた。びっくりした。みんみん蟬が上の枝から、おしっこをして飛び立った。おしっこをしたのは僕じゃないよ。

　子供はそこで初めて気がついた。向こう岸だと思ったのは小さな島で、沼はその澱《よど》んだ水をめぐらしてぐるっと島を囲んでいるのだ。その島は子供なら五六人は立ったり座ったり出来るくらいの大きさがあり、その中央に太い樹が左右に枝をひろげて、そのうちの長く伸びた一本の枝は、こっちの岸まで水の上を渡っていた。その枝を見上げながら、小学生たちが口々に叫んでいた。

「[③]僕なら出来るよ」

「出来ないよ。出来っこないよ」

[2]「出来るともさ」

　何のことを言ってるのだろう。子供は注意深い眼で、樹の蔭《かげ》から様子を見ていた。一人の子が勢いよく飛び上がり、向こうの島から手を伸ばしている枝に飛びついた。しかしほんの僅《わず》かのところで届かず、勢いあまって転がり落ちた。他の子たちが声を合わせて笑い、転んだ子はすんでで沼へ落ち込むところだった。「どうして子供たちはあそこで遊ぶんでしょうね」とお母ちゃんが言った。[3]「よその子供と遊ばせないようにしろよ」とお父ちゃんが言った。[a]沼の水は濁っていて、見るからに深そうで、お魚や蛙なんか住んでいそうになかった。

　小学生たちはまた騒ぎ出し、一人が馬になるとさっき転んだ子を背中に乗せた。その子は裸足《はだし》になって爪先立ち、ひょいと枝を摑《つか》んだ。枝はややしない、馬は飛び起き、子供たちは一斉に拍手した。ぶら下がった子は赤い顔をして、仰向《あおむ》いたまま指先に力を入れた。

「駄目《だめ》だぞ。そんなことをして落っこちたらどうするんだ」

　急に草叢《くさむら》の中から声がした。小学生たちは蜘蛛《くも》の子を散らすように逃げ出し、枝に摑まっていた子は一番あとから、やっとの思いで地面に飛び下ると、下駄《げた》を突っかけて仲間の後から走って行った。草叢の中では明るい笑い声がした。白いワイシャツを着た大人が、むっくりと起き直った。

[b]「僕は違うんだよ。あの子たちと一緒じゃないんだよ」

　しっかりと樹の幹にしがみつき、子供は一所懸命にそう弁解した。大人は笑っていたので、安心して少し前へ出た。

「坊やは一人きりかい？」

「うん。僕、一人で来たんだ」

　大人はそれきり何も訊《き》かず、ものうそうに煙草《たばこ》に火を点《つ》けた。子供は掌《て》で額の汗を拭《ふ》いた。側《そば》に寄って行き、しゃがんで沼の方を見た。その大人はちっとも怖いところがなく、黙って煙草を喫《の》んでいた。蟬が、向こうの島の中の大きな樹の幹にとまって、暑苦しく鳴き始めた。

「大きいんだね。島があるくらいだもの、とても大きな沼だね」

　大人は笑った。それは沼とも言えないくらいの小さな沼だった。そして島とも言えない位の、――しかし水の中にある陸地を島と言うのなら、樹が一本生えただけのその島も、やはり島には違いなかった。

「坊やは海に行ったことはないのかい？」

「僕知らない」

子供はどこへも行ったことがなかった。[c]父親は父親だけで休日を過ごし、母親はいつも家にいた。

「さっきの子、枝につかまったんだね。どうして枝につかまったの?」

「島に渡ろうと思ったのさ」

「どうして?　ああそうか、手を代わりばんこに動かしながら行くんだね」

子供は枝を見、枝の高さを目測した。その枝は高くて、緑色の葉がぎっしりと茂っていた。枝から幹の方に眼を移した。蟬はもうどこか他の樹《き》へ飛び立ち、島との間の水は濁ったまま、空の青さを映してはいなかった。

「島に行けたらきっと面白いね。あそこはきっと、誰《だれ》もまだ行ったことがないんだね」

[d]大人は振り向いて子供の顔を見た。

「[4]坊や、行ってみたいかい?」

「うん。小父《おじ》ちゃんなら行ける?」

それから子供はもう一度、枝を仰《あお》いで見た。

「もし僕、あの枝につかまれたら、一人で行ってみせる」

大人は立ち上がり煙草をぽんと水の中に捨てた。

「じゃ小父ちゃんが向こう岸に渡してやろう」

子供は息をはずませて走った。どう走ったのか自分でも分からなくなり、道もはっきりせず、走ったり立ち止まったりして、それでもいつのまにか自分の家の方角へと近づいた。自分の家が分かった時には、安心して、急におしっこがしたくなった。

「[5]お母ちゃん」と叫びながら、家の中へ駆け込んだ。

なぜそんなに急に逃げ出したのだろう。やさしそうな小父ちゃんだった。もしあの時逃げ出さなかったなら、きっと島へ行けたのだ。④島に行ってたら、どんなに面白かっただろう。ひょっとしたら、僕はもうボクじゃなくなって、誰かほかの人になっていたかもしれない。お母ちゃんもあそこに行った人だけが、大人になれるのかもしれない。お母ちゃんも行ったことがあるのかしら。

「どこへ行ってたの、一体?」

[e]母親は怖い顔をして訊《き》いた。あそこはきっと秘密の場所なのだと思った。大人はあそこを教えたがらないのだ。

「どこなの?　おっしゃい」

「沼なの」と不承不承に答えた。

母親は息を吞《の》み、火のついたように怒り出した。なぜそんなに叱られなければならないのか、子供には訣《わけ》が分からなかった。母親は矢継ぎ早に質問し、子供は黙っていた。何と答えればいいのか分からなかった。歩いているうちにひとりでに沼のところへ出たのだ。[f]それに僕はおいたなんかしやしなかった。おしっこを洩《も》らしたりもしてやしない。

「[6]ボクはどうしてそんなに強情なの?」と母親は叱り疲れて、黙りこくった子供を見詰めていた。

（福永武彦「沼」）

問一　——線①「子供はおびえたように」・②「子供はまだ少しおびえていた」とあるが、その理由として適当なものを、次のア〜エから一つ選び、記号で答えなさい。〔　　〕

ア　沼が危険な場所であることを警告する立て札の文字が目に入ったから。

イ　母親から一人で行くことを禁じられていた沼のすぐ近くまで来てしまったから。

ウ　沼には蛙もおらずどんよりとした生ぬるそうな水がひろがっているだけだったから。

エ　すぐ近くの沼のあたりで自分より大きくて意地悪そうな小学生たちが騒いでいたから。

問二 ――線③「出来る」とあるが、ここでは具体的にどのようなことが「出来る」と言っているのか。四十字以内で答えなさい。

問三 〰〰線a～fの部分は、それぞれ、ア「作者」イ「主人公」のどちらの視点から表現されているか、記号で答えなさい。

a［　　］ b［　　］ c［　　］
d［　　］ e［　　］ f［　　］

問四 ═══線1～6の会話部のうち、「子供」が沼へ来て家へ逃げ帰るという一連の話の流れとは、明らかに異なる時間の中で発せられたものをすべて選び、記号で答えなさい。

［　　　　　　］

問五 難 ――線④「島に行ってたら、～なっていたかもしれない」とあるが、「島に行ってたら」「僕はもうボクじゃなくなって、誰かほかの人になっていたかもしれない」とは、どういうことか、百字以内で説明しなさい。ただし、「島に行ってたら」の部分については、「島に行く」ことが「子供」にとってどのような意味を持つ行為なのかを明らかにすること。

解答の方針

問三 語り手や視点を問う問題。一人称か、三人称かに注目。

問四 とくに問題文が長いときには、できごとの起きた順番、時間の流れをよく考えながら、内容をつかんでいこう。文学的文章は、すべて時間の流れに沿って書かれているとは限らない。

2 場面・心情をとらえる

標準問題

解答 別冊 p.20

24 **[心情の読み取り]** **次の文章を読んで、あとの問いに答えなさい。**

〔中学二年生の文香の祖母は、認知症のため、一日の大半は自分自身を子どもだと思い込んでコタツで過ごしている。祖母をつきっきりで介護している母は、ある日、祖母をかばって首を痛め、文香と祖母のいるコタツに横になった。〕

お母さんは優しい。そして、おばあちゃんの時代ほどじゃなくても、やっぱり働き者だ。ウチは床暖房を入れているので、おばあちゃんが来るまでコタツは使っていなかった。でも、もしも床暖房がなかったら、お母さんも仕事の合間に「ちょっと休憩」と言ってコタツに入るだろう。その姿が、実際には見たことないのに、目に浮かぶ。「うー、寒い寒い」なんて言って、ふうっ、と一息をついて、「文香、遊んであげようか」と声をかけてくれる――その笑顔だって。

①胸が急に、じんと熱くなってきた。

そして、ふと思った。おばあちゃんはいま、幼い頃《ころ》の「ミーちゃん」に戻っている。お母さんのことを自分のお母さんだと思い込んでいる。それって、②もしかしたら……。

「ひいおばあちゃんも、毎日忙しかったんだろうね」とわたしが言うと、お母さんは「そりゃそうよ」と、考える間もなく答えた。「農家のお嫁さんだったから、家のことも田んぼや畑のこともあって、苦労したと思うよ」

ひいおばあちゃんは、お母さんが子どもの頃に亡《な》くなった。わたしは古い白黒の写真でしか知らない。腰が曲がっていた。顔も皺《しわ》くちゃだった。「この頃、ひいおばあちゃんはまだ六十二、三だったのよ」というお母さんの言葉が信じられなかったほどだ。

「ひいおばあちゃんも、コタツ、好きだったのかなあ」

ガイド

● 場面をとらえる①

文学的文章では、時間的に連続する一つながりのできごとや会話は一つの場面と見なすことができる。したがって、時間的な連続がとぎれ、別の時間の流れでのできごとが展開しはじめるところが、場面の切れ目である。次のような点を明確にして、一つ一つの場面を理解することが、読解の基礎となる。

① いつ、どこの場所か
② 登場する人物は誰《だれ》か
③ 何に注目しているか

時間的な場面転換には次のような例がある。

[例] a 「その夜」「翌日」「次の年」のように、あるできごとから次のできごとまでの時間を飛ばす。
b 現在から過去のできごとを回想する。または、過去の回想からこれを語っている現在に帰ってくる。

● 段落と場面

論理的文章では、意味のまとまりや論理展開の役割ごとに、形式段落に分けられていた。これに対し、文学的文章での形式段

昔だから、炭を入れた掘りゴタツだろう。昔の家の中は、いまよりずっと寒かったはずだ。子どもだったおばあちゃんは先にコタツに入って、ひいおばあちゃんが仕事を終えて遊んでくれるのを待っていたのかもしれない。幼い頃に戻ってしまったおばあちゃんは、いま、コタツに入って、ひいおばあちゃんを待っているのかもしれない。

ほとんど妄想の世界だったけど、お母さんは「そうかもね」と言ってくれた。「ひいおばあちゃんがいて、おばあちゃんがいて、お母さんがいて、文香がいて……そうやって、歴史がつづいてるのかもしれないね」

「うん……」

「みんな繰り返してるのよ。お母さんを見て育って、自分がお母さんになって」

「そうだね……」

「どんなに時代が変わっても、お母さんっていうのは働き者なのよ。ちょっとはあんたもお母さんのお手伝いしてちょうだい」

最後に冗談めかして笑ったお母さんは、痛む首を軽く揉《も》みながら、「もうちょっとだけ休んでるね」と言った。

「だいじょうぶ、わたしが晩ごはんつくるよ」

いいっていいって、とお母さんが言いかけたとき、おばあちゃんが、ゆっくりと立ち上がった。さっきと同じように「かぜがつく、かぜがつく」とつぶやきながら、押し入れに向かって、のろのろと歩き出した。

「おばあちゃん、座っててよ、なにかすることあったらわたしに言ってよ」

声をかけたわたしを、お母さんは、いいの、と止めた。

「だって、危なくない？」

「布団《ふとん》は外に出してるでしょ？　じゃあ、平気よ。おばあちゃんの好きなようにさせてあげてちょうだい」

「だいじょうぶ？」

お母さんはうなずいて目をつぶった。わたしが「でも……」と言いかけたら、③口の前で人差し指を立てた。

落分けは恣意《しい》的で、できごとや意味のまとまりだけで段落分けがなされるわけではない。人物の動きと心内語の部分を改行で区別したり、改行によって強調したり、文章のリズムを整えたりと、表現の仕方の一つの要素ともなっており、書き手によって段落の分け方(改行の仕方)はさまざまである。場面が大きく転換することが一行あきで示されることもある。

おばあちゃんは押し入れの外に出した布団から、掛け布団を両手で抱き上げた。よいしょ、よいしょ、と危なっかしい足取りで、その布団をこっちに持ってくる。

「かぜがつく、かぜがつく……かぜがつくよ、コタツで寝てたらかぜがつくよ……」

かぜがつく――さっきも言っていた。風邪《かぜ》をひく、という意味なのだろうか。

「母ちゃん……かぜがつく、かぜがつく……」

やっぱり、おばあちゃんは幼い頃に戻っている。コタツでうたた寝をするひいおばあちゃんのことを心配して、布団をかけてあげようとしているのだ。優しい。お母さんの優しさは、おばあちゃんゆずりだ。でも、悲しい。優しさを残したまま子どもに戻ってしまうのは、嫌な性格だけ残して自分を見失ってしまうことより、ずっと悲しい。

④おばあちゃん、違うんだよ、いまコタツで寝てるのはおばあちゃんの娘なんだよ……。

喉元《のどもと》まで出かかった言葉を必死にこらえた。お母さんは寝たふりをしたまま、なにも言わず、動かず、ただじっとおばあちゃんを待っている。

おばあちゃんはお母さんにそっと布団を掛けて、その場にしゃがんで、布団の上からお母さんの肩を軽く叩《たた》いた。

子守歌が聞こえてきた。ねんねんころりよ、おころりよ。そこだけを何度も繰り返す。優しい声だった。幼い声でもあったし、逆に世の中や人生のすべてがわかっているひとの声のようにも聞こえる。

お母さんの閉じたまぶたに、涙が光った。おばあちゃんは、いま、お母さんのお母さんに戻ったのだ。

（重松清『かあちゃん』）

問一　――線①「胸が急に、じんと熱くなってきた」とあるが、その理由を説明したものとして適当なものを、次のア～エから一つ選び、記号で答えなさい。［　　］

ア　いつも文香と遊んでくれるおばあちゃんの思いやりに気づいて、心からありがたいと感じたから。

イ　おばあちゃんが文香やお母さんのことをほとんど忘れてしまったことが、急に切なくなったから。

ガイド

● 場面をとらえる②

場面が転換する部分として、時間的な切れ目の他に、次のようなものがある。

① 場所が変わる

「そのころ、○○では」のように、ある場所のできごとの記述から、別の場所（人物）のできごとの記述へと移るもの。

② 視点・語り手が変わる

今まである登場人物の見聞きしたことが語られていたのが、別の人物の見聞きしたことが語られるようになるもの。登場人物が語り手である文章の場合、場所が変化すれば、語り手も変わるのが普通。

場面の転換として、時間、場所、視点・語り手の三つを見てきたが、これらの内の二つ、または三つすべてが転換することもある。

● 心情をとらえる

高校入試の文学的文章において、登場人物の心情に関する問題は、必ずと言っていいほど、出題される。そのときの気持ちを直接問うもの、ある行為の意味や理由を心情の面から説明させるもの、そのような心情にいたった理由を説明させるもの、心情の変化のきっかけとなったできごとや、表面上のどんな様子から読み取れるかを問うものなど、出題内容はさまざまである。文章中に直接表現されていないことが問われ

ウ　コタツで休む暇すらないお母さんの手伝いをしていないことに、申し訳なさがわき起こったから。

エ　忙しいお母さんがやっとそばに来て遊んでくれるときの、こみ上げるうれしさまで想像したから。

問二 重要 ――線②「もしかしたら……」とあるが、このとき文香が、現在のおばあちゃんについて、推測した内容を示す一文を、これよりあとの本文より抜き出し、最初の五字を答えなさい。

□□□□□

問三 重要 ――線③「口の前で人差し指を立てた」とあるが、このしぐさに込められた思いの説明として適当なものを、次の**ア**～**エ**から一つ選び、記号で答えなさい。　［　　］

ア　おばあちゃんの世話はすべて自分がしているのだから、文香が今心配したり手を出したりする必要はないと、押しとどめている。

イ　お母さんと文香が言い争っていることが、おばあちゃんの耳に入らないようにしてほしいと、文香に念をおして約束させている。

ウ　けがを心配して止めようと考える文香に対し、おばあちゃんの気持ちをできる限り大切にして、静かに見守るように促《うなが》している。

エ　おばあちゃんのしたいようにさせてと返答したのに、まだしつこく言いつのる文香にいらだって、厳しく制止しようとしている。

問四 ――線④「おばあちゃん、～おばあちゃんの娘なんだよ……」とあるが、文香がこのように言いたかった理由をまとめた次の文の□に入る適当な言葉を二十五字以内で答えなさい。

□□□□□□□□□□□□□□□□□□□□□□□□□

おばあちゃんの優しさは、取り違えた相手に向けられていて、ひいおばあちゃんには届かないこと、そして、それを知っているお母さんが、□としていることが、文香は悲しくてたまらなくなったから。

ることもしばしばあり、自分の経験に照らして、想像を働かすことも必要になる。

心情をとらえるには次のような点に注意する。

① **心情が直接表現されている部分や会話**

② **人物の身振りや行為**

25　[部分解釈・心情の読み取り]

次の文章を読んで、あとの問いに答えなさい。

小学校に上がって間もないころであった。私は通学途中で、できたばかりの二人の友だちに、宇宙へ出てしまえば私たちが普通考えているような「上」とか「下」とかは意味がなくなってしまうのだということを説明しようとした。などというと、いかにも早熟で想像力豊かな子どもだったように聞こえるかも知れないが、実は、親から知識としてそのように聞かされていたことをただ受け売りしただけである。

いまでこそ子どもは、ＮＡＳＡ[*1]の映像やアニメーションや絵本やおもちゃを通じて、「宇宙」という非日常的な概念や無重力状態という不思議な状態のことなどがあたりまえの情報として伝えられる環境のなかにおかれている。（中略）

しかし私が小学校に入学したのは、一九五四年である。当時は、人工衛星もまだ飛んではいなかったし、テレビも普及していなかった。だから、そうした日常生活から遊離したようなテーマが、これくらいの年齢の子どもの間で、自然に語られる話題として流通することはほとんどありえなかった。その意味では、私がそんなことを話題にしたこと自体、少々エキセントリック[*2]だったとはいえるだろう。

私は、この聞きかじったばかりの「ホットな知識」を何とか友だちに伝えようと懸命になった。興奮して、けんか口調のように唇《くちびる》がとんがってくるのが自分でもわかった。小さいころから、些細《ささい》なことでムキになりやすいたちだったのである。

ところが悪いことに、友だちは、私の言おうとすることをまともに聞こうとしなかった。①変なことを言うやつだと思ったにちがいない。私はつたないことばで「うちゅうへいってしまえばどっちが上でどっちが下かなんていうことはなくなるんだ」と何度も繰り返していったのだが、やがてかれらはそんな頑固な私にうんざりしたのか、私のことをからかいはじめた。空と地面を代《か》わる代《が》わる指さしながら、大きな声で「上があって下があるじゃないか！　ハッハッハッ！　上があって下があるじゃないか！」とはやしたてたのである。私はくやしさのあまりものも言えなくなってしまった。

私は、なぜこの経験を深く記憶にとどめているのだろうか。もちろん、真実を伝えようとま

ガイド

● **心情が直接表現されている部分や会話**

物語のいわゆる地の文では、人物の行動やできごとの展開を描写し、心内語や会話で人物の口から直接心情を吐露させることが多く、この二つが心情を知るヒントとなる。

① **心内語**

心内語は人物の心の中での言葉である。「〜と思った。〜と感じた。」のような文末表現があればわかりやすいが、こうした文末表現なしで描かれている場合もある。この場合心の中で話したり、つぶやいたりした話し言葉そのままの形で書かれることが多く、地の文から区別するヒントとなる。また、「〜かもしれない。」「〜にちがいない。」「〜じゃないか。」「〜するとよい。」のような、事実そのままではなく、主観的な判断や評価を述べる文末表現の部分が、人物の心情を表していることが多い。

② **会話**

ある人物が別の人物へ自分の考えや意思を伝えるのが会話であり、会話を発している人物の心情を知る大きなヒントになる。ただし、本当の心情とはうらはらな会話も多いので注意する。なぜ、心にもないことや自分の心情とは反対の発言をしたのか、その理由や本当の心情を問う問題も多い。前後のできごとや会話と関連させて心情を探ろう。「　」の中身だけでなく、どんな調子で、何をしながら発言したのかにも注意

じめな努力をしたのに、それが通用しなくて逆にからかわれてしまったくやしさを忘れることができないというのが、第一の理由であろう。だが、それだけではないという感じがどうしても残るのである。

　そもそもどうして私は、当時のこの年齢にはふさわしいと思えない「宇宙」についての話題などを、それも、ことさら理屈っぽいしかたで友だちに提供しようとしたのだろうか。おそらく、大げさに言うなら、「宇宙へ出れば上も下もない」というこの「問題」が、七歳という年齢における私の心にとって、何か重要な意味をもつ②「大問題」としてとらえられていたのだ。つまり、親から知識としてあたえられたその事実が、私自身の日常感覚を激しくぐらつかせるものであったのだ。それは、何か見知らぬ不気味なものにふれてきた子どもが、半信半疑のままその模様を人に伝えようとするのに似ている。

　私は友だちとの対決の場面では、いかにも、真理をあくまで主張する筋金入りの子どものようにふるまっている。（中略）

　ところが、この時の自分の気持ちにできるかぎり忠実に立ち返ってみると、実は私は、自分で主張していることそのものについて③十分に得心できたわけではなかったのである。あたえられた「知識」と自分なりの「納得」との間には大きな裂け目が開いていた。友だちに向かって口を尖《とが》らせて説得を試みながら、本当は私は、「上も下もない」とはいったいどういうことなのだろうとひそかに悩んでいたのだと思う。

　だから私がこの体験をありありと記憶している理由は、ただわかってもらえなかったくやしさにのみあるのではなく、自分で十分納得できていないことを強弁[*3]すればするほど、その納得のできなさが自分に向かって突きつけられることになったからなのである。私はいわば、存在感の不安定さのなかにますます落ち込むことになったのだ。（中略）

　考えてみれば、幼児にとって上下の感覚を否定されるということは、頭のなかに革命的な混乱を引き起こしかねない事態であるといっても過言ではない。幼児は、先立つ数年間の間に、自分の足でこの大地に立つことをおぼえ、重力が支配する場に基づく身体感覚を養ってきている。また、自分よりもはるかに体の大きい「大人」という存在との接触を通じて、上下、高低の感覚を身につけてきている。

する。

［例］「わかったよ。」と、激しい口調で答えた。→怒り。反発

「わかったよ。」と箸《はし》も止めずに答えた。→無関心

転んでしまうと、きちんと立ち上がるのに相当の努力を要すること、「たかいたかい」や「だっこ」をされること、親といっしょに歩くために、自分の手を高くもちあげて親と手をつなぐこと、大人と何かコミュニケーションをするために、いつも首をあげて、とても高いところにある大人の目と視線を交わすこと、これらの経験は、上下という空間的概念の絶対性が、自分の身をしっかり安定したものとして感じるためにいかに大きな意味をもっているかを体験的に教えるだろう。

ところが、「上」とか「下」とかが意味をなさない世界があると教えられることは、その大切な条件を否定されることだ。彼は、急いで自分のこれまでの世界像を修正し、再編しなくてはならない課題に直面することになる。だから少なくとも私にとって、あの教えは、④新しい知の体系への入門の意味をもっていたのだ。

（小浜逸郎『大人への条件』）

＊1　ＮＡＳＡ＝アメリカ航空宇宙局のこと。
＊2　エキセントリック＝風変わりなさま。
＊3　強弁＝無理に理屈をつけて言い張ること。

問一　——線①「変なことを言うやつだと思ったにちがいない」とあるが、その理由として適当なものを、次のア～エから一つ選び、記号で答えなさい。　［　　］

ア　小学生ならだれでも知っている知識を、まるで自分だけが知っているように自慢げに話したから。
イ　当時の小学生がほとんど語ることがない、日常生活から遊離したようなことを話題にしたから。
ウ　親から教えられた誤った知識をうのみにし、自分だけが真実を知っているように主張したから。
エ　一度聞けばだれでもたやすく理解できることを、うんざりするほど何度も繰り返して言ったから。

ガイド

● 人物の身振りや行為

人物の身振りや行為から心情を推測できる。「肩をすくめた」「唇《くちびる》をかみしめた」「苦笑いした」のような、ある感情と結びつけられている身振り・動作なら、直接判断できる。「口ごもった」「目線をそらした」「顔を赤らめた」「大きな声を出した」のように、どんな心情からそうなったのか、複数考えられる場合、前後のできごとや他の人物との関係からその理由を推測する。

● 自分の経験や常識

文学的文章においては、ある人物の心情や行為の理由が直接書かれていることは少ない。心内語や会話、身振りや行為からヒントが得られたとしても、最終的には、文脈をもとに想像力を働かせて、心情を推測しなければならない。その際、「こういう状況では、こういう行動をとる」「こういう心情なら、こういう行動をとる」というような、常識をもとに推測を行わなければならない。

こうした常識の基盤となるのが、自分の経験であるが、「自分ならどうするか」という問題とは異なる。登場人物のような性格の人が、文章中のような状況におかれたらどう感じるか、どう行動するか、あくまで作品内の世界にのっとって考えること。主人公が中学生やさらに下の年齢であれば、その心情はくみ取りやすいだろうが、年齢

問二 第四～五段落に描かれている「私」の様子として適当なものを、次のア～エから一つ選び、記号で答えなさい。 ［　　］

ア 必死→興奮→いらだち→いきどおり　　イ 興奮→落胆→いきどおり→あきらめ
ウ 必死→迷い→興奮→あきらめ　　エ 興奮→いらだち→迷い→いきどおり

問三 重要 ――線②「私自身の日常感覚を激しくぐらつかせるものであった」とはどういうことか、適当なものを、次のア～エから一つ選び、記号で答えなさい。

ア 早熟な子どもであった「私」でも、宇宙の得体《えたい》の知れない不気味さを思い知らされ、混乱したということ。
イ 他の子どもたちとは共有できない知識があるということを初めて経験し、とまどいを感じたということ。
ウ 自分が身につけている空間感覚とは相いれないことに対して、強い反発を感じたということ。
エ 「私」が幼い時から養ってきた上下、高低の絶対的な感覚が否定され、動揺したということ。

問四 ――線③「十分に得心できたわけではなかった」とあるが、この心の状態を端的に表している語を、第六～七段落より抜き出して、四字で答えなさい。

□□□□

問五 重要 ――線④「新しい知の体系への入門」とあるが、これを説明したものとして適当なものを、次のア～エから一つ選び、記号で答えなさい。 ［　　］

ア 自分の身を安定したものと感じるための大切な条件を否定されると、子どもたちの日常感覚は大きく揺らぎ、新奇で幻想的な世界へ導かれていくということ。
イ 子どもたちは、宇宙の無重力状態という真理を知識として取り込むだけではなく、自分なりに納得しようと悩むことで、精神的に成長するきっかけをつかむということ。
ウ 今まであたりまえだったことが通用しない世界の存在を知り、絶対だと信じてきた世界像を修正、再編することで、新たな世界像をつくる出発点に立つということ。
エ 日常の生活の中で大人から教えられ、身につけてきたものが否定されたため、周囲に対する不信感がつのり、独自の世界をつくり出そうとしているということ。

も立場も舞台となっている時代も異なっているとすれば、想像に頼る部分はさらに大きくなる。読書によって、さまざまな世界を知り、登場人物の心情に想像を巡らせる経験を積んでおきたい。

最高水準問題

解答 別冊 p.21

26 次の文章を読んで、あとの問いに答えなさい。

（長崎・青雲高 改）

イサムはミサエと夫婦で、鮨屋《すしや》『立山』を営んでいる。悠（ユウ）は見習いとして、そこで働いている。

家に戻っていたミサエが帰ってきた。彼女にしては珍しく忘れ物をしたのだ。

今夜は*1桃治《とうじ》の予約が入っている。週明けの予約だから仕事の客である。二日程早いが、*2古備前を置くのを昨夜、ミサエに言っておいた。ミサエは古備前を持ってくるのを忘れていた。普段店で使うほとんどのものは置いてあるが、古備前は家に仕舞《しま》ってある。目ざとい客が見つけて数百万円と値踏みをした。一桁《ひとけた》違う金額を口にした客もいる。それを耳にしてイサムは顔をしかめた。①厄介《やっかい》だと思った。

「惚《ほ》れ惚《ぼ》れするわね。本物は違うわね」

ミサエは古備前を棚に置く度《たび》に感心したように眺めている。

「ユウちゃん、そこをどいて」

ミサエが古備前を手にカウンターの中に入ってきた。悠があわてて隅に避けた。

「親方、どうでしょう?」

ミサエの声にイサムは振りむき、棚の上の器を見てうなずいた。

雨にもかかわらず、客足は好《よ》かった。（中略）

隅の二席は空けたままだ。桃治の席である。

八時前に桃治は外国人客と二人で入ってきた。身体の大きな連れだった。先客に少し席を寄って貰《もら》った。

十時を回ったところで客は一斉に引けた。

悠に暖簾《のれん》を下ろすように告げた。（中略）

片付けを済ませると十二時を回った。

イサムはカウンターの隅に座って、棚の古備前を見た。

「おーい、熱いのを一本つけてくれないか」

イサムが言うと、ミサエが裏から顔を出し、目を丸くして言った。

「どうしたの？　珍しいことがあるものね。私も頂《いただ》こうかしら。じゃあ美味《おい》しいのを一本つけましょう」

「ユウにやらせろ。ユウ、少し熱くな」

ハイッ、と声がして、イサムは、今夜、桃治がぽつりと洩《も》らした言葉を思い出した。それは悠が桃治と連れの客にお茶を出した時だった。

「少し大人になったね」

桃治の言葉に悠は、いいえ、まだ自分は、……としっかりと返答して、かすかに笑った。悠が口にした、自分という言い方も意外だったが、それ以上に②桃治の気遣《づか》いが嬉しかった。桃治はイサム夫婦と親しい数少ない客ではあるが、悠に声をかけることはなかった。それが今夜、悠にやさしく声をかけてくれた。

——この人は悠が店に来て一年になるのを覚えていてくれたんだ……。

銚子《ちょうし》を悠が運んできて、ミサエが盃《さかずき》に酒を注いだ。口にすると燗《かん》の加減も頃合《ころあ》いである。一年という歳月の加減なのだろうと思った。

ミサエの盃に酒をついだ。

「大室さんのお連れさん、オランダの方ですってね」

「ユウ、お茶でも入れてきて、おまえもここに来て座りな」

悠が裏から顔を出した。イサムは同じ言葉をくり返した。悠は怪訝《けげん》そうな顔をした。イサムが隣りの席に目をやって座るようにうながした。

失礼します、と悠は言って隣に座った。いつの間にかもの言いまで職人になっている。不器用な分だけいったん身に付けば一生のものにになるのだろう。胸の隅に喜びが湧《わ》いた。言わずもがなと思っていた言葉がぽろりと零《こぼ》れてしまった。

「ユウ、一年よく頑張ったな……」

「は、はい」

悠が顔を赤らめた。

若い時に必要以上誉《ほ》めることは、その子にいらぬ了見を持たせることがある。イサムは悠を三年までは誉めまいと決めていた。

「あら、忘れていたわ。そう言えばユウちゃんがここに来て、先月で一年になるのね。それはそれはご苦労さまね……。じゃあ今夜は三人でどこかで食事をしましょうよ」

「いや、明日は仕込みが早い。ユウを＊3河岸《かし》に連れて行く」

「えっ、そうなの」

酒は一本にして店の灯を消し、ドアに鍵をかけた。階段を下りはじめると、ミサエが素頓狂《すっとんきょう》な声を出した。

「あら、いけない。私、花屋さんに渡す封筒を棚の脇《わき》に置いてきたわ」

自分が取ってきます、と言って悠が階段を駆け上がった。

二人は階段を下り、表に出て悠を待っていた。

五分が過ぎても、悠は下りてこなかった。

「おい、その封筒はバッグの中に入れてるんじゃないか」

ミサエがバッグの中を覗《のぞ》いた。

「ありませんよ。たしかに棚の脇よ。あなたがお酒を飲むなんておっしゃるから、あそこに置いたんですから」

イサムは三階を見上げた。

もう十分は経《た》っている。イサムは階段を上がった。ミサエも続いた。

ドアは開けっ放しになっていた。

「ユウ、どうしたんだ」

店の中を覗いたが、真っ暗で物音がしない。

かすかにすすり泣くような声がした。

灯《あか》りを点《つ》けると、カウンターの中に悠が立っていた。大粒の涙が頰《ほお》から零《こぼ》れていた。

「どうしたって言うの、ユウちゃん」

ミサエがカウンターの中に入った。

ミサエの悲鳴がした。

悠の足元にこなごなになった古備前が散っていた。

「なんてことをしたの。これがどんなものかあんた知ってるんでしょう」

ミサエの言葉に、悠が、す、すみません、すみませんと言いながら泣いていた。

「これはあんたが一生働いたって買えるもんじゃないのよ」

ミサエが金切り声を上げた。

「ミサエ、静かにしろ」

それまでミサエにかけたことがないほどの声が出ていた。ミサエは驚いてイサムを見返した。

③「そこは職人の立つ所だ。表に回れ」

イサムはカウンターに入ると、悠の肩をそっと叩《たた》いた。足元に簀《す》の子《こ》がひっくり返っていた。灯りを点けずに入ったから簀の子に足を掛けてしまったのだろう。

「ユウ、欠《か》けらを拾おうか」

悠の肩が震えていた。

イサムはそう言って悠としゃがみ込んだ。

「職人は人前で泣くもんじゃない」

悠の涙は止まらなかった。（中略）

桃治の屋敷にむかう坂道が見えた。

桃治のおだやかな顔が浮かんだ。

古備前がこわれた話を、その夜の数日後、桃治に電話で報《しら》せた。

桃治は電話のむこうでしばらく沈黙していた。

④「……そう、それは大変だったね。でも物はこわれるものだからね」

桃治は素《そ》っ気《け》なく言った。

古備前はこなごなになってはいなかった。三分の一が割れて飛び散っていた。あの時は動顛《どうてん》してそう見えたのだろう。

「それで修理に出してみたいのですが、私はそっちの方に疎《うと》うございまして、桃治さんに教えていただきたいのですが」

「そうなのかい。けどあれは*4贋作《がんさく》だよ」

「えっ？」

「だから贋作なんだって。おやじは贋作収集の名人だったからね」

「……そうなんですか。けれど古堂先生に頂いたものですから、修繕してどうにかなるものなら手元に残したいと思いまして」

「わかりました。ではしかるべきところを探して連絡しましょう」

電話を切ってからイサムは狐《きつね》につままれたような気分になった。

そう言えば器を届けた桃治も、その価値を何ひとつ口にしなかった。客が勝手に値踏みをしただけである。イサムは自分の迂闊《うかつ》さに思わず苦笑いをした。

修繕屋の方から店にやってきて器を持ち帰った。一ケ月かかって修繕は終わったが、代金は桃治の方から頂戴《ちょうだい》していると言って金を受け取ろうとしなかった。

その礼もあってイサムは今日、大室邸に挨拶《あいさつ》に出かけた。

屋敷が見えた。門の前に人影があった。イサムに手を振っている。

桃治と夫人である。イサムは立ちどまって一礼した。

イサムは古備前の粗相《そそう》を詫《わ》び、修繕の代金の支払いを申し出たが、桃治は笑うだけで相手にしてくれなかった。

彼は修繕を終えた器の写真を撮っておいたので、それを桃治に見せた。茶を運んできた夫人が興味あり気にその写真を覗《のぞ》いていた。

「いや上手《うま》いこと修繕をするものですね。驚きました」

「そうだね、骨董《こっとう》の修繕は日本の職人が世界でトップらしいからね。それでこれは親方がこわしたのかね」

⑤いや、それが、と言いかけてイサムは言葉を飲み込み、頭を掻《か》きながら言った。

「私と若衆《わかいし》が二人で落としてしまいまして」

それを聞いて桃治と夫人が顔を見合わせた。

「それはよございました。小僧さんがこわしたのでは大変でしたからね。『立山』さんの器は*5作造さん譲りでどれもいいものばかりですものね」

「いや、そんなことはありません。うちの店にあるものでお客さまと店の者がこわして困るものは何ひとつありませんから……」

イサムの言葉に二人が感心したようにうなずいた。

「いいこころがけですね。私たちも見習わなくてはいけないわね、あなた」

夫人が桃治に言った。

桃治は笑って頭を掻いた。夫人が口元をおさえて笑っていた。

イサムはいとまを告げて、最後に今年の*6藪入《やぶい》りに若衆にスーツを買ってやりたいのだが、それを桃治に見立てて貰《もら》えないかと申し出た。

桃治は快諾《かいだく》してくれた。

門前まで送って貰い、イサムは何度か二人を振り返り、坂道を下った。

交差点で信号が赤になり、イサムはぼんやりと立っていた。上空で声がして見上げると、一羽の鳶《とび》が旋回していた。鳶から目を離すと春《はる》霞《がすみ》につつまれた東京の街が見渡せた。

——いいこころがけですね。

夫人の言葉と笑顔がよみがえった。

彼女に店の器を誉《ほ》められたことも嬉しかった。店でもほとんど話をしない夫人が今日はよく話をして下さったと思った。

その時、修繕の写真を興味あり気に覗《のぞ》いていた夫人の目が思い出された。

「それはよございました。小僧さんがこわしたのでは大変でしたからね」

耳の底で夫人の声がした。

——大変でしたからね……。

春の風が一瞬、イサムの顔を叩《たた》いた気がした。

⑥「ひょっとしてあの古備前は……」

イサムはそう口にしてから目の玉を大きく開いた。

（伊集院静「古備前」）

＊1　桃治《とうじ》＝大室桃治。『立山』の常連客であり、父の古堂は人間国宝の陶芸家であった。

＊2　古備前＝陶器の備前焼で、鎌倉時代から室町時代にかけて作られたもの。本文中の「古備前」は『立山』の開店祝いとして、桃治から贈られた品である。

＊3　河岸《かし》＝魚市場。

＊4　贋作《がんさく》＝にせの作品。

＊5　作造＝鮨《すし》職人であるイサムの師匠にあたる人物。

＊6　藪入《やぶい》り＝陰暦の一月と七月の十六日前後に、奉公人が休みをもらって、実家に帰ること。

問一　——線①「厄介《やっかい》だと思った」とあるが、その心情を説明したものとして適当なものを、次のア〜オから一つ選び、記号で答えなさい。［　　］

ア　古備前の器が値が張るものだけに、立派過ぎて店の雰囲気に合わないと思った。

イ　古備前の器が値が張るものだけに、器としての実用に適さないと思った。

ウ　古備前の器を、いずれ売ることになるだけに、商品として扱わなくてはならないと思った。

エ　古備前の器を、ただ飾っておくしか利用の仕方がなく、価値に見合った用途がないと思った。

オ　古備前の器が値が張るものだけに、余計な気をつかうことになると思った。

問二　——線②「桃治の気遣《づか》い」とあるが、それはどのようなものか、本文の内容に従って答えなさい。「桃治が……こと。」という形でまとめること。

［　　　　　　　　　　　　　　　　］

問三　——線③「そこは職人の立つ所だ。表に回れ」とあるが、この部分を含む「イサム」「ミサエ」「悠」のやりとりからうかがえるイサムの心情を説明したものとして適当なものを、次のア〜オから一つ選び、記号で答えなさい。［　　］

ア 落ち着きを失っているミサエと悠に、淡々と後片付けをする自分の姿を見せ、古備前が実は贋作であることを示そうとしている。

イ ミサエに叱られ、初めて古備前の価値に気づいた悠をかわいそうに思い、高価な品を店に置いていたことを後悔している。

ウ 取り乱すミサエと対照的に古備前の価値にとらわれない落ち着いた振舞いをすることで、悠に師匠としての威厳を保とうとしている。

エ 激しく責めるミサエを悠から遠ざけ、また、悠を職人として扱う態度を示すことで、悠を庇《かば》い、励まそうとしている。

オ 古備前が壊れたことよりも、悠の軽率な行動に落胆し、ミサエの厳しい言葉も悠を成長させることはないだろうと諦《あきら》めている。

問四 ——線④「桃治は素《そ》っ気《け》なく言った」とあるが、桃治がこのような態度をとった理由として適当なものを、次の**ア**～**オ**から一つ選び、記号で答えなさい。［　　］

ア 自分が贈った高価な古備前を壊してしまったイサムたちの軽率さに腹が立ち、このことには深く関わるまいと思ったから。

イ 自分が贈った古備前が、実は贋作であることを打ち明けざるを得ない事態に追いこまれたことが、面白くなかったから。

ウ 自分が贈った高価な古備前を壊してしまったことを、イサムたちが苦に病まないよう、事を軽く見せようと決めたから。

エ 自分が贈った古備前が贋作であることを、壊してもなお見抜けないイサムたちの物を見る目のなさにあきれたから。

オ 形ある物はいつか失われるのであり、壊れた古備前に執着することはむなしいとイサムたちに知ってほしかったから。

問五 ——線⑤「いや、それが、と言いかけてイサムは言葉を飲み込み」とあるが、イサムが「飲み込」んだ言葉とはどのようなものであったと考えられるか。「いや、それが、」の後に続けて二十字以内で答えなさい。

いや、それが、

問六 ——線⑥「目の玉を大きく開いた」とあるが、それはなぜか。その理由を簡潔に答えなさい。

解答の方針

問二・三・四 登場人物の心情は、はっきり書いていなくても、会話や行動、様子から判断できる。その際も前章で確認した主語のチェックを忘れないようにしたい。問二のように、主語を示して解答を誘導するような親切な出題はまれ。

27 次の文章を読んで、あとの問いに答えなさい。

（奈良・西大和学園高）

建築金物店（マガキ商会）に勤める樋口《ひぐち》（ぼく）は、仕事を受けるために取引先の工事現場を訪れていた。そのとき、樋口に持病の発作の兆候が現れたので、工事現場主任の徳田《とくだ》から注文を受けたブリキの蓋《ふた》がこの現場に届き次第、急いで自分の会社へ帰ろうと思い、自分のトラックで待っていた。そこに工事現場で働く倉持《くらもち》がやってきた。

「ブリキの蓋、もっと早く届きませんか」

倉持は雨合羽《あまがっぱ》のボタンをあけ、作業服から煙草《たばこ》を出すと、ぼくにすすめた。

「なんでです？」

ぼくは訊《き》いた。

「徹夜になっても、ぼくひとりで、四百八十二本のパイル*1に蓋を付けろって言うんです」

「倉持さんひとりで？」

「自分のミスを、第三者になりきることで、誤魔化《ごまか》すつもりなんです。怪我《けが》人が出たのは、ほんとは徳田さんのミスなんやけど……」

深さ二十メートルのパイルを打ち込んである部分には、それを示す赤い旗を立てるのが今回の工事の安全基準なのだが、徳田は二十センチ近く地上に突き出ているパイルがまさか隠れてしまうほどの大雨が降るとは予想していなかったので、旗立ての作業をはぶいたのだ。そう倉持は言った。

「あーあ、海の上に町を作るなんて、あんまりええ仕事とは思えんなァ」

その言い方が面白くて、ぼくは声をたてずに笑った。

「樋口さんも、マガキ商会に入って、まだ間がないんでしょう？ぼくも今年入社したばっかりです」

ぼくは、大学を卒業して社会に出たばかりの自分を思い浮かべた。

「なんで前の会社を辞めはったんです？」

と倉持は訊《き》いた。彼は、ぼくが以前勤めていた会社の名も知っていた。

「*2間垣《まがき》さんが、うちにこんな社員が入ったんや言うて、あした挨拶《あいさつ》にこさせます、よろしゅうお願いしますって、あっちこっちで頭を下げてはりましたから」

「恥《はず》かしいことしよる男やなァ」

とぼくはつぶやき、腹立ちまぎれに、軍手で車の窓の曇りを拭《ふ》いた。

「ブリキの蓋を一枚取り付けるのに、何分ぐらいかかるでしょうかね？」

倉持は、しきりにぼくに話しかけた。

「さあ……、一分ぐらいでしょう」

「一分か……。一時間で六十枚。うわあ、八時間もかかるがな」

倉持は両の掌《てのひら》で頭をかかえこんだ。

「誰《だれ》かが手伝うてくれますよ。新入社員の倉持さんが、この雨の中で、ひとりで五百本近いパイルに蓋を取り付けてるのを見て、知らんふりしてる人ばっかりでもないでしょう。四人でやったら、三時間もかかりませんよ」

ぼくはそう言って倉持の肩を叩《たた》いた。

けれども、予定より三十分早く、倉持が太股《ふともも》まであるゴム長を履《は》いて、取り付け作業を始めても、誰も手伝おうとする気配はなかった。徳田が受領書にサインをするのを待ちながら、①ぼくは、ますます強くなった雨を透かしてちらつく小さな黄色い点ばかり見ていた。

「倉持さんひとりで、蓋を付けるんですか？」

ぼくはわざと、雑談に興じている他の作業員にも聞こえるように訊いた。

「修業や、修業。俺《おれ》も入社した年は、もっときつい仕事をさせられたもんや」

徳田は事もなげに言い、自分の仕事に取りかかった。下で*3中尾《なかお》が待っていた。彼のトラックには、ブロックと四十キロの鉄線が積まれている。これから堺《さかい》の工事現場へ届けなければならないとのことだった。ぼくは倉持と一緒に食堂棟で昼食をとったあと、恐れていた強い発作に襲われて、軽トラックの中で横になり歯をかみしめていたのだった。逃げてやりすごそうとすれば、いつかもっと悪い環境へと追い込まれていくのだなァと思いながら。

「俺、もう二つか三つ、他の事務所を廻《まわ》ってから帰るよ」

そのぼくの言葉で、中尾は軽く会釈して行きかけたが、背を丸めて戻って来た。（中略）

中尾は、月の売り上げが一千万円を超えると、社員に大入り袋が出されるのだと耳打ちした。

「へえ、まんざらケチでもないんやなァ」

「なんぼ入ってると思います？」

「一万円？　いや五千円ぐらいかな」

中尾は運転席に坐《すわ》るとエンジンをかけ、

「百円玉が二つです」

唇《くちびる》をめくりあげて笑い、去って行った。ぼくは転がっているブロックのかけらを蹴《け》り、声を殺して笑った。②しつこい咳《せき》みたいに、笑いはぼくの喉元《のどもと》からいつまでもこみあがった。どうにでもなりやがれ。胸の内でつぶやき、ぼくは再び二階へ上がると、徳田に、

「作業服と、あの太股《ふともも》まであるゴム長を貸して下さい」

と頼んだ。徳田はしばらくぼくを見つめていたが、やがて薄笑いを浮かべ、入口の横の物入れを指差した。ぼくは、ネクタイを外し、背広とカッターシャツを脱ぎ、体に合いそうな作業服を着た。そして、上着とズボンとに別れたぶあついビニールの防水服をその上に着て、階下へ降り、黄色い点に向かって歩いて行った。

一キロ四方にわたって、二メートルぐらいの深さで土が掘り返され、そこにコンクリート・パイルが打ち込まれてあった。固められているとはいえ、人工的に作った土地の芯《しん》は弱く、雨水と泥は混ざって、あちこちから流れ注ぎ、段差の縁はひっきりなしに崩れつづけている。

「手伝いますよ」

雨の音でぼくの声は消され、二回大声を張りあげてやっと倉持の耳に達した。倉持は顔をあげ、泥まみれの顔で微笑《ほほえ》むと、

「軍手をはめんとブリキで指を切りますよ」

「もう何枚取り付けました？」

「三十二枚」

ぼくは、水溜《た》まりの中を摺《す》り足で進み、倉持の近くへ行くと、しばらく彼の手順を見ていた。パイルの先から五センチほど下に釘《くぎ》が出ていて、そこに針金を巻きつける。慣れれば一枚取りつけるのに一分もかからないが、面倒なのは、水溜まりの底のぬかるみに足を取られないよう歩くことだった。

「とにかく、前を見んようにしましょう。途方に暮れますから」

と倉持は言った。一枚取り付けるたびに、ブリキを打つ雨の音が大きくなっていった。

「田植みたいやなァ」

ぼくは、十分もたたないうちに腰が痛くなってきた。軍手の片方とか、煙草《たばこ》のフィルターとかが、泥水に浮かんでゆらめいている。六番棟と七番棟の明かりが消え、ダンプカーの数が減った。倉持はビニール袋に包んだ懐中電灯でぼくの手元を照らし、

「この調子やったら九時前には終わりそうですね」

と話しかけてきた。

「ぼく、芦屋《あしや》の山手にあるスナックにボトルを置いてあるんです。ピザのうまい店なんです。終わったらご馳走《ちそう》しますよ」

ぼくは、ブリキの蓋《ふた》を取り付けていきながら、

「せっかくやけど、外で食事をするの苦手なんです。おかしな持病があるから」

と答えた。

「持病……。どんな持病です？　こんな雨の中で、泥水につかっててもええんですか？」

「いや、かえってこんな場所のほうが安心なんです」

倉持は、作業の手を停《と》め、③少し当惑顔でぼくを見やった。

「三年前に突然かかったんです。ひとりで電車に乗られへんちゅう病気に。電車に乗ると、心臓がドキドキして、もういまにも死ぬような気がするんです」

「へえ……」

「そのうち、タクシーにもバスにも乗れんようになって、取引き先の人と仕事の話をしてる最中にも気分が悪うなるようになったんです。いろんな病院に行ったけど、行ってないのは精神科だけ。たぶん、そこへ行くのが正解やと思うんですけどね」

倉持の顔に不安と怯《おび》えが生じたので、ぼくは笑顔で、

「人に危害を加えたりする病気とは違うんです。死の恐怖と発狂の恐怖で息も絶え絶えになるだけです」

と説明した。けれども、どんなに説明されても理解しがたいことを、ぼくは知っていた。妻でさえ、発作が起こったときのぼくの症状や苦しみを理解するのに二年近くかかったのだから。会社の上司は、しばらく気楽な仕事に変わってみたらどうかと、姫路《ひめじ》営業所への転勤をほのめかせた。④どこへ行っても同じだということは、ぼくがいちばんよく知っていた。そして姫路営業所は、社員のあいだで別名〈流人《るにん》島〉と呼ばれていたのである。ぼくは発作の恐怖に耐えきれず、会社を辞めたいと妻に言った夜のことを思いだした。

「病気を治して、一から出直したいんや」

「会社を辞めたら、病気は治るのん？」

それから妻は、いつまでも寝つかない子を膝《ひざ》に乗せ、自分に言い聞かせるみたいに、

「しばらく休んだら治るよね。治ったら、なんぼでも働くところはあるよね」

と言って⑤微笑《ほほえ》んだのだった。

一時間近く、ぼくと倉持は言葉を交わさず作業をつづけた。もうほとんど手元以外見えなかった。

「この腰の痛いのと寒いのだけはたまらんなァ」

ぼくは、そうひとりごち*4て、腰を伸ばした。ブリキを打つ雨の音は、脳天に突き刺さるほど烈《はげ》しい。

「発狂の恐怖って、どんな気持ちです？」

いつのまに近づいて来たのか、目の周り以外は泥だらけになった倉持がうしろから訊いた。ぼくは適当な言葉がなかったのでこう答えた。

「そのほうが、死ぬよりも怖いって気がしますねェ」

ふいにサーチライトに照らされ、徳田の、ハンドマイクを通した声が聞こえた。

「おーい、あと何枚や」

「三百枚ぐらいです」

倉持が叫び返した。けれども、何度大声を張りあげても、倉持の声は、徳田には聞こえなかった。倉持は舌打ちをし、報告するために、水溜まりから出て、事務所へ向かった。無数の赤い点滅灯が、工事現場のそこかしこでかすんでいた。サーチライトに照らされた巨大な水

溜まりの中で、ぼくは作業をつづけた。泥と鉄錆《てつさび》の臭《にお》いが鼻をついた。ぼくは、泥のしぶきが入らないよう目を細め、コンクリート・パイルの真っ黒な穴を長いこと覗《のぞ》き込んでいた。臭いは、そこから湧《わ》きあがっていたのである。ぼくはゆっくり視線を移し、四灯のサーチライトを目が痛くなるまで見つめた。やがて、パイルに蓋をし、針金を釘に巻きつけた。まるで夜なべ仕事が終わりかけている人のように、幾分*5昂揚《こうよう》し、手際よく、ブリキの蓋をかぶせていった。

⑥泥まみれのどでかいバケツの底で、何時間も、穴を修理していたのだと言ったら、妻はどんなに歓《よろこ》ぶだろうとぼくは思った。

（宮本輝「バケツの底」）

＊1　パイル＝建物の基礎などに使われる円筒状の杭《くい》。コンクリート・パイルも同じ。
＊2　間垣《まがき》＝マガキ商会の社長。
＊3　中尾《なかお》＝マガキ商会の配達員。
＊4　ひとりごちて＝ひとりごとを言って。
＊5　昂揚《こうよう》＝精神や気分などが高まること。

問一　難　――線①「ぼくは、ますます強くなった雨を～黄色い点ばかり見ていた」とあるが、このときの「ぼく」の心情を四十字以内で説明しなさい。

問二　――線②「しつこい咳《せき》みたいに、～いつまでもこみあがった」とあるが、このときの「ぼく」の心情の説明として適当なものを、次のア～オから一つ選び、記号で答えなさい。［　　］

ア　仕事をしても微々たる金額しかもらえないのだということが中尾の話から分かり、努力しても結局報われることはないのだと諦《あきら》めてしまっているということ。
イ　会社の業績のために必死に働く社員に対する、社長の相手を小馬鹿にした様な振る舞いを中尾から聞き、おさえられない怒りがこみ上げてきているということ。
ウ　つらいことから逃げたいという自分の気持ちをおさえて、仕事に精一杯取り組もうと思っていたことが、中尾の話を聞いて馬鹿らしく思えたということ。
エ　発作が死ぬことよりも恐ろしかったとしても、妻と会社のために自分に与えられた仕事を、必ずやり遂げてみせるという固い決意をもったということ。
オ　苦しそうな自分の気を紛らわすために、わざわざ戻ってきてまでくだらない冗談を言う、中尾のユーモアを素直に受け止めることができたということ。

問三　難　――線③「少し当惑顔でぼくを見やった」とあるが、このときの倉持の心情を五十字以内で説明しなさい。

問四 難 ——線④「どこへ行っても同じだ」とあるが、そのように「ぼく」が考える理由を六十字以内で説明しなさい。

問五 ——線⑤「微笑《ほほえ》んだのだった」とあるが、このときの「妻」の心情を説明したものとして適当なものを、次の**ア**～**オ**から一つ選び、記号で答えなさい。［　］

ア 夫の弱気な発言に不満を感じながらも、夫の気分を害してもいけないのでごまかそうと思っている。

イ 夫が会社を辞めることには不安を感じるものの、夫の言葉を信じて励ましてやりたいと思っている。

ウ 夫が感じている突然襲ってくる発作に対する恐怖を、ほんの少しでも理解してやりたいと思っている。

エ 夫がようやく次の一歩を踏み出すことを決意したことが分かり、安心して暮らしていけると思っている。

オ 夫の病が治るみこみはなく仕事に復帰できないことは分かっているが、それを悟《さと》られまいと思っている。

問六 ——線⑥「泥まみれのどでかいバケツの底で、～とぼくは思った」とあるが、その理由の説明として適当なものを、次の**ア**～**オ**から一つ選び、記号で答えなさい。［　］

ア 上司の命令で、生産性のない仕事を無理矢理させられていた倉持を助けたことで感じた充実感を、妻とも共有することができると思ったから。

イ 仕事を辞めてしまってから、全く働いていなかった自分が社会との関わりを持ったことに、妻は感動してくれるに違いないと確信したから。

ウ 新しい会社に勤めてからこれといった成果を上げていなかったが、今日契約を取り付けたことに対して、妻が賞賛してくれると思ったから。

エ 持病の発作に苦しみながらも、家族のために激しい雨の中での肉体労働に耐えていたことに、妻が感謝の意を示すであろうと予想したから。

オ お金にはならないかもしれないが、自分から進んで他人のために長時間働き続けたことを、妻は感激してくれるに違いないと考えたから。

解答の方針

問六 「ぼく」の心情と妻の心情の両方を考える。直前に「幾分昂揚し」とあるが、この気分の昂揚がどこから来ているのかまず考えよう。

28　次の文章を読んで、あとの問いに答えなさい。

（大阪・四天王寺高）

〔主人公光輝《みつき》は、母の仕事の関係で転校しなければならなくなったが、友達と別れるのが嫌で、母から離れて祖父の家から通学することになった。ある日、買い物に行くと、偶然、奇妙な格好をした母に出会い、その服装に戸惑《とまど》い逃げようとした。次の文章はその後に続く部分である。〕

このとき、ぼくの心の中は、ほとんどが怒りだった。①怒りの中に、少しだけ悲しみがあった。

「光輝たちはなにを買ったのかしら。ちょっと拝見させてちょうだい」

母さんがうれしそうに言って、押野の持っているカゴに手をやった。

「触らないで！」

母さんと押野の身体《からだ》がビクッとした。ぼくの声は、思ったよりもとても大きく響いて、さっきまで遠慮がちにちらっと見ていた人の興味を買って、何人かの人だかりができた。

「行こう、押野」

押野は、「ａう、うん」とうなずいてから、母さんたちに軽く会釈《えしゃく》した。

「またね、光輝。連絡するわ」

母さんがぼくの背中に言った。少し歩いて振り返ると、母さんは何事もなかったように、にこにこと手を振っていて、みどりさん[*1]は頭を下げたままだった。ぼくはもう振り返らずに、そのままいそぎ足で母さんから離れていった。

押野はレジに並んでいるときも、買ったものを袋に詰めるときもなんにも言わなかったけど、店を出て自転車に乗るときに、「びっくりしたな」と声をかけてきた。ぼくは、「うん、びっくりした」と言って、少し笑うことができた。だけど心臓はいつまでもどきどきしていた。

家に着くと、押野ははりきって台所に立った。もちろんぼくも手伝った。お好み焼きは作ったことがなかったから、押野に言われたとおりに、キャベツを切ったり山芋《やまいも》をすったりした。②指がかすかに震えていたけど、押野には気付かれなかった。（中略）

「おじいさん、呼んできてよ」

ぼくがぽかんとしていると、「今日は俺《おれ》が料理人だから、えだいち[*2]とおじいさんが先に食べるんだよ」と押野は言った。へえ、とぼくがおもしろそうに笑うと、「いいから、早く呼んでこいよ」と照れたように言った。

「すごいな、料理人だってさ」

とぼくは言い残して、その場から離れた。押野がぼくを気づかってくれていることはわかっていた。ぼくは押野のやさしさに調子に乗り、ぞんざいな態度をとった。気を張っていないと、身体じゅうが震えだしそうだった。

おじいさんは、裏庭で工具の整理をしていた。

「お好み焼き、できたって」

「おう、そうか。わしはあとでいいから先に食べなさい」

おじいさんはしゃがんだまま、そう言った。

「今日は押野が料理人だから、先にお客さんのぼくとおじいさんに食べてもらいたいんだって」

おじいさんは、工具をがちゃがちゃいわせながら、はっはっと笑った。

「さっき、母さんと会ったよ」

ぼくはそんなこと言うつもりじゃなかったけど、おじいさんの背中を見てたら、ふいに言葉が出てきた。

おじいさんは、ぼくを見上げてから「そうか」と言い、また視線を戻した。

「みどりさんと一緒だった。すごくへんな格好していたよ。すごくへんだった」

ぼくが一気にまくしたてるように言うと、おじいさんは少し間をおいてから、「そうだな」と言った。カッと耳が熱くなった。

「おじいさんは、母さんがあんなへんな格好してるの知ってたんですか?」

「いや、知らない」

とおじいさんは言い、「しかし、想像がつく」と続けた。

ぼくはそのあと、なんて言っていいのかわからなかった。母さんの文句をだれかに言いたかったけど、おじいさんに言うのはちがう気がした。

おじいさんは工具を片付けて、すっくと立ち上がった。それから、ぼくの頭に手を置いた。ぼくの頭がすっぽりとかくれてしまうほど、大きな手のひらだった。

「お好み焼きをいただくとするか」

それから、おじいさんはぼくの肩に手をやり、ぽんぽんと軽く二回たたいた。

テーブルの皿の上には半月のお好み焼きがそれぞれに載っかっている。屋台の匂《にお》いがして、お腹《なか》がぐるるっと鳴った。

「うまそうだな」

と、おじいさんが言うと、押野が「うまいっすよ」と自信たっぷりに答えた。押野は、二枚目を焼くのに取りかかっている。

「ソースとマヨネーズは、お好みでね」

なんて押野がそれらしく言うから、ぼくはおじいさんと顔を見合わせて肩を上げた。おじいさんは、一口食べて「こりゃ、ビールが合うな」と言って、冷蔵庫から瓶《びん》ビールを取り出した。ぼくも冷蔵庫からさっき買った炭酸飲料を出して、二人でコップに注いで、申し合わせたように「乾杯」をした。押野が「待って、俺も」と言いながらコップを差し出して、三人でもう一度「乾杯」と、コップを合わせた。

二枚目が焼き上がって、押野がようやく箸《はし》を持ったあとはぼくが引き継いで三枚目を焼いた。たねをのばして、しばらくほっとけばいいだけなので簡単だった。裏返す段になって、おじいさんが、どれ、と言って、中華なべをくるっとゆすった。見事、お好み焼きはひっくり返って、ぼくと押野は拍手をした。

「じゃあ、あとは全部おじいさんに任せようよ。ねえ、押野」

ぼくがそう言うと、押野はびっくりしたような顔をしたあと、おじいさんの顔色を見ながら、あやふやにうなずいた。確かにこのとき、ぼくは少し大胆になっていたかもしれない。おじいさんにこんなふうな軽口を言ったのは、はじめてだったかもしれない。

ぼくは、さっきのスーパーでの光景を③「ちがうもの」だと思うことに必死だった。④自分を取りつくろって、一生懸命に「ちがうもの」をぼくの外に追いやっていたのだった。

ぼくのお願いに、おじいさんはあっさりうなずいて、そのあとのお好み焼きを焼いてくれた。おじいさんはいつもどおりだった。⑤それがぼくには少し悔しくて、でも安心できたのも事実だった。(中略)

ぼくはふと新学期のことを考えた。このうちから、ランドセルをしょって学校に通うんだなと思った。そして、母さんはいつのまにか遠くに行ってしまったんだな、と他人事《ひとごと》のように思い、もうあのアパートに戻ることは決してないんだ、と改めて実感した。

「やっぱ、いいよな」

ぱたぱたとうちわであおぎながら押野が言うのは、この家のことだ。

「こういう時間って、しぶいよな。うちじゃあさ、あのごちゃごちゃした台所でテレビ見て、ぐだぐだしてるだけだもん。そのうち、姉貴がチャンネルかえちゃって、ケンカになってさ」(中略)

時々、思い出したようにセミが鳴いて、藍色《あいいろ》の夜空に響いた。（中略）二人で、夏の夜空を見上げた。星がところどころに薄く輝いている。夜っていうのは不思議だ。お日様が出ているときは言えなかったことも、夜の闇《やみ》にまぎれてしまうとなんでも許されるような気がしてしまう。きっと夜の神様が、余計な話だってくだらない話だって、ぜーんぶ吸いこんでくれて、翌朝にはあとかたもなく片付けてくれるにちがいない。

「……母さんさ」

[b]うん、と押野は空を見ながら返事をした。

「すごかったよね？」

ぼくは無理やり笑顔を貼《は》りつけて、おどけたように押野に言った。

「うちの母ちゃんだってすごいぜ。どこの母ちゃんだって、みんなすごいさ」

夜空から目を離さずに、押野が言う。

「なんかさ、ついこないだのことなのに、母さんと一緒に住んでたことがずいぶん昔のことみたいに思えるんだ」

「[c]うん」

「うまく説明できないけど、へんな感じなんだ」

「[d]うん」

押野は、ずっと空を見上げたままだ。

「昔の、普通の母さんに会いたいなって思うんだ」

「……そうか」

夜の神様が、どうかどうかぼくが今話したことをすっかり飲みこんでくれますように。明日目が覚めて、朝の光を見たときには、この話をしたことを後悔しないように、押野の顔を正面から見られますように、と祈った。

「おお、いっちょまえに一杯やってるのか」

おじいさんが、ステテコ姿でやってきた。押野ははじめて見たおじいさんのステテコがおかしいのか、にやにやと笑っている。

「わしも一杯いただくとするか」

おじいさんはそう言って、めずらしくお酒を持ってきた。一升瓶《いっしょうびん》からコップにどぼっと注ぎ、少し持ち上げて感謝するようにしてから、ゆっくりと飲んだ。おじいさんのでっぱったのど仏がごろっと動いた。

ぼくは、冷蔵庫から漬物《つけもの》を持ってきた。

ぽりぽりぽり、

小気味よい音が夜の縁側に響く。

ぽりぽりぽり、

ぐびっ、おじいさんののど仏が上下する。

三人で――ぼくと押野は麦茶、おじいさんはお酒で――飲み物を飲み、漬物をつまむ。なんだかそれだけのことなんだけど、ぼくたちはその時間をとても有意義に感じた。なんにもしゃべらなくても、ただここでこうしているだけでよかった。濃密で、胸が少しだけきゅんとしてしまうような時間だった。⑥それぞれが、自分だけの世界をたのしんで、でもそれは、ここにいる三人でなければ見つけられない世界だった。

（椰月美智子『しずかな日々』）

＊1　みどりさん＝母の仕事のパートナー。
＊2　えだいち＝友人である押野が付けた光輝のあだ名。

問一 難　――線①「怒りの中に、少しだけ悲しみがあった」とあるが、「悲しみ」とは具体的にどのような思いか。適当な部分を、本文より二十五字以内で抜き出して答えなさい。

問二 ～～線a～dの「うん」は、それぞれどのような気持ちから出た言葉か。適当なものを、それぞれ次のア～オから一つ選び、記号で答えなさい。同じものを二度用いてもよい。

ア 相手の言っていることは正しいと同意する気持ち。
イ どう対応していいか分からず、しかたなく相手に従う気持ち。
ウ 相手の気持ちに寄り添い、そうなんだろうなあと思う気持ち。
エ そうは思わないけれど相手の気持ちは分かるのでうなずく気持ち。
オ 何が言いたいのか分からないのでとりあえず相手の話を促《うなが》す気持ち。

a〔　　〕b〔　　〕c〔　　〕d〔　　〕

問三 ――線②「指がかすかに震えていた」とあるが、その理由として適当なものを次のア～オから一つ選び、記号で答えなさい。〔　　〕

ア 母さんと会えて興奮していたから。
イ 母さんの服装に腹が立っていたから。
ウ 急いで帰ってきて息が上がっていたから。
エ 押野の言うとおりにするのが嫌だったから。
オ 初めて作るお好み焼きに緊張していたから。

問四 ――線③「『ちがうもの』」とあるが、これとは反対のものを、本文より十字以内で抜き出して答えなさい。

問五 ――線④「自分を取りつくろって」とあるが、そのために光輝はどのようにふるまったか。――線④より前の本文中の言葉を使って、十五字以内で二つ答えなさい。

問六 難 ――線⑤「それがぼくには～事実だった」とあるが、なぜそのように思ったのか。三十五字以内で答えなさい。

問七 ――線⑥「それぞれが、～見つけられない世界だった」とあるが、この場面を言い表すのに適当な語を、次のア～オから一つ選び、記号で答えなさい。〔　　〕

ア 自立　イ 自由　ウ 保護　エ 調和　オ 秩序

解答の方針

問一 興奮が去って、冷静に思いをめぐらせるようになった部分も含め、広く見わたす必要がある。
問六 直接の心情描写以外から心情を考えるときは、前後の流れをとくに注意深くチェックしよう。

3 主題をとらえる

標準問題

解答 別冊 p. 23

29 〔心情の読み取り・主題の読み取り・表現の理解〕

次の文章を読んで、あとの問いに答えなさい。

〔「北海道の自然林では、えぞ松は倒木の上に育つ（倒木更新）」という話に心を動かされた筆者は、北海道に出かけ、案内の人とともに、その様子を見に行く。〕

間もなく、こっちという合図がきた。それはまだひょろひょろと細く若い木を何本も、満員の形でのせている、まごうかたなき倒木だった。肌《はだ》こそすっかり苔《こけ》におおわれているが、もと倒れた木の幹の丸さをみせており、その太さは先に行くに従って細っているし、すぐそばに根株も残って、証《あか》ししていた。じわじわと、無惨《むざん》だなあ、と思わされた。死の変相を語る、かつての木の姿である。そして、あわれもなにも持たない、生の姿だった。先に見た更新を、澄みきって自若《じじゃく》たる姿とするなら、これはまあなんと生々しい*1輪廻《りんね》の形か。これは確かに証拠としてはっきりしていた。私の望んだものである。でも、こういう無惨絵を見ようとは思いがけなかった。なにか目を伏せて避けていたい思いもあるし、かといって逃げたくもない。（中略）

私はまた聞いた。私の丈《たけ》より少し高いくらいの木をさして、これ何年くらいでしょうか、と。そう十七、八年、いやもう少しいってるかな。まあ、そんなにたってるのかしら。答えはなくて、山のひとは腰からなたをとると、無雑作な一刃《いちじん》で、その隣の同じくらいなのを伐《き》った。伐り口をみせて、数えてごらんなさいとほほえむ。その木はすでに倒木上の生存競争に落伍《らくご》して、途中で折れて、おぼつかなくなっていた。他のよき木の障《さわ》りになるものは、伐るのが森林保護のうちの一つの掟《おきて》だという。年輪はとてもこまかくて、私の目には数えること不可能だったが、若い人がやっぱり二十いくつあると数えた。私はまたきく、これ倒れて何年してますか。そうねえ、新しく生えたもののうち、一番大きいのが四十年くらいとして、その種が落ちる前に、

ガイド

● 文学的文章の主題

文学的文章における主題は、書き手が表現したかったこと、読み手に訴えたいことである。物語では、作者がある種の感動とともに読み手の心に残したいと考えるものであり、随筆では、筆者が読み手に共感してほしい、筆者の感動や感性、心の動きが主題となる。

● 物語の主題の読み取り①

物語における主題は、物語の世界でのできごとや人物の心情の変化をたどるうちに、読み手の心に湧《わ》いてくる思いや感情であるといえ、作者の意見として、文章中に言葉で直接表明されるものではない。したがって、論理的文章のようにキーワードとなる言葉や書き手の意見が端的に示されている部分などはない。しかし、作者が表現したい、読み手に感じてほしいと思うことがらの核心となる部分は、物語の流れの中で際立たせたり、丁寧に描写したり、盛り上がりを感じさせたりするように書かれていることが多い。その部分をさっと読み通されることを避け、さらにより印象づけるために、作者が工夫を凝《こ》らすためである。こう

すでに苔《こけ》がついていなければならないわけだから、そんな見当であなたが推定年数をつけてみませんか、森林の中の時間は、人のくらしの中の時計とは、大分ちがうでしょ、と淡々とおだやかな返事である。人のいのちは今伸びても六十年七十年、老木は倒れて外側こそ早くもろける[*2]が、芯《しん》までついえる[*3]のには、何年をこたえる[*4]か。亡骸《なきがら》をふみしだいて生きる若木も五十年やそこらでは、一人前に達せぬ子供だ。森はゆっくり巡るのだろうか、人があまりにも短命なのだろうか。①じれったくも思うし、のんびりと心のびるようでもあった。見まわせば、目がなれてきて、倒木更新とわかる一列が、あそこ此処《ここ》に探せた。

　倒木と同じ理屈で、折れたり伐《き》ったりした根株のうえにも、えぞは育っています。あれなどはその典型的なものですよ、と指された。それは斜面の、たぶん風倒の木の株だろうという、その上にすくっと一本、高く太く、たくましく立っていた。太根を何本も地におろして、みるからに万全堅固に立ち上っており、その脚の下にはっきりと腐朽古木の姿が残っていた。いわばここにいるこの現在の樹《き》は、今はこの古株を大切にし、いとおしんで、我が腹のもとに守っているような形である。たとえその何百年か以前には、容赦《ようしゃ》もなく古株をさいなんで、自分の養分にしたろうが、年を経たいまはこの木ある故《ゆえ》に、古株は残っていた。ついいましがた、生死輪廻の生々しい継目をみて、なにか後味さびしく掻《か》き乱されていた胸が、②この木をみて清水をのんだようにさわやかになった。さわってみた。この木もじっとりとぬれていた。いま迄《まで》のどの木の肌《はだ》より冷たい。古株もぬれにぬれていて、ふれれば触れたところがこなに砕けた。

　ふと今の木の、たくさんに伸びた太根の間に赤褐色の色がちらりとした。どこからか屈折して射《さ》し入るらしい外光で、ふと見えるらしい。そっと手をいれて探ったら、おやとおもった。ごくかすかではあるが温味のあるような気がしたからだが、たしかにあたたかかった。しかも外側のぬれた木肌からは全く考えられないことに、そこは乾いていた。林じゅうがぬれているのに、そこは乾いていた。古木の芯《しん》とおぼしい[*5]部分は、新しい木の根の下で、乾いて温味をもっていた。古木が温度をもつのか、新樹が寒気をさえぎるのか。この古い木、これはただ死んじゃいないんだ。この新しい木、これもただ生きているんじゃないんだ。生死の継目、輪廻の無惨《むざん》をみたって、なにもそうこだわることはない。あれもほんのいっ時のこと、そのあとこのぬくみがもたらされるのなら、ああそこをうっかり見落とさなくて、なんと仕合《しあ》わせだったこ

した、核心となるできごと・場面を読み落とさないように、物語の展開を把握していこう。

とか。このぬくみは自分の先行き一生のぬくみと信じよう、ときめる気になったら、感傷的にされて目がぬれた。木というものは、こんなふうに情感をもって生きているものなのだ。今度はよほど気を配らないと、木の秘めた感情はさぐれないぞ、ともおもった。風が少し出てきて、所々にはさまる広葉樹の黄色い、赤い葉を舞わせ、帰路の飾りにしてくれた。

（幸田文『木』）

*1　輪廻《りんね》＝生と死を繰り返すこと。
*2　もろける＝もろく崩れる。
*3　ついえる＝すっかりだめになる。
*4　こたえる＝持ちこたえる。
*5　おぼしい＝思われる。

問一　——線①「じれったくも〜心ののびるようでもあった」とあるが、これはどういうことに対する思いを述べたものか、答えなさい。

［　　　　］

問二　重要　——線②「この木をみて〜さわやかになった」とあるが、それはなぜか、五十字以内で答えなさい。

ガイド

● **物語の主題の読み取り②**

主題に深く関わる部分をとらえるためには、次のような部分に注意する。

① **できごとや登場人物の行動が大きく変化・展開する部分**

② **主人公となる人物や語り手の心情が変化する部分**

③ **主人公となる人物や語り手が心情をくわしく語っている部分**

100ページで見たように、物語の主題の核心は、読み手が立ち止まって考えたり、感動したりするような工夫がなされていることが多い。いわゆる「山場」「クライマックス」と呼ばれるような部分に、何らかの主題が込められていると考えてよい。

また、物語は登場人物、特に主人公の身に起こったできごとを中心に展開される。これを受けて、主人公に起こる変化そのものを主題とする物語も多い。さらに、そのときの心情（の変化）を語る際、作者の表現したいこと、訴えたいことをいわば代弁するかのような場合がある。②③の部分にも注意することが必要なのはこうした点からである。

● **表題**

物語の表題はその作品全体を象徴し、かつ読み手の興味をひくようにつけられる。論理的文章ほど、内容・論旨に忠実であることは少ないが、『友情』『初恋』『戦争と平

問三 重要 〰〰線「あわれもなにも持たない、生の姿」とあるが、筆者のこの見方が最終段落ではどのように変わったか、最も的確に表している部分を、十五字以内で抜き出して答えなさい。

問四 本文の表現上の特徴を述べたものとして適当なものを、次の**ア**～**エ**から一つ選び、記号で答えなさい。［　　］

ア 倒木更新という無惨《むざん》ないのちの現実を、感情を抑えた表現で客観的に描写している。

イ 倒置法を巧みに用いることで緊張感を高め、倒木に対する痛切な気持ちを強調している。

ウ 木を擬人化しながら、倒木更新に見出したいのちへの思いを共感をもって表現している。

エ 森で発見した生命の神秘に対する驚きを、体言止めを用いて感動的に描いている。

和』など、主題を表題にすることもあり、主題を探るヒントとなることもある。

30 【心情の読み取り・主題の読み取り】

次の文章を読んで、あとの問いに答えなさい。

〔小学校の頃《ころ》、福岡に住んでいた「僕」はガキ大将で、毎日近所の子供を連れて遊び回っていた。なわばり意識が強く、裏山に作った基地に集まっては、攻めてくるかもしれない敵を想定して、毎日のように石投げの訓練を積んでいた。〕

翌日も彼は同じ時刻にそこを通過していった。やはり肩から吊《つ》るしたたすきに新聞を山盛り入れて、彼は一軒一軒にそれを放《ほ》り込んでいくのだ。僕はその姿に何か心を動かされていたのだが、①沢山《たくさん》の子分たちの前で彼を褒めるわけにもいかず、つい心にもない行動をとってしまうのである。

そう、僕は彼目掛けて石を投げつけたのだ。

「皆、あいつは敵たい。敵のスパイに間違いないったい」

小さな子供たちは僕のいうことをすぐに信じて、同じように彼目掛けて石を投げつけはじめたのだ。新聞少年は投石に気がつき、立ち止まると僕らのほうを＊1一瞥《いちべつ》した。しかし、石を避けようともせずじっと僕らのほうを睨《にら》みつけるのだった。②幾《いく》つかの石が彼の足にあたったが、彼は逃げようとはしなかった。

「やめ」

それに気づいた僕はちびっこたちに石投げをやめさせた。子供たちは石を投げるのをやめ、僕の次の命令を待っていた。僕と新聞少年はそのとき初めて＊2対峙《たいじ》して睨みあった。鋭い目をした強そうな男だった。僕たちが黙っているとまもなく彼は走りだすのである。

それからもときどき僕らは彼を見つけては威嚇《いかく》攻撃をした。そのたびに彼は立ち止まりじっと僕らを見すえるのだった。③その目は鋭くかつて見たことのない動物的なものだった。

新聞配達という行為が悪いことではなく、むしろりっぱなことであることはあの頃の僕でもちゃんと理解はしていたつもりであった。僕だけじゃなく、弟やちびっこたちもちゃんと知っていたはずだ。なのに僕が彼に石を投げたのは、多分彼の存在が気になっていたからなのだろう。新聞を少年が配達するということが一体どういうことなのか、僕はすごく興味があったのだ。

ガイド

● 随筆の主題の読み取り

随筆は、筆者の見聞きしたことや経験を元に書かれている。文章中で行動するのも、それを語るのも筆者であることが多い。したがって、語り手＝筆者の感動や心の動き、考えを述べた部分を丁寧におうことで、筆者の表現したいこと、訴えたいことがつかめる。

● 随筆の表現

随筆は「筆のおもむくまま」と言う意味であり、論理的に順序立てて説くことを必要としない文章である。思いの向くままに書かれた文章であるが、読解においては、できごとの時間的な関係や因果関係をはっきりさせなくてはならない。また、筆者独自の感覚や考え方が背景にあり、それを表現するために独特な表現がなされることもある。文章の背景にある筆者の独自の感覚や考え方をおさえ、これを表現するための独特な表現の内容を的確に読み取ることが必要とされる。

物語で、主人公が中学生であれば、中学生としての心情を想像することはたやすいだろう。一方、随筆の書き手はほぼすべて大人であり、日常の常識的なものとは異なる経験や感じ方・考え方を紹介する内容のものもある。筆者なりの感覚や論理にもとづいて、心情を読み取るようにしよう。

それから少しして、僕らが社宅の門のところでたむろして遊んでいると、彼が突然門の中へ走り込んできたのである。がっちりとした身体《からだ》をしていて、僕より五センチは背が高かった。僕は直《す》ぐに彼と目が合い、睨《にら》み合ってしまった。そのとき、ちびっこの一人がいつもの調子で彼に向かって石を投げつけてしまったのである。石はそれほどスピードはなかったのだが、少年の額にあたってしまった。そして少年はそのときはじめて僕らに抗議をしたのである。

「何で石ば投げるとや。俺《おれ》がなんかしたとかね」

身構えるちびっこたちを僕は慌《あわ》てて制した。そして少し考えてから聞き返した。

「[*3]なんばしよっとね」

僕は新聞のつまったたすきを指さして聞いてみた。

「新聞配達にきまっとろうが」

「そうやなか、なんで新聞ばくばりよっとか知りたかったい」

僕は彼にぐいと睨みつけられて怯《ひる》みそうだったが、ちびっこたちに示しがつかないのでじっと堪《こら》えていたのである。

「なんでって、お金んためにきまっとろうが。お金ば稼いで、家にいれるったい。うちはお前らんとこみたいに裕福やなかけんな」

「ゆうふく?」

弟が横から口を出してきた。

「ああ、うちは貧乏やけん、長男の俺が働いてお金ば稼がんとならんとよ。お前らみたいに遊んでるわけにはいかんっちゃ」

彼のその言葉は僕の胸にびんびんと響いた。自分のことを貧乏といいきる彼がなぜか自分たちとは違う大人に見えたのだ。

「わるいけどな、これからは俺の配達のじゃまばせんどいてくれんね。もし、邪魔するようだったら、こっちも生活がかかってるけんだまっちゃおかんばい」

彼はそう言うと石を投げつけたちびっこを押しのけて新聞を配りはじめるのだった。

④僕は何故《なぜ》かいいようのないショックで、それから数日考え込んでしまった。僕は昔から考え込むタイプだったようだ。あのとき僕は新聞配達の少年を実は心の何処《どこ》かで尊敬していたのだ

と思う。自分を彼に投影しはじめていたのだ。

それから数日して僕は社宅の門のところで彼を待ち伏せすることになる。子分たちは引き連れず、僕ひとりであった。そして夕方、いつもの時間に彼は新聞を抱えて走り込んできたのである。

「よう」

彼は僕を見つけると、そう声をかけてきた。

「今日はぞろぞろいないのか、子分たちは」

僕は大きく頷《うなず》いた。

「今日はちょっとさし*4で話があるったい」

「なんね」

新聞少年は眉間《みけん》をぎゅっと引き締めて僕の顔をまじまじと覗《のぞ》き込んだ。僕は唾《つば》を呑《の》み込んだ。

「実はあれから真剣にかんがえたっちゃけど。俺《おれ》も新聞配達をやらしてくれんかとおもうてさ」

⑤新聞少年の顔がほころんだ。

「君がや」

僕は真剣な顔つきで頷いた。

「だめやろか」

新聞少年は首を振る。

「いいや、でもお前が考えているよりずっと大変なことたい。そんでも途中で投げ出さんで続ける自信があるっちゅうなら、話をつけてやってもよかたい。ただな、いい加減な気持ちでやるとやったら、俺がゆるさんけんね」

⑥僕は彼にはじめて微笑《ほほえ》んだのである。

（辻仁成『そこに僕はいた』）

＊1　一瞥《いちべつ》＝ちょっと見ること。
＊2　対峙《たいじ》＝向かい合って対立すること。
＊3　なんばしよっとね＝「何をするのですか？」という意味の方言。
＊4　さし＝他を交じえず二人だけ。

ガイド

● 高校入試における文学的文章の主題

高校入試の文学的文章において、比較的人気の高い作品は、やはり、受験生に年齢の近い小中学生が主人公となる作品である。その上で次のような主題の作品が多い。

① **非日常的なできごとが起こり家族（とくに親）や友人との関係を見直す**
② **部活動やスポーツに打ち込む中で友情や努力する意味を再発見する**
③ **学校以外の別の世界や人物と出会い、新しい価値観に気づく**
④ **置かれた環境に対する違和感が、あるできごとをきっかけになくなり、生の充実感をとりもどす**

以上、非常に大ざっぱでこの四つに尽きるものではないが、この年代特有の心の揺れや成長を描いた作品とまとめることができる。

随筆では、
① **旅先などで、今まで知らなかった何か（人物）と出会い、感動したり、考えを巡らしたりする**
② **自分の子ども時代を回想し、今の時代と比較する**
といった内容の文章の出題が多い。

問一 ——線①「沢山《たくさん》の～とってしまうのである」とあるが、その理由として適当なものを、次のア～オから一つ選び、記号で答えなさい。［　　］

ア 恥ずかしかったから。　イ 思いがけなかったから。　ウ 油断していたから。

エ 体面を気にしていたから。　オ 誇らしかったから。

問二 ——線②「幾《いく》つかの～逃げようとはしなかった」とあるが、その理由として適当なものを、次のア～オから一つ選び、記号で答えなさい。［　　］

ア 自分への投石攻撃に激しい怒りがこみあげてきて、やりかえしてやろうと思ったから。

イ 自分に思いがけないことが起こって、すぐには身動きがとれなくなってしまったから。

ウ 自分はやましいことも間違ったこともまったくしていないので、逃げる必要がないから。

エ 自分が生活のために新聞配達をしていることを「僕」たちにわかってもらいたかったから。

オ 自分が敵のスパイであるはずがないので、その疑いを「僕」たちに晴らしたかったから。

問三 ——線③「その目は～動物的なものだった」からわかる「新聞少年」の気持ちとして適当なものを、次のア～オから一つ選び、記号で答えなさい。［　　］

ア いつまでもまとわりついてくる相手にこれ以上かかわりたくない気持ち。

イ 新聞配達が遅れてしまうことがとても気になってしかたがない気持ち。

ウ 自分の行動範囲にたむろする少年たちをうっとうしく思う気持ち。

エ あまりに強く石を投げられて、生命の危険を感じておびえる気持ち。

オ 自分の守るべき生活をおびやかされそうになり腹立たしい気持ち。

問四 重要 ——線④「何故《なぜ》か～考え込んでしまった」とあるが、「僕」の考えた内容として適当なものを、次のア～オから一つ選び、記号で答えなさい。［　　］

ア 少年に子供あつかいされた悔しさで、どうしたら新聞配達の少年のような大人になれるかということ。

イ 子分たちの前で少年に恥をかかされたので、自分の名誉を回復させるにはどうしたらよいかということ。

ウ　投石をして少年に心ないことをしたことを責めて、どうしたら相手に許してもらえるかということ。

エ　遊んでいる自分と新聞少年はあまりにも違うことを知り、どうしたら彼のようになれるかということ。

オ　少年の行動があまりにも立派だったので、今後、彼に嫌われないためには何をするべきかということ。

問五　——線⑤「新聞少年の顔がほころんだ」とあるが、このときの「新聞少年」の気持ちとして適当なものを、次のア～オから一つ選び、記号で答えなさい。　〔　　〕

ア　相手が自分の生活に深くかかわろうとしていることを、迷惑に思う気持ち。

イ　相手が自分のことを理解し、関心を持っていることをうれしく思う気持ち。

ウ　相手の生活をこれから手助けすることができるので、誇らしく思う気持ち。

エ　相手と心が通うと思っていたのに、考えていることがわからずとまどう気持ち。

オ　相手と自分の心が互いにわかりあえて、かえって気恥ずかしくなる気持ち。

問六 重要 ——線⑥「僕は彼にはじめて微笑《ほほえ》んだのである」とあるが、その理由として適当なものを、次のア～オから一つ選び、記号で答えなさい。　〔　　〕

ア　彼が自分に対してうわべでなく本気になってくれたのでうれしかったから。

イ　彼が悩みを聞いてくれたので、自分が素直になれたことがうれしかったから。

ウ　彼が自分が石を投げてしまったことを許してくれたのでうれしかったから。

エ　彼が新聞配達をさせてくれるので、お金を稼げることがうれしかったから。

オ　彼が納得してくれたので、嫌な気持ちにならずにすんでうれしかったから。

最高水準問題

解答 別冊 p. 24

31 次の文章を読んで、あとの問いに答えなさい。　（宮城・東北学院高）

「低いな。水も浅くて、薬のへんな味がする」

あの豪快な演技のあとで飛沫《しぶき》のもらした一言をきいたとき、胸をえぐる敗北感を覚えたのは知季《ともき》一人ではないはずだ。要一《よういち》も、レイジも、陵《りょう》も、新しいライバルが予想以上の強者であったことへのショックを隠そうとしなかった。結果、この日の練習は皆不調で、凡ミスが多く、へんに力んだり気がぬけていたりの連続となった。知季は要一がこんなにも乱れる姿をひさびさに見た。

ひさびさといえばこの帰り、あいかわらず沈黙だらけの車内で、知季はひさびさに陵の声をきいた。

「上には上がいるもんだよな」

まるでひとり言のようだった。しかも、ききようによっては①知季へのいやみとも受けとれる。が、知季はそうは受けとらず、本当に世の中、上には上がいるもんだと感慨深く思った。

要一と飛沫。二人の飛込みは今のところどちらが上なのか、そんなことは知季にもわからない。演技の美しさや正確さ、技術の高さでは要一のほうが圧倒的に勝っているだろう。けれど、飛沫には要一にはないパワーと個性がある。要一に長年のキャリアがあるとすれば、飛沫には底知れぬ可能性がある。どちらにしても、自分はまだまだ比べものにならないほど下にいるのだ。そう思うと、知季の胸は②無力感とともにへんな安堵感《あんどかん》にひたされた。

窓の外は細い雨。高層ビルのネオンが濡《ぬ》れてにじんで美しくゆがんでいる。最近は半乾きの髪で外へでてもさほど冷たくなくなったから、どうやら知季が水の中にいるあいだにもちゃんと春は訪れているらしい。カーラジオから流れる昔の歌謡曲にうとうとしながら、そういえばぼくはもう中学二年生なんだな、と知季はぼんやり思った。

毎朝の自主トレ。学校。放課後の練習。自主トレ。学校。放課後の練習……。新学期になってからはずっとこのくりかえしで、時計はしょっちゅう見ているわりにカレンダーはめくる余裕もない日々が続いている。飛込みが頭の大半を占めている今、犠牲《ぎせい》になるのはつねに勉強と睡眠時間で、知季はこのところ一日中うとうとしている。そういえば最近、連絡のない未羽《みう》も犠牲のひとつかもしれない。

「なんでおまえがむかつくか、わかるか？」

睡魔にさらわれかけた知季の耳もとで、そのとき、再び陵の声がした。

「おれがおまえの何に腹を立ててると思う？」

今度のはひとり言じゃない、知季は陵の言う意味を考え、あいまいに首をかたむけた。

「それだ、その小犬みたいな目だ。おれはおまえのその無心そうなところがむかつくんだよ。飛込みが好きで、楽しんで飛んでて、試合の結果は二の次でいい……みたいなさ。そういうスポーツマンらしからぬ態度が気に入らねえんだ」

知季に顔もむけず、窓ガラスをつたう雨だれをにらみながら陵が言う。

何がおかしかったのか、運転席でハンドルをにぎる知季の母親の恵《めぐみ》がくっと笑いを噛《か》み殺した。

「スポーツマン……らしからぬ？」

「おまえ、まさかスポーツマンがさわやかだなんて、マジで思ってんじゃねえだろうな。あんなの嘘《うそ》だよ、大嘘だよ。スポーツマンなんてみんな強欲で、ジコチューで、いつも一番でなきゃ気がすまないんだ。だからみんながライバルに見えるし、嫉妬《しっと》もする。もやもやしたもんをいっぱい抱えてる」

　知季は小さくうなずいた。
　③桜の花と、ゆがんだ木。
「要一《よういち》くんなんてさ」と、陵は勢いづいてきた。「要一くんなんて小学生のころ、熱があるのに試合に出場して、生まれて初めて負けて、怒って泣いて海パン脱いでダイビングプールに投げ捨てて帰ったんだぜ。何に当たればいいかわかんなくて、つい海パン脱いじゃったんだろうな。今の要一くんじゃ考えらんないけど、おれ、あのとき初めて要一くんのこと好きになったよ」

「うん、おれも憶《おぼ》えてる。あの海パン事件」

「要一くんでも負けるとこうなるんだって、それがわかってほっとしたんだよ。でも、トモにはそれがないじゃん。トモはおれのこと、べつにライバルとも思ってないし、勝っても負けてもどうでもいいって顔してる。そんなやつにだけはおれ、負けたくねえんだよ」

　陵は怒り声で言い、「でも」と④いまいましげにつけたした。

「でも、テレビや漫画じゃ、いつも最後に勝つのはトモみたいな無欲のアホ面なんだよな」

　知季は返す言葉につまってうつむいた。闘志が足りない、と責められるのは初めてのことじゃない。似たような文句は夏陽子《かよこ》にもさんざん言われてきた。あなたには気迫が足りないのよ。なにがなんでも勝とうっていう意気込みが！

「ライバルとか、嫉妬とか、闘志とかさ」

　陵を家の前で降ろしたあと、二人きりになった車内で知季は恵《めぐみ》にぼやいてみた。

「そんなのがなきゃ勝てないなんて、なんか、せちがらいと思わない？」

「さあ、どうかしらね」

　恵はくすくす笑っている。

「そんなのなくても勝てるんなら、なくて勝ちたいよね」

「そうね。それが理想的ね」

「でも、それってむかつく？」

　知季がきくと、バックミラーに映る恵の笑いじわがさらに深まった。

「いいえ、私からすれば理想的な息子よ」

「ふーん」

　知季は急に⑤しらけてため息を吐きだした。母親から理想的な息子なんどと言われてしまう男は、はたから見ればたしかにむかつくんだろうと、陵の気持ちが少しだけわかった。


（森絵都『DIVE《ダイブ》!!』）

問一　――線①「知季へのいやみとも受けとれる」とあるが、どのような点が「いやみ」なのか。次の**ア**～**オ**から一つ選び、記号で答えなさい。［　　］

ア　飛沫の演技に才能を認め、要一よりも飛沫のほうがすごいと言いたげな点。

イ　飛沫の演技に負けを認め、知季も飛込みをやめたらどうだと言いたげな点。

ウ　飛沫の演技を見たが要一にはまだ及ばないと思い、今後も彼を目標にすべきだと言いたげな点。

エ　飛沫の演技を見てかなわないと思ったが、知季もたいしたことないと言いたげな点。

オ　飛沫の演技に敗北感を覚える知季とは異なり、知季よりも上手な自分は大丈夫だと言いたげな点。

問二　――線②「無力感とともにへんな安堵感にひたされた」とあるが、ここでの「無力感」、「安堵感」の具体的な内容をそれぞれ答えなさい。

無力感

安堵感

問三 ——線③「桜の花と、ゆがんだ木」とあるが、「桜の花」と「ゆがんだ木」が表すものの組み合わせとして適当なものを、次の**ア**～**オ**から一つ選び、記号で答えなさい。［　］

ア 春という季節の心地よさと、冬の季節の厳しさ。
イ 飛込みを楽しんでいる知季と、その態度が気に入らない陵。
ウ 豪快な演技を披露する飛沫と、その姿に敗北感を覚える知季たち。
エ 陵の飛込みに対する自信と、言葉では表現できないほどの不安。
オ スポーツマンのさわやかに見える表面的な部分と、もやもやした内面。

問四 ——線④「いまいましげに」とあるが、この時の「陵」の心情を説明しなさい。

問五 ——線⑤「しらけてため息を吐きだした」とあるが、その理由を説明した次の文の A ～ C に入る語を、本文より抜き出して答えなさい。

A にこだわることなく試合を楽しみながらも B ことができる選手は、C にとって非の打ちどころのない息子になっていることに気づいたから。

A

B

C

解答の方針

問二 「知季」の性格から考える。
問四・五 内容を説明する問題では、まず、主語を確かめ、その主語に沿って説明を探すようにすること。

32　次の文章を読んで、あとの問いに答えなさい。

（大阪教育大附高平野）

＊1鳥獣戯画《ちょうじゅうぎが》という素敵《すてき》な絵を社会科の教科書で見たことがあります。先生が黒板に私の名前を書いています。きしきしと音がして、私の名前は、もう既《すで》に、先生のはくぼくに踏みにじられました。指定された上履《うわば》きを、まだ用意していなかったので、私は学校に来るお客さんが履くスリッパを履かされています。私は、本当はスリッパの中のばい菌《きん》が恐《こわ》い。それればかりを気にして、下を向いて、足をもぞもぞとさせていると、先生は、①幸福な思い違いをして、やさしく私の背筋を撫《な》でてくれます。私は不思議な気持ちの良さが体じゅうを走るのを感じます。鳥肌《とりはだ》がふつふつとたってきて、泣き声をあげなくてはと思い、ようやく前を向きます。教壇の上は、とても見はらしが良い。私は、新しいお友だちの顔をぼんやりと見下ろします。その時、私は、突然、耳が聞こえなくなります。皆、笑ったり、つつき合ったりしているのでしょう。口を誰《だれ》もが、ぱくぱくと動かしていて、おなかをすかせた雛鳥《ひなどり》のように見えます。

五年三組の新しいお友だちです。本宮杏《もとみやあん》さんと、みんな仲良くしてあげてください。先生は私のことを皆にお願いします。本当は、先生は私に皆のことをお願いするべきではないのかな。私には、こんなに大勢の人々の中からお友だちを選べるのですから。けれど、皆には、そんな楽しみがないのです。私を受け入れるか拒否をするか、その二つの楽しみしかないのです。

もとみやあん、もとみやあん。誰もが、唇《くちびる》を私の名前に形作っています。今にも大合唱が聞こえてきそう。けれど、私は、ぼんやりとそこに立ち尽くしているだけです。私は、この人たちを嫌っていないのだから、皆、私のことも嫌いにならないといいなあ、と漠然と考えています。私は、嫌われないことが一番好きです。それが、とても楽なことだと思うからです。私は、私と同じ年齢の子たちに好かれるのが、とても面倒臭い。でも、嫌われるのはもっと嫌です。学校の生活がうまく運ばなくなりますから。学校での生活は眠る時間より長いのです。私ぐらいの年齢の子にとっては、一番、時間をかけていることが人生です。病気の子はベッドの中がその人の人生なのでしょうが、健康な私は、学校を人生にするしかないのです。

窓際の一番後ろに座ってちょうだいね、本宮さん。先生は、ポンと私の背中を叩《たた》きます。私は②押し出されたシャボン玉のように、教壇を降りなくてはなりません。スリッパが脱げそうです。私は、足の親指を丸めて、それを防ぎながら床に降ります。弾みをつけて、教壇から飛び降りるのです。ぱん！　と床は鳴ります。その途端に、私の耳は、よく聞こえるようになります。

あんって変な名前だよね。かわいいじゃん。勉強できっかなあ。お友だちの声が一斉に私の耳に飛び込んで来るようになるのです。その瞬間、私は③自分が、ああ、学校のものになった、と思い途方に暮れるのです。

私が新しい学校生活に出会うのは、いつも春ではありません。学年の始まる春は、誰もが私と同じ立場なので、私には少しも新しい気持ちが起きません。私は、自分を特別だと感じません。特別でない自分を、いったい人はいつくしむことが出来るものでしょうか。

さいわいにして、私の父は転勤の非常に多い仕事に就《つ》いていたので、私は自分が他の大勢の子供たちと違うことを早くから知りました。自分と他人との区別をあっさりとつけてしまうことを学んだのです。

私が新しい学校に移るのは夏の終わりのことが多かったようです。一学期が終わり、私は教室の皆にさよならを言います。そして、うっすらと汚れた上履きを持って家に帰ります。これを洗って、また学校に戻るという面倒のないことが私を少し幸せな気分にします。時々、泣くお友だちもいて、私を驚かせます。私は別れを悲しませる程のことを彼女たちにしてこなかったのに。私は、思うのですが、気持ちは少し解《わか》ります。私といつも一緒におトイレにいっていた女の子は、ひとりでいかなくてはならなくなるのです。このことは、考えようによっては両親を亡《な》くした時くらいに困ることなのです。手紙書くからね、絶対お返事ちょうだいね。私は、その子の言葉にうん、うん、と頷《うなず》きます。でも、私は、手紙なんてこないことを知っています。その子の日常生活に、もう私は組み込まれていないからです。④友だちというのは、日常生活なのです。遠く離れたところまで、わざわざ用を足しに行く人など、どこにいるものですか。

　夏休みの間に私と私の家族はよその土地に引っ越します。父や母は何やかやと雑用に忙しくしていますが、それが私にまでまわってくることはありません。私は、この時、人生とは何の関係もない純粋な悦楽を味わう時間を持つことが出来るのです。私の夏休みは、何ものにも付属していません。ぽっかりと開いた空間です。私は、幸福です。前の学校の宿題もありません。新しい学校から、何をしておけと命令されることもありません。あの何の役にも立たない夏休みの図画工作に手を煩《わずら》わせることもありません。

　私は蟬《せみ》の声を聞いて毎日を過ごします。都会から田舎《いなか》に引っ越した時は、とくに自分の体が敏感になっていくのを感じます。私は、ひとりで、野原などを歩きます。そうすると、あまりの暑さに目の前は暗くなる。草や木から、音も立てずに湯気が立ちのぼっているのを感じます。そうして、色々な緑が私を見詰めるのです。それらは、私を小さな者だと思っているようです。私は思わず立ちすくんでしまいます。蟬の声は私の汗をせかします。太陽は、たったひとつの黒い点である私の頭を焦《こ》がします。すべてが、ちっぽけな私に向かってくるように感じます。

　空を青いと決めたのは誰でしょう。じっとりとした草木が私に寄り添う中で、⑤私の天井は真《ま》っ赤《か》です。私は、自分よりも、まわりの動かない物たちの方が、はるかに生きていると感じます。私は自分を何もないように感じます。私は汗をかいていますが、それが一体何でしょう。草の汁の味の方が、ずっと強いのです。暑さの中で呆然《ぼうぜん》とたたずむ私に影法師はありません。私の父や母や姉や家や成績も、もう、この世界にはないのです。じんわりと新しい汗は滲《にじ》みます。新しいからと言ったって新鮮なわけでは決して、ない。私は、この時、明らかに草や木に殺されているのです。

　ふらふらと私は歩き続けて、溜池《ためいけ》のはしに座り込んだり、橋の欄干《らんかん》にもたれかかったりしながら、ようやく自分を取り戻して、昼さがりの墓地を優雅に通り抜けて、家に戻ります。

「まったく、もう！　自分の部屋は自分で片付けなさいよね」

「駄目よ、ママ、この子は放浪癖あんのよ。私、杏が橋のむこうの林のあたり、ふらふらしてたの見たことあるもの」

「あそこ、人さらい出るわよ。ひとりでうろついたら駄目よ」

　母や姉の無頓着《むとんちゃく》さは、私を涙ぐませる程です。彼女たちは、私が、つい先程まで、恐怖と恍惚《こうこつ》*2とで記憶すら失ってしまっていたのを、まったく知らないのです。ああ、生き返った。私は溜息《ためいき》をつきます。家具の配置や食事の心配で声を荒だてている母と姉を見て、私は安堵《あんど》します。そして、ぐうたらだと姉にののしられながら、床に転がって、ごろりと昼寝をしてしまうのです。

　そんなふうに私は新学期までの日々を過ごします。私はつかの間の無邪気を楽しみながら、孤独を味わい尽くします。そして、時には、木や草の中を歩きまわり、すすきで足の皮膚を切り、唾《つば》を塗った血止め草で傷口に蓋《ふた》をして、蟬の音色が変わるのに気付き、膝《ひざ》を抱えて秋が始まりつつあるのを嘆くのです。

（山田詠美『風葬の教室』）

＊1　鳥獣戯画《ちょうじゅうぎが》＝京都の高山寺に伝わる絵巻。猿・兎《うさぎ》・蛙《かえる》などの遊びを、擬人的に描く。
＊2　恍惚《こうこつ》＝心をうばわれて、うっとりすること。

問一　——線①「幸福な思い違い」とあるが、どのようなものか。三十五字以上、四十五字以内で答えなさい。

問二　——線②「押し出されたシャボン玉のように」とあるが、これはどのような心情を表したものか、説明しなさい。

問三　——線③「自分が、ああ、学校のものになった」とあるが、「学校のものになる」ことの説明として適当なものを、次の**ア**～**オ**から一つ選び、記号で答えなさい。［　］

ア　その学校の児童たちにとって、特別な存在にならざるを得ないということ。
イ　その学校の児童たちから、さまざまに批評される対象となるということ。
ウ　その学校の児童たちの作り上げたルールに、従うことになるということ。
エ　その学校の児童たちのきまぐれな思いに、ふりまわされるようになるということ。
オ　その学校の児童たちに加わることで、新しい生活が始まるということ。

問四　——線④「友だちというのは、日常生活なのです」とあるが、どういうことか。その説明として適当なものを、次の**ア**～**オ**から選び、記号で答えなさい。［　］

ア　会えなくなっても、何の不都合もない、どうでもいい存在であるということ。
イ　離ればなれになって初めて、その大切さを思い知らされるということ。
ウ　互いに遠く離れてしまえば、心を通じ合わせることに困難を感じるということ。
エ　いつも近くにいる者同士でなければ、友だちにはなれないということ。
オ　友だちがそばにいなくては、日々の生活が楽しいものにはならないということ。

問五　——線⑤「私の天井は真っ赤《まか》です」とあるが、そのように感じることと関連のある一文を、これより後の部分から探し、その最初の五字を抜き出して答えなさい。

33 次の文章を読んで、あとの問いに答えなさい。

（東京・國學院高）

これは私が小学三四年のころの話である。

私の家からその小学校へ通う道筋にあたって、常泉寺《じょうせんじ》という、かなり大きな、古い寺があった。非常に奥ゆきの深い寺で、その正門から奥の門まで約三四町*1ほどの間、石甃《いしだたみ》が長々と続いていた。そしてその石甃の両側には、それに沿うて、かなり広い空地が、往来から茨垣に仕切られながら、細長く横たわっていた。その空地は子供たちの好《よ》い遊び場になっていた。そしてその空地で遊んでいる分には、誰も叱られなかったが、若《も》し私たちがその奥の門から更に寺の境内に侵入して、其処《そこ》のいつも箒目《ほうきめ》の見えるほど綺麗《きれい》に掃除されている松の木の周りや、鐘楼の中、墓地の間などを荒し廻《まわ》っているところを寺の爺《じいや》にでも見つかろうものなら、私たちはたちまち追い出されてしまうのだった。*2疳癖《かんぺき》らしかった爺の一人なんぞは、手にしていた竹箒を私たちに投げつけることさえあった。だが、そうなると一層その寺の境内や墓地を荒すことが面白いことのように思われ、私たちは爺に見つかるのを恐れながら、それでも決してその中へ侵入することを止《や》めなかった。その寺には爺が二人いた。一人は正門の横で線香や*3樒《しきみ》などを売って居《お》り、もう一人はよく竹箒を手にして境内や墓地の中を掃除していた。私たちは彼等《ら》を顔色から「赤鬼」「青鬼」と呼んでいた。

たしか秋の学期のはじまった最初の日だったと思う。学校の帰り途《みち》、五六人でその夏の思い出話などをしながら一しょに来ると、そのうちの一人が数日前に常泉寺の裏を抜ける、まだ誰も知らなかった抜け道をみつけたといって得意そうに話した。①そこで私たちはすぐそのまま、一人の異議もなく、その抜け道を通ってみることにした。

そのころ常泉寺の裏手にあたって、小さな尼寺があった。円通庵《えんつうあん》とか云《い》った。丁度その尼寺の筋向うに、ちょっと通り抜けられそうもない路地があったが、その中へ私たちの小案内者が、［ A ］得意そうに入って行くので、私たちもさも面白いことでもするようにその汚い路地の中へ入って行った。最初のうちは何《な》んだかゴミゴミした汚らしい小家の台所の前などを右へ折れたり左へ折れたりしていたが、そのうち半ばこわれかかった一つの*4柴折戸《しおりど》のあるのを先頭のものがそっと押して中へはいって行った。と、いままで何か言いあっていたものたちが、そのとき急に［ B ］話しやめた。不意に意外な場所に出たものと見える。やっと自分の番になって、その中へはいって見ると、私たちの目の前には、いまにも崩れそうな小さな溝《みぞ》を隔てて、目のあらい竹垣の向うに、まだ見たこともないような怪奇な庭が横たわっていた。そこには無気味に感じられる恰好《かっこう》の巌石《がんせき》がそば立ち、緑青いろをした古い池があり、その池の端には松の木ばかりが何本も煙のように這《は》いまわっていた。そしてそれが常泉寺の奥の院の庭であるのを知った時、私たちは一層驚かずにはいられなかった。……②それから私たちは急にひっそりとなって、その崩れ落ちそうな溝づたいに一列にならんで歩き出したが、その道のもう一方の側はどうなっていたのか今はっきり思い出せない。そこまで来てしまうと、どっちを向いてても殆《ほと》んどさっきの人家らしいものが目に入らなかったようだが、ことによると私たちのまわりには私たちよりも丈高く雑草が生い茂っていたのか知れぬ。そう云えばそこいらが一面の薄《すすき》だったような気もする。

私たちは何時の間にかとんでもない場所へ来てしまったような不安な気持になって、お互《たがい》に無言のまま、おっかなびっくりそんな場所を歩き続けて行ったが、そのうち再び驚かされたのは、そんな寺の裏なんぞの、恐らく四方から墓ばかりに取り囲まれているであろうようなところに、一軒ぽつんと小さな家が見え始めたことだった。さっきの雑草もその小家のあたりだけは綺麗に取除かれ、その代りそこら一面に、その小家を殆《ほと》んど埋めるくらいにして、黄や白だのの見知らぬ花が美しく咲きみだれていた。その見なれない小家の前を私たちが［ C ］通り抜けようとしたとき、その家のなかの様子は少しも見えなかったけれど、私はふとその閉め切った障子の奥に誰かが居るような気配を感じ、その瞬間私にはその人が何んだか私の母をもうすこし若くしたくらいの年恰好《かっこう》の美しい婦人であるように思われてならないのだった。(が、今考えてみると、そういうようなすべては、その小家を埋めるようにしていた、それらに黄だの白だのの見知らぬ花々の微妙な影響に過ぎなかったのかもしれない。……)

その小家のあたりから、道は両側とも竹垣に挟まれながら、真直《まっすぐ》に寺の*5庫裡《くり》の方に通じているらしかった。その竹垣の一方はまださっきから見え隠れしている庭の続きであったが、もう一方はいつのまにか大小さまざまな墓の立ち並んだ墓地になっていた。私たちはその墓地の方へ抜け出ようとして、その竹垣を乗り越すのにいろいろな苦心をした。

私たちがそんな寺の裏の、いかにも秘密に充《み》ちたような抜け道(?)をたった一遍きりしか通ったことのないのは、その時まだその竹垣をみんなで乗り越してしまわないうちに、寺の爺たちに見つかって、［ X ］からだ。その時くらい爺《じいや》たちが私たちに向って腹を立てたことは今までにもなかった。爺たちは二人がかりで、何処までも私たちを追いかけてきた。――そのときは私たちも何んだか興奮して、墓と墓の間をまるで栗鼠《りす》のように逃げ廻りながら、口々に叫んでいた。

③「赤鬼やあい……青鬼やあい……」

(堀辰雄『墓畔の家』)

＊1　三四町＝一町は約109メートル。
＊2　疳癖＝激しやすく、怒りっぽい性質。
＊3　樒＝白い花を咲かせる常緑樹で、仏事のお供え物などとして使われる。
＊4　柴折戸＝折った木や竹の小枝を組んで作った簡素な押し開き戸。
＊5　庫裡＝住職やその家族などの住むところ。

問一　［ A ］～［ C ］に入る語として適当なものを、それぞれ次のア～オから一つ選び、記号で答えなさい。

ア　ずんずん　　イ　ばたばた　　ウ　ばったりと
エ　しっかりと　　オ　こっそり

A〔　　〕 B〔　　〕 C〔　　〕

問二　［ X ］に入る語句として適当なものを、次のア～オから一つ選び、記号で答えなさい。〔　　〕

ア　顔に泥を塗られた　　イ　肩の荷が下りた　　ウ　心配をかけた
エ　散々な目に遭った　　オ　後ろ髪を引かれた

問三　――線①「そこで私たちはすぐそのまま、一人の異議もなく、その抜け道を通ってみることにした」とあるが、これはなぜか。その理由として適当なものを、次のア～オから一つ選び、記号で答えなさい。〔　　〕

ア　爺たちが奥行きの深い寺である常泉寺の裏の抜け道を誇りに思っていたことを知った子どもたちは、敵である爺を出し抜く良い機会だと思ったから。

イ　普段から寺の境内に侵入して爺に追いかけられることを恐れながらも面白がっていた子どもたちにとって、より一層好奇心をくすぐられる事柄に思えたから。

ウ　子どもたちは空き地での遊びに飽き、爺との追いかけっこにもうんざりして、更なるスリルを求めてより危ない遊びをしようと決心したから。

エ 学校から一緒に帰っていた子どもたちの一人が、あまりにも得意げに常泉寺の裏庭の美しさを語るので、それを聞いた皆が感化されてしまったから。

オ 秋の学期のはじまった最初の日で、子どもたちは夏の思い出話に夢中になって気持ちが大きくなり、普段は恐れている爺を怒らせてみようと思ったから。

問四 ――線②「私たちは急にひっそりとなって」とあるが、この箇所の子どもたちの様子を説明したものとして適当なものを、次のア～オから一つ選び、記号で答えなさい。［　　］

ア 墓に取り囲まれていた一軒の小さな家を発見し、超自然の存在を感じとって驚いている様子。

イ 無気味で怪奇な庭が目の前に現れたが、その庭が常泉寺の奥の院の庭だったことに安心している様子。

ウ どうして先に入った者たちが突然黙ったのか理由がわからず、得体のしれない恐怖を感じている様子。

エ 目の前の無気味で怪奇な庭に驚き、思いがけない場所へ来てしまったことに不安を感じている様子。

オ 気味の悪い庭が目の前に広がったことで、爺たちとの苦い記憶を思い出し、焦りを感じている様子。

問五 本文の表現の特徴として適当なものを、次のア～エから一つ選び、記号で答えなさい。［　　］

ア「私」の視点から周囲の子どもたちや景色が客観的に描かれており、子どもたちの興奮とその様子を見守る「私」の冷静な心境が明確に対比されている。

イ「小学三四年のころ」「五六人」や「～だったような気もする」などの曖昧な表現を多用することで、子どもたちが見た怪しげで無気味な景色の衝撃の大きさが強調されている。

ウ「私」の少年時代の体験を回想する文章の中で、「不意に意外な場所に出たものと見える」という箇所は、当時の「私」の視点から表現されることで、臨場感が与えられている。

エ 登場人物たちの心情描写を抑えて「黄や白だのの見知らぬ花が美しく咲きみだれていた」といった情景描写を多用することで、常泉寺周辺の景色の美しさが鮮やかに描写されている。

問六 難 「私たち」は――線③「赤鬼やあい……青鬼やあい……」と叫んでいるが、このときの「私たち」の心情はどのようなものだと思われるか、考えを述べなさい。

［　　　　　　　　　　］

解答の方針

問二 よく使われる慣用句の意味と使い方を頭に入れておく。

問四 選択肢の中に使われている心情を表す言葉に着目する。その言葉と本文の内容を照らし合わせていくようにする。

4 文学的文章の総合的読解

標準問題

解答 別冊 p.27

34 【心情の読み取り・表現の解釈】

次の文章を読んで、あとの問いに答えなさい。

目をさますとすでに誰《だれ》もいなかった。枕元《まくらもと》の時計は十時四十五分をさし、カーテンのすきまから、日ざしが玉子色の線を何本もおとしている。ひさしぶりの休日。

のそのそと起きて顔を洗い、寝巻のまま茶の間で朝刊に目を通す。静かな、よく晴れた日曜日。濡《ぬ》れ縁の向こう、庭の隅にコスモスが揺れている。子供たちがいないのはいつものことだが、女房までいないのはめずらしいことだった。二十歳になる長女と、今日はデパートに行っている。眠っている私の鼻先に、香水のぷんぷん匂《にお》う顔をつきだして、じゃあ行ってきますね、と言ったのは、九時だったのか十時だったのか。夕飯までには帰ります、と女房は言った。お昼は店屋物《てんやもの》でもとって下さいね。もしお作りになるならインスタントラーメンが白い戸棚《とだな》に、卵が冷蔵庫に入っています。あの時女房は金色のイヤリングをつけていた。イヤリングをつけた女房を見るのは、ひさしぶりのことだった。

スポーツ欄を漫然と眺めながら緑茶をいれる。十七歳になる長男は、日曜日に家にいたためしがない。つねに「友達んとこ」か、「友達とそのへん」である。それでもとりあえずぐれもせずに大きくなったようなので、まあ良かったことだと思う。友達を大切にしているらしいのもいい。

それにしてもしずかだ。新聞をめくる音が耳について仕方ない。こんなにしずかだと、嫌でも①陳腐《ちんぷ》な感傷が湧《わ》いてくる。子供たちが小さくて、私も女房も若かった頃《ころ》のこと、どこの家庭にもある、ありふれた思い出の断片。たまの休日、目をさますと、子供たちが電話口で謝っている声がきこえた。約束をキャンセルしているのだ。「ごめん。今日お父さんいるから」一応す

ガイド

● 出題の多い著者—論理的文章

高校入試の論理的文章の問題文として取り上げられることの多い著者と、その著書を一点挙げる。

五十音順に掲載。〈 〉内は大まかな専門テーマ、☆は本書で出題のある作家。

饗庭孝男《あえばたかお》〈文学・文化〉
『日本の隠遁《いんとん》者たち』
青木保《あおきたもつ》〈国際文化〉
『異文化理解』
池内了《いけうちさとる》〈科学〉
『科学の考え方・学び方』
池上嘉彦《いけがみよしひこ》〈言語〉
『英語の感覚・日本語の感覚』
池田晶子《いけだあきこ》〈哲学〉
『14歳からの哲学』
石原千秋《いしはらちあき》〈文学・読書〉
『未来形の読書術』
内田樹《うちだたつる》〈哲学・身体〉
『街場のメディア論』
☆内山節《うちやまたかし》〈哲学・環境〉
『日本人はなぜキツネにだまされなくなったのか』
梅原猛《うめはらたけし》〈文明・宗教〉
『〈森の思想〉が人類を救う』

まなそうな声をだしてはいたが、電話をきると勢いよく襖《ふすま》をあけ、期待と歓喜にみちた声をあげながら、寝室にとびこんできた。「お父さんっ。もう朝だよ」

やれやれ。この手の感傷にひたる趣味はなかったはずだ。第一、あの頃は内心あれほど切実に、誰《だれ》もいない休日を自分だけのためにすごしてみたい、と願っていたではないか。それが実現したまでのことだ。新聞をたたみ、緑茶をのみほすと②私は背中をのばし、よし、料理でもしよう、と思った。インスタントラーメンなんかじゃなく、もっときちんとした、料理らしい料理。これでも、独身時代には友達を招《よ》んで腕をふるったりしたものだ。中でも特製の焼きそばは評判がよく、*1ポン友の沢井など、金を払ってでも食いたいなどとうまいことを言っては週末のたびにおしかけてきた。

そうだ、あれを作ろう。鉄板でダイナミックに炒《いた》める海鮮焼きそば。じゅうじゅういう音とけむり、ソースのこげる匂《にお》い。俄然《がぜん》食欲がでてきた。

駅前のスーパーはほどほどに混《こ》んでいた。主婦たちのテリトリーであるこういう場所に、緑色のカゴを片手に闖入《ちんにゅう》するのは多少気がひけたが、それも初めのうちだった。もともと、こういう場所は嫌いじゃない。

それにしても品数の多さには目をみはる。私の独身時代の比ではない。野菜のコーナーには知らない外国野菜がいくつもあるし、スパイスや缶詰の棚《たな》など、本屋で本の背表紙を見るようで、ちょっとした興奮さえおぼえる。そして、冷凍食品の種類といったら――。女房もこういうものを便利に使っているのだろうか、と思うと、ふいに裏切られた気分になった。

何度も立ちどまってはあれこれ手にとって見ながら、ゆっくり通路を一巡する。カゴには焼きそばの玉と紋甲《もんごう》イカ、*2ブラックタイガーと白菜、きくらげとにんじんが入っている。ずいぶん時間をくってしまった、と思いながらいったんレジの列についたのだけれど、次の瞬間、レジの手前、乳製品のコーナーに目がすいよせられた。たちまち郷愁がおしよせる。

学生時代、初めてつきあった恋人の、好物だったびん入りヨーグルト。ずんぐりした小型のびんといい紙のフタといい、なんとなくくすんだガラスの表面といい、昔のままだ。整然と並んだ清潔な紙パック入り乳製品の中で、そこだけ三十年前のようだった。思わず一つカゴに入れ、私はわけもなくうしろめたい気持ちになりながら、足をはやめてレジに戻った。

☆大岡信《おおおかまこと》〈文学〉
『日本語の豊かな使い手になるために』
☆大野晋《おおのすすむ》〈言語〉
『日本語の教室』
加藤周一《かとうしゅういち》〈文化〉
『日本文化における時間と空間』
香山《かやま》リカ〈精神医学・社会〉
『10代のうちに考えておくこと』
河合隼雄《かわいはやお》〈心理〉
『こころの処方箋』
金田一春彦《きんだいちはるひこ》〈日本語〉
『ホンモノの日本語を話していますか?』
☆小浜逸郎《こはまいつお》〈哲学・社会〉
『人はなぜ働かなくてはならないのか』
小松和彦《こまつかずひこ》〈歴史・民俗〉
『妖怪学新考―妖怪から見る日本人の心』
☆齋藤孝《さいとうたかし》〈教育〉
『読書力』
鈴木孝夫《すずきたかお》〈言語〉
『日本語と外国語』
高槻成紀《たかつきせいき》〈環境〉
『野生動物と共存できるか―保全生態学入門―』
☆外山滋比古《とやましげひこ》〈言語・情報〉
『思考の整理学』
中西進《なかにしすすむ》〈文学〉
『日本人の忘れもの』

四年程前に家を改装して以来、台所に立つのは初めてのことだった。そのがらんとしたシステムキッチンとやらに立ち、私はたちまち途方に暮れた。まず蛇口（あれを蛇口と呼べればの話だが）のひねり方がわからないのだ。つるんとした丸いボタンは、一度上にひっぱりあげてからまわせば動くとわかるのに、二、三分を要した。まな板のしまい場所も調味料のありかもさっぱり見当がつかない。まるで忍者屋敷だ。きわめつけは鉄板で、何と床下に収納されていた。

まあいいさ、ぼちぼちやろう。私は冷蔵庫から缶ビールをだしてあけ、飲みながら材料を揃《そろ》えた。揃えた材料を茶の間に運び、鉄板に油をひいて腰をおろすと、庭のコスモスが午後の日をあびて、平和な顔で揺れている。

じゅうぶん熱された鉄板に灰緑色のエビをのせると、ぱちぱちと小気味いい音がして油がはね、片面がみるみる赤くなる。となりでそばを炒《いた》め、イカと野菜を加え、今だ、というタイミングをみはからってソースをまわしかける。ソースにすりつぶした鰹節《かつおぶし》とガーリックパウダーをまぜるのがミソで、すべてまぜた後に一分くらい待つのも大切である。時計はすでに三時近く、ソースの匂《にお》いが鼻を刺激して、私は申し分なく空腹になっていた。食後には、なつかしいヨーグルトが冷蔵庫で待っている。

いよいよできあがり、その熱々の焼きそばをたっぷり皿にとった瞬間、玄関で戸のあく音がした。続いて女房と娘の声。

「あー、くたびれた。日曜はどこも混《こ》んでいるわね」

最悪のタイミングだ。女どもはばたばたと茶の間に乱入して目をまるくする。

「まあ、何なさってるんです」

それにこのけむり、と言って女房は窓をあけた。

「いや、その」

たじろいでいる自分が、③我ながら情けなかった。気儘《きまま》な休日は突然その幕をおろす。

「どうだった。欲しいものは買えたのか」

「あ。ヨーグルト」

台所で娘の声がした。食べてもいい？　これ。

ガイド

長谷川櫂《はせがわかい》〈文学・文化〉
『和の思想―異質のものを共存させる力』
☆長谷川宏《はせがわひろし》〈哲学〉
『高校生のための哲学入門』
☆日髙敏隆《ひだかとしたか》〈動物〉
『人間はどこまで動物か』
正高信男《まさたかのぶお》〈文化〉
『考えないヒト』
茂木健一郎《もぎけんいちろう》〈脳科学〉
『ひらめき脳』
☆森岡正博《もりおかまさひろ》〈哲学・生命〉
『生命観を問いなおす―エコロジーから脳死まで』
☆森本哲郎《もりもとてつろう》〈日本語・文明〉
『日本語 表と裏』
森山卓郎《もりやまたくろう》〈日本語〉
『コミュニケーションの日本語』
山崎正和《やまざきまさかず》〈歴史・文明〉
『混沌《こんとん》からの表現』
☆養老孟司《ようろうたけし》〈脳科学・環境〉
『いちばん大事なこと―養老教授の環境論』
☆鷲田清一《わしだきよかず》〈哲学・身体〉
『感覚の幽《くら》い風景』

大学入試での人気作家とも重なっており、中学生には難解な著作もある。参考にとどめておき、手に取る機会があって、歯が立ちそうであれば、読んでみるのもよいだろう。

「勿論《もちろん》だよ。おあがり」
私は心とうらはらに、［ A ］そうこたえていた。

（江國香織「コスモスの咲く庭」）

＊1　ポン友＝ともだちのこと。
＊2　ブラックタイガー＝えびの一種。

問一　――線①「陳腐《ちんぷ》な感傷」とあるが、このようないい方をする理由として適当なものを、次の**ア**～**エ**から一つ選び、記号で答えなさい。〔　　〕

ア　新聞の音が気になるというのは普通の精神状態では考えられないことだから。
イ　子供たちに無理をさせていたことを今になって反省しているから。
ウ　だれでも思い浮かべるようなありふれた家族団らんを思い出してしまったから。
エ　妻が以前と違って着飾った様子をしていたことに不快感をもっているから。

問二　――線②「私は背中をのばし」とあるが、このときの主人公の気持ちとして適当なものを、次の**ア**～**エ**から一つ選び、記号で答えなさい。〔　　〕

ア　気持ちを切り替えて一人の自由な時間を満喫《まんきつ》しようと思っている。
イ　幸せだった過去を思い出すことで食欲がわいてきている。
ウ　毎日の忙しさの中で忘れていた家族の大切さを実感している。
エ　家族よりも仕事を優先してきた自分を反省している。

問三　重要　――線③「我ながら情けなかった」とあるが、このように感じている理由を四十字以内で答えなさい。

問四　［ A ］に入る適当な語句を、次の**ア**～**エ**から選び、記号で答えなさい。〔　　〕

ア　誰《だれ》にともなく　**イ**　妙にとんがったかすれ声で　**ウ**　ため息まじりに
エ　ぎこちなく微笑《ほほえ》みながら

う。ただし、p.44～47ページであげた頻出のテーマは、問題演習等で一通り触れておきたい。
　また、論理的文章では、社会的な関心の高い問題について論じた作品が出題されやすい傾向にある。現代の社会でどんな問題が関心を呼んでいるかや、どんな本や書き手が話題になっているかにも、関心を持つようにしよう。

35 【部分解釈・心情の読み取り・主題の読み取り】次の文章を読んで、あとの問いに答えなさい。

恵子は絵を描きたいという志を抱いて北海道から東京へ出てきた。昼は新宿高層ビル内の画廊で監視員をして生活費を稼ぎ、夜はひたすら絵を描いている。明男は南九州から出張で東京へ出てきて画廊で恵子と知り合いになり、その後何度か二人は会うことがあった。恵子は以前から、キャベツ畑の夜景を描きたいと思っていたので、明男にボディーガードとしてついて来てほしいと頼んだ。

恵子は三脚をたて、キャンバスに向かった。畑のキャベツは磨きたてたように耀《かがや》き、整然と列をつくっていた。畑のずっと向こうは月光のなかに溶け、水の底の景色のようにぼんやりと潤《うる》んでいた。

明男は木にたてかけた自転車にもたれながら、恵子を眺めていた。

「キャベツたちは、君に絵を描いてもらいたくて、何を語りかけるんだい？」

「たくさんのことよ。①これがキャベツだって、私が思っているのよりも、キャベツそのものは常に高いところにいるわ。何だってそうよね。瞳《ひとみ》をこらしてじっと見ると、いろんな想《おも》いをめぐらす窓口になってくれるじゃない。そんな瞳をもちつづけたならば、綺麗《きれい》なものをたくさん感じていられるし、感動も大きいし、少なからず元気を取り戻せるでしょう」

「そうか。ま、早い話、キャベツのなかの自分に出会っているんだね？」

「そうもいえるわ」

林のなかで虫が鳴いていた。あっちでもこっちでも鳴いて、その懐《なつ》かしげな声は、恵子の心の奥に向かって、楽しいような寂しいような、淡くやさしい想いをかきたてた。

ふいに彼女の心が揺れ、目の前に、ひとつの圧倒的な景色がせりあがってきた。彼女は息をのんでそれを見つめ、それからキャンバスの前を離れて、明男に真向かった。話さずにおれないことが彼女の頬《ほお》を赤く染めた。

私に絵を教えてくれたのは、雪景色よ。

小学校の頃《ころ》、私、北海道の奥地ですごしたの。ちっぽけな農村だった。家の裏に岡《おか》があった

ガイド

● 出題の多い著者―文学的文章

高校入試の文学的文章の問題文として取り上げられることの多い著者と、その著書を一点挙げる。

五十音順に掲載。主な作品の時代背景が現代と異なる場合、その時代を〈 〉に入れて示す。☆は本書で出題のある作家。

芥川龍之介《あくたがわりゅうのすけ》〈大正〉
「トロッコ」
浅田次郎《あさだじろう》
『霞町《かすみちょう》物語』
あさのあつこ
『バッテリー』
阿部夏丸《あべなつまる》
『泣けない魚たち』
池澤夏樹《いけざわなつき》
『静かな大地』
☆伊集院静《いじゅういんしずか》
『少年譜』
五木寛之《いつきひろゆき》
『大河の一滴』
井上靖《いのうえやすし》〈大正～昭和〉
『夏草冬濤《なつぐさふゆなみ》』
内海隆一郎《うつみりゅういちろう》
『朝の音』
☆江國香織《えくにかおり》
『つめたいよるに』
遠藤周作《えんどうしゅうさく》〈昭和〉
『深い河』

のね。そう、五、六十メートルぐらいかな、そんなに高くはなくて、こんもりと丸っこい岡でね、冬には雪にすっぽりおおわれてしまうの。雪は白いけど、雪をかむった[*1]岡は白いだけじゃないのよ。白いキャンバスさながらに、白い岡がさまざまな色彩の絵を出現させるの。幼な心に、何か巨大な魔法を眺めているみたいで、不思議で不思議でたまらなかったわ。

うん、あの景色！　太陽が昇る瞬間よ、空気中の水蒸気が凍っているせいかしら、視界がチカチカってことごとく細やかに光るの。雪の岡はピカーッと目をあけられぬほど激しく光る。そして朝日や夕日を浴びると、岡は紅とかセピア[*2]色に染まるでしょう。夜はまた、何ともいえぬ彩《いろど》りをかもし出すのよ。

ある夜、私、家族に隠れ、その岡の麓《ふもと》に出かけたの。マイナス三十度ぐらいはあったかもね。外に出た一瞬、身も心もきゅっとひきしまるのよね。感覚がなくなるから、自分の存在が透明になったような気がする。雪を踏む自分の足音が、どこか遠い彼方《かなた》から聞こえてくるの。夜といっても、暗くはないのよ。雪明かりでぼおっと明るくて、そのなかに森が浮きあがっていたわ。しかも、その森はね。霧氷《むひょう》のせいなのか、豆電球がいっぱいともっているみたいに、キラッキラッと光っているの。

そんな森の向こうに、雪の岡が透けて見えていたわ。仄青《ほのあお》い色に染まって……。何と言ったらいいのかしら、その景色には、喜びも悲しみもなくて、果てしらぬ宇宙の向こうまでつづいていて、ただシーンとしている。そんな感じ。

私、いまになって、その景色を、どうしてなのか、ふと、思い出すの。

この前、こんなことがあったわ。

二月も終わり頃《ころ》だったかな。とても寒い風が吹く朝、通勤してたの。新宿駅西口から新都心のほうに、通勤者が怒濤[*3]《どとう》のように進んでいたわ。私もそのなかの一人だった。

信号が赤になり、横断歩道の手前で、立ち止まったのね。大勢の人たちといっしょに。その時、私の勤める超高層ビルが、目の前にそそりたって見えてたわ。

あ、あのビルの四十二階か。私は目でそこをたしかめた。あそこだわって。あの窓のあたりで、私は今日もすごすのだわ。毎日毎日、あそこに、こうして通うのだわ。あと何年、あそこ

小川洋子《おがわようこ》
『博士の愛した数式』
川端康成《かわばたやすなり》〈大正～昭和〉
『掌《てのひら》の小説』
☆幸田文《こうだあや》〈昭和〉
『みそっかす』
角田光代《かくたみつよ》
『Presents』
佐藤多佳子《さとうたかこ》
『サマータイム』
☆沢木耕太郎《さわきこうたろう》
『深夜特急』
☆重松清《しげまつきよし》
『かあちゃん』
瀬尾《せお》まいこ
『図書館の神様』
竹西寛子《たけにしひろこ》
『蘭《らん》』
太宰治《だざいおさむ》〈昭和〉
『晩年』
☆辻仁成《つじひとなり》
『そこに僕はいた』
☆中沢《なかざわ》けい
『楽隊のうさぎ』
南木佳士《なぎけいし》
『冬物語』
梨木香歩《なしきかほ》
『西の魔女が死んだ』
灰谷健次郎《はいたにけんじろう》
『天の瞳《ひとみ》』

の、あの小さな窓の奥ですごすのかしら……。

そう思ったら、自分は本当に存在しているのだろうかって、変な気持ちになっちゃったの。そしたら、②どうしてだか、あの雪の岡の景色が、心に蘇《よみがえ》ってきたの。私ね、その時、まわりの人を見まわしたの。あ、私だけじゃないのだって、気づいたわ。

そうよそうよ。その時、こう思ったのは……。「人は誰《だれ》だって、心のなかに、帰ってゆきたい景色をひめている」って。

うれしい時とか、悲しい時とか、辛《つら》い時とか、ふと、その景色を思い出しては、「だから、自分はここにいるんだ」って思う。そんなふうな、生きてゆく座標になるような景色を、心にひめているのだって。

恵子は折りたたみ椅子《いす》にかけて、両手で抱いた膝《ひざ》にあごをのせ、まばたきもせずに彼をじっと眺めていた。ひとりでに微笑が湧《わ》き、後から後から彼に話したいことがこみあげてくるので、絵を描くのを忘れてしまっていた。

「ね、あなたにも、帰ってゆきたい景色って、あるでしょう？」

「さあ、どうかなあ。いま、急にどこと決められないよ」

「いまはそうでも、何かの時、ふいに、心の奥からさあっと現れるわよ。きっとそうよ。ねえ、その景色が現れたら、私に教えてくれる？」

「そいつは、いつのことだろう」

「ずっとずっと後の日でもいいわよ。絶対、教えてよ」

「もちろん、教えるとも」

明男は小指をさし出した。

恵子もそうして、二人は小指をからませ、上下に振った。すると、心がふるえて、ちょっと寂しくて、恵子は子供のようにはしゃいだ。

「それにしても、雪景色って、そんなものなのかい？」

「南九州にも、雪は降る？」

「降るには降る。たまに二～三センチ程度、積もることはあるけど、すぐ溶けちまう。だから、

☆宮下奈都《みやしたなつ》

『スコーレNo.4』

☆宮本輝《みやもとてる》

『螢川《ほたるがわ》』

向田邦子《むこうだくにこ》

『父の詫《わ》び状』〈昭和〉

☆森絵都《もりえと》

『永遠の出口』

☆椰月美智子《やづきみちこ》

『しずかな日々』

☆山田詠美《やまだえいみ》

『風葬の教室』

p.106にもあるように、主人公が受験生と同年代である作品の出題が多い。中学生にも、おもしろく読めるものが多いので、日常の読書の一環として読んでみるとよいだろう。一方で、第二次世界大戦以前など、現在と時代背景が大きく異なる作品や、主人公が思春期の少年少女ではない作品も出題される。入試を意識しての読書なら、むしろ、こうした古典と言われるような小説作品を読み慣れていたほうが、いざ出題されたときに差をつけられる。

近年では、特定の作家に出題が集中することが少なくなりつつあり、年々人気のある作品も変化する。志望校の過去問を調べ、何か特定の傾向がつかめないか探ってみることも必要である。

君の話を聞いていると、まったくのファンタジーだよ。空想するしかない景色さ」

「私は父の仕事の都合で、北海道を転々としたの。四～五年ぐらいでね。けれど、中学二年生からはずっと札幌《さっぽろ》。あの時計台の近く。私には兄が二人いるの。大学出てさ、二人ともサラリーマン。札幌でね」

「君は一人で東京に？」

「ふっふふ。とび出して来ちゃった。大学やめて」

「家出娘なのか」

「まさか」

恵子は唇《くちびる》をとがらせ、

「家出娘なんかじゃない。だって、自立しているもの」

と、大げさなぐらい、目を見開いて言った。

「自立？」

③明男は吹き出して、背伸《せの》びするように笑った。急に何かの緊張感が解けたふうに、彼は今までよりも一層、和《なご》やかな親しみにあふれた気配をただよわせた。

恵子はそれを見ながら、よしよし、と心のなかで肯《うなず》いていた。かねてなら身の上話などするのはみっともないと思うくせに、今夜は彼に自分の何もかもを知ってほしかった。彼のこともまた、何もかも知りたかった。ひどくせっかちになっているみたいだけど、④手応《てごた》えが確かなので、ちょっとくらっとするぐらいにうれしさが先にたった。そして、もっと話したくなっていた。

（郷原茂樹『帰ってゆきたい景色』）

＊1 かむった＝かぶった。
＊2 セピア色＝やや黒みを帯びた茶色。
＊3 怒濤《どとう》＝激しく打ち寄せる大波。

問一 ——線①「これがキャベツだって、～常に高いところにいるわ」とあるが、恵子はキャベツをどのようなものととらえているか、次の**ア**～**エ**から一つ選び、記号で答えなさい。［　　］

ア 自分がじっと見つめることで、キャベツは、自分の心と向き合い、感性を豊かにし、活力を与えてくれるが、見つめるたびごとに新たな奥深さを示し、容易には理解することができないものである。

イ キャベツをたびたび眺め、思いをめぐらして感じたとおりに描こうと意識すると、キャベツの魅力がしだいに分かるようになり、これまで気付かずにいた美を目の前に見せてくれるものである。

ウ 自分がキャベツを見つめて、生き方を振り返り、心に感じたことを生き生きと描こうとするとき、キャベツは自分の芸術の技量や感性の未熟な点をいつも厳しく指摘してくれるものである。

エ キャベツは、その存在自体が感性を刺激し、哲学的な考えを生み出すので、自分を見つめる契機となって生きる原動力になり、いつも自然の中で生きることのすばらしさを教えてくれるものである。

問二 重要 ——線②「どうしてだか、あの雪の岡の景色が、心に蘇《よみがえ》ってきたの」とあるが、「雪の岡の景色」は恵子にとってどのようなものか、次の**ア**～**エ**から一つ選び、記号で答えなさい。［　　］

ア さまざまな色彩を放つ広大な自然の魅力を感じさせ、大自然の中で心豊かに力強く生きていくことを教え示してくれるもの。

イ 感情を抑えて生活することの多い都会で自分の存在を見失い、現実から逃避するために、どうしても帰りたくなる故郷のようなもの。

ウ 陽光や雪明かりが自分や未来を明るく照らし出したことを思い出し、辛《つら》い気持ちを乗り越えて困難に立ち向かうときの励みになるもの。

エ かつて自分と一体化した景色であり、今までずっと続いてきた自分の生き方や存在を思い起こさせ、進むべき方向を指し示すもの。

問三　――線③「明男は吹き出して、背伸《せの》びするように笑った」とあるが、この時の明男の気持ちを説明したものとして適当なものを、次の**ア**～**エ**から一つ選び、記号で答えなさい。［　　］

ア　明男は、自立という言葉を聞いたとき、自分の方が恵子よりもはるかに自立した生活を営んでいることがよく分かり、伸び上がるようにして自身を誇示しようとした。

イ　明男は、自分の考えを伝えようと必死になっている恵子が、いつでも肩に力が入って空回りばかりする様子を見て、もっと力を抜いてリラックスするよう促《うなが》そうとした。

ウ　明男は、想像するしかない話をしていた恵子が、現実的な自分の考えを言い切った様子にほほえましさを感じ、それまで以上に恵子に対して好感を抱くようになった。

エ　明男は、今まで控えめな言動をとっていた恵子が、急に自分の考えを大げさに言い始めたことに驚きを隠せず、かえって自分の方が照れくさいと思うようになった。

問四 重要 ――線④「手応《てごた》えが確か」とあるが、これはどういうことか、次の**ア**～**エ**から一つ選び、記号で答えなさい。［　　］

ア　二人で語り合ううちに、恵子が自立していることを明男が認めるようになってきた様子を、恵子は明確に見て取れたということ。

イ　恵子は素直に話せるようになったと自覚し、明男が次第に自分に心を開いてきたことが、はっきりと分かったということ。

ウ　北海道の景色や自立した生活について明男が聞いてくれるので、自分の強い味方になる人物であると、恵子が確信したということ。

エ　恵子が明男に、札幌で暮らしていたころの身の上話が積極的にできるようになって、これまでにないうれしさを感じているということ。

最高水準問題

解答　別冊 p.27

36　次の文章を読んで、あとの問いに答えなさい。（千葉・渋谷教育学園幕張高）

〔「私」のすぐ上の二番目の「兄」は、第二次大戦後、復員して実家にいたが、戦時中、ジャワ島の*1俘虜《ふりょ》収容所の副官をしていたために、戦犯の容疑者として警察に連行された。〕

その晩、父は警察署長の官舎のすぐ近所にいる知人の医師の宅を訪問して、兄に面会させてくれるように頼んでもらったが、署長は戦犯の場合には自分の権限ではそれが出来ないからと言って断った。

私と長兄は父について行ったが、その返事を老人の医師から聞いて一層《いっそう》暗い気持ちになった。

この医者は父の古くからの友人であった。私は兄弟の中でも一番この人に親しんでいた。

その人を私は前から古武士のような人と思っていた。こんな時には一番頼みになる人である。

父もそう思ったに違いない。しかし、駄目であった。私たちはいったんその医者のところへ戻って、相談した。

医者は明日の朝もう一度交渉してみると言った。父と長兄と私とは電車に乗って家へ帰った。

あくる朝早く、その医者から父に電話がかかって来た。それはしかし、喜ばしい知らせではなかった。

兄は今日の夜行で東京へ移され、巣鴨《すがも》拘置所に入る。その前に正午に府庁で面会することが出来る。特別に誰《だれ》か家族の者が一人だけ巣鴨まで見送りに行くことを許可して貰《もら》った。

そういう電話であった。父はその尽力を感謝した。

「誰が送っていくか？」

父はその役目を私にやらすことにした。

汽車に乗るまでに私が経験したことのうちで、私は次の三つのことだけ書いておこうと思う。一つは、最後の面会の時のことだ。

係りの人以外には誰もいない府庁の広い室の隅《すみ》で（その日は日曜日だった）、母が大急ぎでこしらえた弁当を家族の者が兄を囲むようにして食べさせた。①<u>それは御馳走《ごちそう》ずくめであったが、兄がどんなに頑張《がんば》ってもとても全部は食べることの出来ない弁当であった。</u>

私はこの兄が陸軍に入営した時、最初の面会日に父と長兄と三人でサンドイッチや甘いものを持って出かけて、丁度《ちょうど》こんな風にして兄を身体で隠して、こっそりと食べさせたのを覚えている。

その時は、まだよかった。兄は驚くべき早さでそれらをつめ込んだから。

府庁では兄はまわりの家族の者から、「これがうまいよ」、「これも食べよ」と言われたが、咽喉《のど》に入りにくそうであった。

それにこの慌《あわただ》しい面会時間に、兄は私たちに裁判の際に兄のために有利な証言をしてくれる俘虜の名前を思い出して言うことを求められた。

私は手帳に兄の話すことを急いで書きとめた。

父は嘆願状を占領軍司令官宛《あて》に出すから、何か印象的な事実で兄が外国人の俘虜が喜ぶようなことをしてやったことがないか、それを話せと言った。

この時の兄は少しばかり落着きを失っていたので、なかなか私たちが望むような恰好《かっこう》なトピックを思い出すことが出来ないらしかった。

兄は吃《ども》りながら、俘虜の希望を入れて収容所の庭に花壇をつくらせてやったこととか、クリスマスの時に彼等《かれら》の欲する行事を許可してやったとか、その他にも二、三のことを言った。

私はそれを書きとめながら、もっと何か強力なものはないかと兄に質問した。

この間にも兄は母や妹に、「これを食べなさい」、「これはおいしいのよ」と言われながら、全く何を口に入れているのやら見極めることも難しい有様であった。

兄は食物よりも煙草《たばこ》を吸いたがった。煙草をよくのむ兄は、留置場で一晩煙草を吸えなかったことを苦痛に感じたのだ。

長兄は煙草を渡して、マッチを擦ってやる役をした。その煙草を兄は話の合間と弁当を食べる合間に、ここで吸って置かないともう二度と吸えなくなるかも知れないという風に、大急ぎで吸った。

面会時間はまたたく間に終わりになった。父は最後に兄に向って、

「わしに出来る限りのことをやってやるからな」

と言った。

次は、ジープに乗ったことだ。

私はアメリカ兵がジープで走るところを始終見ていたが、「あれに乗ってみたい」と思ったことはなかった。

ところが、私はこの時、*2ＭＰの運転するジープに兄と附添《つきそい》の刑事と三人で乗って、府庁から大阪駅まで街の中を走った。

私は妙な気持ちがした。この場合、②軽快なジープに兄と一緒に乗っていることも、走って行く街中の商店や通りが休日の昼下がりのあの閑散《かんさん》な眺めを呈していることも、どちらも私の胸にはつらく応《こた》えた。

もうひとつ。駅の構内で私たちは広々とした進駐軍将兵専用の待合室へ入れられた。そこにはトランクを一つ提《さ》げて何処《どこ》かへ旅行するいかにも身軽なアメリカ軍人の姿が見られた。

どういう用事でこれから彼等《かれら》が汽車に乗るのか分からないが、その姿は「自由」そのもののように私の眼に映った。

彼等が何気なしに時間表を眺めているのを見ると、私は、「あの連中にはこんな不安は感じなくても済むのだな」と思わずには居られなかった。

黒人の兵隊も入って来た。私は軍隊の制服を着ている彼をきっと羨《うらや》ましい眼《め》つきで見ていたに違いない。

私たちはここで非常に長い時間待たされた。

始めに私が「その人」と言った人と会った時のことを、私はどうしてかはっきりと思い出せない。

私たち家族の者が府庁へ行った時、同じ室の別のところで、その人も家族の人と会っていた。しかし、私は兄のことに気を取られていたので、誰《だれ》とどんな風に会っていたか記憶していない。

人数はたしかに私たちの方が大勢であった。来ていたのは奥さんと他に誰か一人か、二人くらいではなかったかと思う。

とにかく、その人の方は淋《さび》しかった。

ジープも別々であった。駅へ着いてからも、兄とその人とが話をするところを私は見なかった。

私たちには府庁から派遣された刑事が二人ついて行くことになっていた。そこで私を入れると、一行は五人であった。

駅員に案内されて、私たちは大阪発東京行の急行列車に乗った。私たちが車内に入るか入らないかに、物凄《ものすご》い足音がしてフォームの階段をかけ上って来た乗客が顔色を変えて躍《おど》り込んで来た。

その人たちは朝から何時間も行列をつくって待っていた人だ。

私たちは五人で向かい合わせの座席に坐《すわ》ったが、坐っている私たちの膝《ひざ》の間にまで人が押されて入って来た。

通路の側に腰かけた刑事は、肘《ひじ》と膝とでそれを食い止めねばならなかった。

汽車が発車してからのことであったが、私の右側にいた刑事は、背中を押して来る一人の男に、自分が警察の者であることをほのめかし

た。

彼はこんな言い方をした。

「おい、おい。あんまり気安う押してくれるな。こっちは普通の人間やないんやからな」

相手の若い男は、向こうを向いたまま、「そんなこと知るもんか。混《こ》んでる時は、窮屈《きゅうくつ》なのは当り前だ」という意味のことを言った。

彼は私たちがただの旅行者でないことに空気から察していたと思われる。その時の声は大きくはなかったが、「刑事が何だ」という気魄《きはく》が感じられた。

「こっちは普通の人間やないんやからな」

と刑事が言った時、③私はひやりとした。私はそれが警察の者であることを相手に知らせるための威《おど》しの言葉だということを承知していながら、「こっち」というのが私の兄ともう一人の人を指して言っているように感じたからだ。

私は「普通の人間でない」という言い方からわれわれ日本人が関与することの出来ない、既《すで》に別の大きな力が支配している世界に移されてしまった人、というひびきを感じた。

勝手にさわってはならない人。そういう意味にも受け取れたのだ。

夜になっていた。

私は兄と一緒に行く人とどういう風に会話を交えたのか、よく思い出せないが、次のことを知った。

その人は終戦の時に陸軍大尉で、スマトラのある飛行場で飛行場大隊長として勤務していたことがある。

ある時、飛行場の近くに不時着した戦闘機の搭乗員が捕虜《ほりょ》になった。彼等《かれら》は毎日作業に連れ出されていたが、日本兵が油断している間に自分たちの故障した飛行機を目立たないように少しずつ修理した。

誰《だれ》もこのことに気づかなかった。

ある日、彼等はすっかり修理を終わった飛行機を操縦して、飛び立とうとした。もう一瞬発見が遅れたら、そのまま彼等は脱出に成功しているところだった。

憲兵*3が来て、この大胆な捕虜を連れて行き、処刑した。この事件が起こったのは、飛行場大隊長である彼が用事で十日間ほど留守にしていた間のことであった。

今度指名されたのは、その事件があった時に飛行場大隊長であったことから、処刑の命令を出したのは誰かということを調べられるためだと思うと、その人は話した。

命令を出したのは自分でないことが立証されればという風に言った。

私はその話を聞いた時、「大変なことに関わり合ったものだ。この人は何という運の悪い人だろう」と思わずには居られなかった。

その気持ちは同情というようなものではなく、もっと重苦しい、希望のないものであった。

「　A　」

私はそう思った。

しかし、その人は非常に落ち着いていた。物腰はおだやかで、静かだった。

年は兄よりも五つ六つ上のようであった。応召*4になるまで勤めていた電鉄会社にもと通り勤務していて、何かの役についている人だった。小学四年の女の子と五つの男の子と、その下にもう一人赤ん坊がいるということも聞いた。

この人は自分の運命に希望を抱いているのか、全くそういうものを見出《みいだ》せないで沈んでいるのか、ちょっと分かり難《にく》いくらい、落ち着いて見えた。

私たちは夕食を食うことにした。

私は家から四人分の弁当を預かって来ていた。私はそれを分けた。一人の方の刑事は、みんながゆっくり食べられるように座席を外して、その間だけ立っていてくれた。

私は父から渡されたウィスキーの入った入れ物を出して、みんなに勧めた。私はこういう役目のためについて来ているのであった。

二人の刑事は遠慮したが、私は「折角《せっかく》用意して来たのだからどうか上がって下さい」と言った。

私は飛行場大隊長をしていた人にもウィスキーをつぎ、私たちのお菜《さい》をつまんでくれるように頼んだ。

私の母はその日の朝早く山荘からかけつけて、休む間なしにこの弁当をつくったのだ。

御飯とお菜とは別の折に入っていて、お菜の方は別に一折こしらえてあった。それはお昼に兄が食べたものに劣らず、豊富な内容であった。

飛行場大隊長をしていた人は、少量の酒と弁当を持って来ていた。その弁当は、私の母がつくったものよりは小さく、つつましやかに見受けられた。

それで私は、この人に一生懸命すすめた。私は兄にも同じように勧め、遠慮しがちな刑事にも勧めた。

私はそのうちに、④いくら私が勧めてもこの酒は勧め甲斐《がい》のない酒だ。この母が力を入れて作った料理も、勧め甲斐のない料理だと思い、涙《なみだ》が出そうになった。

（庄野潤三「相客」）

＊1 俘虜《ふりょ》＝敵軍に捕えられた人。捕虜。
＊2 ＭＰ＝"Military Police" の頭文字。アメリカ陸軍の憲兵。
＊3 憲兵＝軍事警察の任務をつかさどる軍人。
＊4 応召＝国家からの軍人としての召集に応ずること。

問一 ――線①「それは御馳走《ごちそう》ずくめであったが、～弁当であった」とあるが、どうして「母」は「全部は食べることの出来ない」ほどの「弁当」を作ったのか。三十字以上四十字以内で説明しなさい。

問二 難 ――線②「軽快なジープに～つらく応《こた》えた」とあるが、このときの「私」の心情の説明として適当なものを、次の**ア**～**オ**から一つ選びなさい。［　　］

ア ジープに乗ることは、進駐軍の占領下にある日本では皆の憧《あこが》れの対象であり、街中《まちじゅう》に自慢したいのだが、一方で一緒に乗っているのが戦犯の容疑者として捕まった兄であるため、周囲の人目を避けたくもあり、悩ましい。

イ ジープに乗ることは、何か特別な事情を抱えてどこかに連れて行かれる者であることを意味するために、周りから見られたくない一方で、兄が困難な状況にあるにもかかわらず、周囲は平穏な日常を過ごしているのが恨《うら》めしい。

ウ ジープに乗ることは、別に乗ってみたいと思ったこともない私にとっては苦痛であり、また、自分たちが戦争の責任を負わされて苦しんでいるにもかかわらず、休日の午後をのんびり過ごしている人々がいると思うと苛立《いらだ》たしい。

エ ジープに乗ることは、当時の人々にとって羨《うらや》ましいことであり、周囲の注目を浴びてしまうため、二人の刑事と兄と一緒に乗っているところを人々に見られることが恥ずかしく、商店街や通りの様子をまともに見ていられない。

オ　ジープに乗ることは、アメリカ軍に協力して日本を裏切った人間だと周囲から見られてしまうため、兄と共にジープに乗って街中を通り抜けることは、一家が罪人としてさらし者にされているに等しく、恥辱でいたたまれない。

問三　――線③「私はひやりとした」とあるが、このときの「私」の思いとして適当なものを、次のア～オから一つ選び、記号で答えなさい。［　　］

ア　自分たちと一緒にいる人間が刑事だとわかったら、周りから自分たちが犯罪者のような目で見られてしまう。
イ　乗客が混雑した車内で殺気立っていたために、怒り出して暴れたらこちらの身が危うい事態になるかもしれない。
ウ　もはや兄が、アメリカの権力によって日本人にはどうすることもできない立場に置かれてしまったようだ。
エ　兄はやはり、戦争で大きな罪を犯した罪人なのであり、自分とは異なる世界に生きる遠い存在なのだ。
オ　今まで身近だった兄は、今や触れることもできない、司直の手に落ちて壁の向こう側に追いやられた者なのだ。

問四　［A］に入る言葉として適当なものを、次のア～オから一つ選び、記号で答えなさい。［　　］

ア　この人は本当にかわいそうな人だ。
イ　この人はなぜ落ち着いているのか。
ウ　この人は本当は悪くないのになぜ。
エ　この人は助からないかも知れない。
オ　この人の力になってあげなければ。

問五　難　――線④「いくら私が勧めても～泪《なみだ》が出そうになった」とあるが、なぜ「私」は「勧め甲斐《がい》」が「ない」と思ったのか、説明しなさい。

［　　　　　　　　　　　　　　　　　　　　］

解答の方針

問一～五　「戦犯の容疑者」にされることが何を意味するのか、しっかり考える。
問五　どのようであれば、「勧め甲斐」が「ある」のか考えてみよう。

37　次の文章を読んで、あとの問いに答えなさい。

（京都・立命館高）

八ヶ岳山麓《やつがたけさんろく》にある幼馴染《おさななじ》みの山荘を訪れた主人公は、そこで暖炉に魅了され、火が好きだった少年の頃《ころ》の気持ちをよみがえらせる。ついには、自宅に暖炉を設置することに決め、工事が完成した。

煙突からは順調に白い煙が流れていた。夜気に、燃える木の香ばしさがほんのりと匂《にお》ってきた。それらをしばらくしんみり味わってから、居間に戻ると、長男夫婦はすでに二階へ引き揚げていて、暖炉のそばには誰《だれ》もいなかった。

独《ひと》りで新しい薪をくべ足し、それがぱちぱちと爆《は》ぜるのを聞いていると、死んだ妻の里子の顔が目に浮かんできた。仕様のない人、とでもいいたげに、目をしょぼしょぼさせながら笑っている。

ちょっと見ただけでは、右目が義眼だとはわからない。

「よかったですね、あなた、御自分だけの楽しみが出来て。でも、わたしだって、火は好きよ。だから、これからは、わたしもあなたと一緒に暖炉の火を眺めるのを楽しみにするわ。だって、わたしたち、たきびが縁で結ばれた仲でしたものね」

妻が耳許《みみもと》でそう囁《ささや》くのがきこえた。

ちがいない。もし、あの日が雨降りで、たきびができなかったとしたら、自分と妻はお互いに別の道を生きることになったかもしれない――彼は暖炉の炎に見入ったまま、そう思った。

あの日、というのは、ずっと以前、十年がひと昔なら、それを四つ半も重ねた昔のことだ。そのころ、彼は中学三年生、里子はまだ小学校六年生で、町の暖簾《のれん》の古い染直という屋号の染物屋の次女であった。

彼の生家の文房具屋もおなじ町内にあって、二人は幼いころから顔見知りであり、町内の子供会の会員同士にすぎなかったのだが、その年の晩秋のある日曜日の朝、子供会の恒例で町内の小公園を清掃したのち、掃き集めた落葉でたきびをした際、彼が、いつもの銀杏《ぎんなん》の実のほかに、ポケットに忍ばせていった幾粒かの生栗《なまぐり》をそっと火のなかへ投げ入れたことが、二人を思わぬ仲に引きずり込むきっかけになったのであった。

あの朝に限って、どうしてそんなことをする気になったのか。全く魔がさしたとしか思えないが、ただ、年下の子らを驚かしてやろうという悪戯《いたずら》心だけで、他に、たくらみなどあろうはずがなかった。ところが、銀杏の実が音を立てて爆《は》ぜはじめ、たきびを囲んでいる子らが笑いさざめいているうちに、ぽんと、ひときわ高い破裂音がして、それと同時に、彼の隣にしゃがんでいた里子が、きゃっと悲鳴を上げて仰向《あおむ》けに倒れたのである。

彼は、笑った。ぽんという破裂音は、生栗が焼け爆ぜた音にちがいなかったが、それしきの音で、六年生の女の子が、まるで胸を強く突かれたようにひっくり返るはずがない。彼は、里子がみんなを笑わせようとして派手に倒れてみせたのだと思ったのである。けれども、①彼の見当は外れていた。

里子は、倒れたまま右目を掌《てのひら》で覆《おお》って、痛いよう、痛いよう、と泣き出した。彼は驚いて抱き起こした。すると、右目を覆っている掌の、指の股《また》から、ひとすじの鮮血が手の甲を走るように流れた。

彼は、最初、里子になにが起こったのかわからなかったが、そばにいた男の子のひとりが、あ、栗だ、と叫ぶのを聞いて、②一瞬のうちにすべてを理解した。彼がそっとたきびへ投げ入れた生栗の一つが到底信じ難《がた》い勢いで爆ぜ飛んで、しゃがんでいた里子の右目を激しく直撃したのである。まさかと思ったが、起こりえないことではなかった。出血しているから、ただ激しく当たっただけではなくて、目のどこかを傷つけたのだ。

目玉ではないように。咄嗟《とっさ》に彼は祈るように思った。

「ど、どれ、見てあげる。手をどけて」

彼は、目を覆《おお》っている里子の手を引き剝《は》がそうとしたが、力が及ばなかった。里子は、痛みがますますひどくなるのか、泣きながらわなわなとふるえたり、身悶《みもだ》えたりする。仕方なく、彼は染直の店まで里子を両腕で横たえるように抱いていった。

染直では、店にいた家族や使用人たちが総立ちになった。土間の奥から走り出てきた母親が、彼の腕から里子を引ったくるように抱き取った。染直の人々は、みな、うろたえていて、彼がそこに立っていることなど忘れていた。彼は、誰《だれ》へともなくお辞儀《じぎ》して店を出た。

里子の右目は思いのほか重症で、失明のおそれがあるという噂《うわさ》であった。たきびに生栗《なまぐり》を入れたのは誰かが問題になっていると聞いたが、彼は恐ろしくて名乗り出ることができなかった。まことに薄気味の悪いことだったが、なんのお咎《とが》めもないままに彼は知らぬふうを装っていた。

噂通りに、里子の右目が治療の甲斐《かい》もなく失明したのは、中学二年の夏であった。義眼になったが、彼女の表情の豊かさがまるで違和感を感じさせなかった。以前の明るさも活発さも、すこしも失われた気配がなかった。中学校は難なく卒業し、土地の女子高校にもよい成績で入学した。彼が東京の大学に進学し、夏の休暇で帰省したとき、道で出会った里子は、彼にはまぶしくてたまらない笑顔で、お帰りなさい、と挨拶《あいさつ》してくれた。
③その休暇の間に、彼がかつての罪を里子に告白する気になったのは、もはや自責の念が自分の力では支えきれぬほど心に重くなっていたせいでもあるが、里子の何事もなかったような健気《けなげ》さに、強く心を打たれたからでもあった。
休暇も残りすくなくなったある日の夕方、彼は、心苦しい思い出のある小公園まで里子にきてもらって、ここの落葉を焚《た》いたとき生栗を入れた犯人は自分だと告白し、里子の望むどんな償《つぐな》いでもするつもりだといった。すると、里子は思いがけなく、

「ありがとう。嬉《うれ》しいわ。あたしね、あなたがいつかきっとこうして打ち明けてくれると思って、心待ちにしていたの」

と笑っていった。

「……というと？」

「あたし、あのたきびに生栗を入れたのがあなただってことを知ってたの。あなたがそっと投げ込むのを見ちゃったから」

彼はひどく驚いた。

「でも、あたしはそれを誰にもいわなかったわ。だって、あれは事故でしょ」里子はさらにつづけた。「家では、だれの仕業なのかって随分騒いだけど、④あたしが頼んで栗を入れた人を探すのをやめてもらったの。あたしは運が悪かっただけなのに、誰もが栗を入れた人の罪にする。それが厭《いや》だったから。あなたを罪人にしたくなかったから」

彼は、思わず里子の手を取った。

結婚は、大学を出て東京の商事会社に就職してから二年目に、彼の方から申し込んだ。

「あたしを片目にした責任とか、同情とかと無関係だったら、喜んでお受けするわ」

と里子はいった。

結婚生活は平凡そのもので、里子は連れ合いとして可もなく不可もなく、子を三人産んで無事育て上げると、もはやこの世に未練がないとばかりに、ある冬の夜明けに急性心不全であっさりとあの世へ旅立ってしまった。

彼は、毎晩、家の中が寝静まると、居間の暖炉の前で好きなだけ夜

ふかしをする。あぐらの膝《ひざ》に頬杖《ほおづえ》を突いて、うっかり居眠りしたり、物思いにふけっていて暖炉が下火になったのに気づかずにいると、耳許《みみもと》で妻の囁《ささや》き声がする。

「風邪《かぜ》をひきますよ。新しい薪《たきぎ》をもう一本足したら？」

「わかってるさ」

彼は、独り言をつぶやいて、暖炉の脇《わき》に積み上げてある薪の小山から、一本取りに立ち上がる。

（三浦哲郎「たきび」）

問一 ――線①「彼の見当は外れていた」とあるが、彼の「見当」とはどういうもので、実際はどうだったか、答えなさい。

［　　　　］

問二 ――線②「一瞬のうちにすべてを理解した」とあるが、何をどう理解したのか、答えなさい。

［　　　　］

問三 難 ――線③「自責の念」とあるが、ここではどういう心情か、具体的に説明しなさい。

［　　　　］

問四 ――線④「あたしが～やめてもらった」とあるが、その理由として当てはまらないものを、次のア～オから一つ選び、記号で答えなさい。

ア 事故なので仕方のないことだから。
イ あなたを罪人にしたくなかったから。
ウ あなたが入れたことを知っていたから。
エ あなたが打ち明けてくれると思っていたから。
オ あなたにあこがれの思いを抱いていたから。

［　］

問五 「彼」にとって「暖炉」は、どのような役割を果たしていると考えられるか、「～という役割」につながるように、二十五字以内で答えなさい。

［　　　　　　　　　　　　　　　　　　　　　　　　　］という役割

38

次の文章を読んで、あとの問いに答えなさい。　（鹿児島・ラ・サール高 改）

もう三十年ほど前のことだが、私が群馬県の上野村に滞在するようになって数年がたった頃《ころ》、近所のおじいさんが病気で寝ている、という話を聞いた。お世話になっている家の方だったので、私は見舞いに行くことにした。

玄関で声をかけるとその家のおばあさんが出てきて、「わざわざ来てくれたのかい」と言いながら、私をおじいさんが寝ている部屋に案内した。「おじいさん、内山さんが見舞いに来てくれたよ」。そう言うとおじいさんはニコニコと笑って、「悪いね」と答えた。案外元気そうだ。私はそう思った。

と、おばあさんが私の方を向いて言った。「じいさんもそろそろだよ」

①私は驚き、どう返事をしてよいのかわからなかった。おじいさんは八十歳を少しこえていたから、すでに長生きしていたともいえる。といっても村には、百歳近くなっても畑仕事をしている人もいる。寿命が来たというわけでもないだろう。おそらく、この病気は治らないよ、という意味なのだろう。私がそれまで親しんできた東京の流儀なら、本人を前にしてそんなことは絶対に言わない。医者に「今晩が山です」と聞かされていても、本人には必ず治るからと励ましつづける。

ところが、②そんなことを言っているおばあさんの表情も、この言葉を聞いているおじいさんの表情も、いたってなごやかなのである。おじいさんには、ニコニコしながら聞いているという雰囲気さえある。私はなぜこのような展開になるのかがわからなくて、一人戸惑《とまど》っていた。

おじいさんが亡《な》くなったのは、その二、三カ月後のことだった。

それから四、五年がたち、今度はおばあさんが風邪《かぜ》をひいた。寝ているほどではなかったけれど、見舞いに行くと「この風邪は治らないだろう」とおばあさんは言う。いつもどおりのおだやかな表情で、である。おばあさんは息子に新しい墓をつくるように命じた。息子はおばあさんが指示した畑を見下ろす場所に墓をつくりはじめた。最後は石屋が来てつくるのだけれど、基礎の部分などは息子につくるように言ったのである。

その息子が「全くばあさんにはかなわない」と言って笑っていた。何でも、もうじき死ぬから墓をつくれと言っているのに、暖かい日などは仕事の様子をみに来て、「墓のつくり方が悪いから病気が治らない」とか言って笑っているのだそうである。しばらくして墓は完成し、数カ月後に風邪が治らないままにおばあさんは亡くなった。

③はじめはびっくりしたけれど、そのうち私は、この村の死はタブーではないのだという雰囲気に馴《な》れていった。見舞いに行った人が病人に「お前さんもそろそろだろう」などと言い、病人の方も「ワシもそう思っている」などと言って、なごやかに会話しているのである。私はいまでも自分でこういうことを言うことはできないが、この雰囲気をいいものだと感じるようにはなっていった。

高齢者たちには、十分に生きたという実感がある。自分の役割はすべて果たしたという満足感である。もちろん、だからと言って「もう死のう」と思っているわけではない。生があるかぎり、元気で日々を過ごそうと思っている。生きてきたことへの満足感があるから、死を迎えることにも充足感がある。それなら「死を語る」ことをタブー視する必要はない。

私は日本の伝統的な信仰の基礎にあったのは、人々のこんな生と死の感覚だったのではないかと思っている。十分に生きた人たちの魂が村の森に還《かえ》り、ご先祖様となって村の神様になっていく。さして他人と変わった人生を送ったわけではない。自然に包まれながら、土を耕し、子どもを育て、家族とともに暮らしてきただけだ。ところがその生を、ありがたい一生だと感じることができる。この村で暮らし、この村で生きたことを、ありがたいことだったと感じるのである。

だから「そろそろ」でもよいのである。そしてそういう高齢者たちの雰囲気をみていると、きっとこの人たちの魂は、死後もこの村を守りつづけるのだろうという気持ちになってくる。

現代人たちは、もっと④活動的な人生を求めた。ところが、⑤生の充足感をみつけだすことができなかった。いつでも、何かが十分ではないのである。そしてそうであるかぎり、満ち足りた死もみいだせない。それが、満足感のある「死の受け入れ」とともにあった、伝統的な信仰観を過去のものに変えた。

（内山節『清浄なる精神』）

問一　――線①「私は驚き、どう返事をしてよいのかわからなかった」とあるが、なぜか。六十字以内で説明しなさい。

問二　難　――線②「そんなことを～なごやかなのである」とあるが、その理由を筆者はどのように考えているか。四十字以内で答えなさい。

問三　――線③「はじめはびっくりした」とあるが、何に対してびっくりしたのか、答えなさい。

問四　――線④「活動的な人生」とあるが、これはどのような「人生」か。本文に即して三十字以内で説明しなさい。

問五　難　――線⑤「生の充足感をみつけだすことができなかった」とあるが、どうすれば「生の充足感」を得られると筆者は考えているか。五十字以内で答えなさい。

解答の方針

随筆は説明的な文章としてまず取り組もう。その上で心情に関わる設問が出てきたら、改めて小説の読解の手法を加えていけばよい。

第2回 実力テスト

時間30分
目標35点
得点　／50
▼解答→別冊 p.30

1 次の文章を読んで、あとの問いに答えなさい。（大阪教育大附高池田）

奥田克久《かつひさ》は花の木中学の一年生で、吹奏楽部に所属している。花の木中学吹奏楽部員は、県大会に出場できるかどうかを決める地区大会の会場で、ある中学のスゴイ演奏を耳にすることになった。（文中の「ベンちゃん」とは吹奏楽部の顧問である。）

うんと唸《うな》った川島が、

「負けた」

といった一言ほど全員の感情を代弁している言葉は他《ほか》になかった。

「完成されているけど、音の厚みに欠けるよ」

「負けた」と言う全員の感情、とりわけ一年生たちの驚きを代弁した川島の一言だけでは、出番を控えていた花の木中学吹奏楽部は気持ちの立て直しはできなかったかもしれない。川島の唸り声は全員の気持ちは代弁していたが、①気持ちを向ける方向の指示は持っていなかった。

「完成されているけど、音の厚みには欠けるな」

こんなことを言うOBがいなかったら、自分たちの出番前だということも忘れただろう。

「やっぱり、中学生はね。技術が良くても音の量感には乏しいよ」

「うちはまあ、中学生にしては音の厚みはあるしさ」

現役の生徒の後方の席でOBたちはこんな批評をしていたのだ。昨日まで、鳥の鳴き声みたいに聞こえたOBの言葉が、②今日はちゃんと人間の話し声に聞こえる。

これは克久にとって、驚きに値した。

克久がいちばん間抜けだと感じたのは百合子《ゆりこ》だった。なにしろ、地区大会を終わって家に戻って最初に言ったのは次の一言だ。

「やっぱり、強い学校は高い楽器をたくさん持っているのね」

それを言っては、みもふたもない。言ってはならない真実というものは世の中にはある。それに高価な楽器があれば演奏できるというものでもない。演奏する生徒がいて、初めて高価な楽器がものを言うのだなんてことを、克久は百合子に懇切《こんせつ》丁寧に説明する親切心はなかった。

「小学生とはぜんぜん違う」

実は百合子も少し興奮気味だったのである。克久には小学校時代は太古の昔、悠久《ゆうきゅう》のかなただったが、百合子にはわずか六ケ月前にもならない。だいたい、その頃《ころ》、銀行に申し入れた融資の審査がまだ結論が出ていなかった。伊万里《いまり》焼の皿の並んだテーブルをはさんで恐竜と宇宙飛行士が会話しているという比喩《ひゆ》で良いのかどうか。そのくらい、時の流れの感覚が食い違っていた。③これだから中学生は難しい。百合子がうれしい時に使う古典柄の伊万里が照れくさそうに華《はな》やいでいた。この皿はうれしい時も出番だが、時には出来合いのロールキャベツを立派に見せるためにお呼びがかかることもあった。

翌日から一年生は「やる気あるのか」と上級生に言われなくなった。

帰宅は毎日九時を過ぎた。

県大会の前日はさすがに七時前に克久も家に帰って来た。「ただいま」と戻った姿を見た百合子は④たちまち全《すべ》てを了解した。了解したから、トンカツなどを揚げたことを後悔した。大会にカツなんて、克久流に言えば「かなりサムイ」しゃれだった。

「ベンちゃんが今日は早く風呂《ふろ》に入って寝ろってさ」

「そうなんだ」

百合子はこんな克久は見たことがなかった。なんでもなく、普通そうにしているけれども、全身に緊張があふれていた。それは風呂場で見せる不機嫌な緊張感とはまるで違った。ここに何か、一つでも余分なものを置いたら、ぷつんと糸が切れる。そういう種類の緊張感だった。

彼は全身で、いつもの夜と同じように自然にしてほしいと語っている。「明日は大会だから、闘いにカツで、トンカツ」なんて駄ジャレは禁物。

もっとスマートな応対を要求していたのである。会話だって、音楽の話もダメなら、大会の話題もダメであった。

そういうことが百合子にも解《わか》る顔をしていた。こんなに穏やかな精神統一のできた息子の顔を見るのは初めてだ。一人前の男である。誇りに満ちていた。

もちろん、彼の築き上げた誇りは輝かしいと同時に危ういものだ。

「お風呂、どうだった」

「どうだったって？」

「だから湯加減は」

音楽でもなければ、大会の話でもない話題を探そうとすると、何も頭に浮かばない。湯加減と言われたって、家の風呂は温度調整のできるガス湯沸かし器だから、良いも悪いもないのである。

「今日、いい天気だったでしょ」

「毎日、暑くてね」

「……」

練習も暑くて大変ねと言いかけて百合子は黙った。

「……」

克久も何か言いかけたのだが、目をぱちくりさせて、口へトンカツを放り込んでしまった。

「あのね、仕事の帰りに駅のホームからうちの方を見たら、夕陽が斜めに射《さ》して、きれいだった」

「そう。……」

なんだか、ぎこちない。克久も何か言おうとするのだが、大会に関係のない話というのは探しても見つからない。それでも、その話はしたくなかった。この平穏な気持ちを大事に、そっと、明日の朝までしまっておきたかった。

初めて会った恋人同士のような変な緊張感。それにしては、百合子も克久もお互いを知り過ぎていた。百合子は「こいつは生まれる前から知っているのに」とおかしくて仕方がなかった。

「……」

改めて話そうとすると、息子と話せる雑談って、あまり無いものだなと百合子は妙に感心した。

「……」

克久は克久で、何を言っても、話題が音楽か大会の方向にそれていきそうで閉口だった。

「これ、うまいね」

こういうことを言う時の調子は夫の久夫が百合子の機嫌を取るのに似ていた。ぼそっと言ってから、少し遅れてにやりと笑うのだ。

「西瓜《すいか》でも切ろうか」

⑤久夫に似てきたが、よく知っている克久とは別の少年がそこにいるような気もした。

（中沢けい『楽隊のうさぎ』）

問一　――線①「気持ちを向ける方向の指示は持っていなかった」とあるが、これはどういうことか。四十字以内で説明しなさい。（8点）

問二　――線②「今日はちゃあんと人間の話し声に聞こえる」とあるが、これはどういうことか。五十字以内で説明しなさい。（8点）

問三　――線③「これだから中学生は難しい」とあるが、なぜ中学生は「難しい」のか。七十五字以内で説明しなさい。（12点）

問四　――線④「たちまち全《すべ》てを了解した」とあるが、何を了解したのか。適当なものを、次の**ア**～**オ**から一つ選び、記号で答えなさい。（5点）

［　　］

ア　明日の大切な県大会に向けて、今日は一刻も早く休みたいという克久の気持ち。

イ　県大会の前日に、トンカツなどというダジャレのような食べ物は見たくないという克久の気持ち。

ウ　県大会を明日に控え、緊張とそれを抑える努力ではちきれそうになっている克久の気持ち。

エ　明日は大切な大会なのだから、せめて前日ぐらいは良いものを食べたいという克久の気持ち。

オ　県大会へのプレッシャーに負けそうになりながらも何とか平静を装おうとしている克久の気持ち。

問五　――線⑤「よく知っている～そこにいるような気もした」とあるが、この時の百合子の気持ちを、七十五字以内で答えなさい。（12点）

問六　本文を大きく二つに分ける場合、後半はどこから始まるか。最初の五字を本文より抜き出して答えなさい。（5点）

3 韻文の読解

1 詩の理解

標準問題

39 **［分類・部分解釈］** 次の詩を読んで、あとの問いに答えなさい。

解答 別冊 p.31

　　山のあなた*1

山の（a）あなたの（b）空遠く
「幸《さいはひ》」住むと人の（c）いふ
噫《ああ》、われひとと尋《と》めゆきて
①涙さしぐみかへりきぬ
山の（d）あなたになほ遠く
「幸」住むと人のいふ

（上田敏『海潮音』より）

＊1 あなた＝彼方《かなた》。向こう。

問一 この詩の分類として適当なものを、次のア～オから二つ選び、記号で答えなさい。

ア 定型詩　**イ** 自由詩　**ウ** 口語詩　**エ** 文語詩　**オ** 散文詩

［　　］［　　］

ガイド

● **詩の分類**

詩は形式・用語・内容の点から次のように分類できる。

① **形式上の分類**

a **定型詩**

一句の音数が決まっている詩。一定の音数を繰り返すことで、リズムが生まれる。広い意味では、短歌や俳句も定型詩である。

b **自由詩**

定型の音数にとらわれず、自由なリズムで書かれた詩。

c **散文詩**

リズムを整えるための行分けをせず、散文のように一続きに書かれた詩。

② **用語上の分類**

a **文語詩**

明治時代以前の書き言葉である「文語」と「歴史的仮名遣《かなづか》い」（p.166参照）を用いて書かれた詩。

b **口語詩**

現代の話し言葉と「現代仮名遣い」を用いて書かれた詩。

＊これらの分類を組み合わせて「**文語定型詩**」「**口語自由詩**」のようにいう。

問二 〰〰線a～dの「の」のうち、意味・用法が他と異なるものを一つ選び、記号で答えなさい。

［　］

問三 ――線①「涙さしぐみ」とあるが、涙を流した理由を二十字以内で説明しなさい。

問四 この詩の内容上の分類として適当なものを、次の**ア**～**ウ**から一つ選び、記号で答えなさい。

ア 叙情詩　**イ** 叙景詩　**ウ** 叙事詩

［　］

---

③内容上の分類

a 叙情詩
作者の感動を中心に表現した詩で、詩作品の大半はこれに含まれる。

b 叙事詩
伝説や歴史的なできごとを詩の形式で記したもの。

c 叙景詩
自然の景観や営みについてうたった詩。

40 【分類・表現技法・部分解釈】次の詩を読んで、あとの問いに答えなさい。

蝶《ちょう》　はばたく朝

五月のひかりが
さざなみのようにゆれる朝
からたちの葉かげの
ちいさな儀式

ほろにがい葉に生かされ
たえてしのんだ沈黙の日日
わかばをかすめる風にはじらいながら
今　アゲハ蝶は羽化する

自然のなかでかわされた
やくそくのときはみち
さなぎの背はさだめられたようにわれる
満身に力をこめて触角をのばし
ふかくたたみこまれた羽をひきだせば
生まれることのいたみが
せなかをひとすじはしる
何の力で生まれでたか
宇宙のなぞも
この　いっぴきの蝶のなかへ
あつめられ　そして約され　また約され
ふきこめられているのだ

ぬぎすてられた　さなぎのからに
うごきだしたばかりの
黒糸のようにほそい足でとまれば
朝つゆにぬれた羽が
はばたくことのよろこびで　かすかにひかる

ゆっくり　ゆっくり　呼吸をととのえ
かろやかになびく新しい羽に
生まれでた重みのひとしずくをのせ
かがやく朝のひかりにまねかれて
アゲハ蝶は　はばたいていく

（成本和子『ねむねむのひつじ』より）

問一　この詩の形式・用語・内容の分類として適当なものを、次の**ア～ク**からすべて選び、記号で答えなさい。

［　　　　］

ガイド

● **詩の表現技法**

詩によく使われる表現技法として、次のようなものがある。（別冊p.32参照）

① **比喩《ひゆ》**
類似または関係する何かにたとえることによって、イメージに具体的な広がりと豊かさを与える。

a　**直喩《ちょくゆ》（明喩《めいゆ》）**
「～ようだ」などを用いて、たとえていることを明らかにする。

b　**隠喩《いんゆ》（暗喩《あんゆ》）**
「～ようだ」などを用いず、たとえていること明らかにしない。

c　**擬人法《ぎじんほう》（活喩《かつゆ》）**
人間でないものを、あたかも人間であるかのように描写する。

② **倒置法**
語順を普通とは逆にすることで、強調の効果を生む。

③ **体言止め**
行末を体言(名詞)で止め、余情《よじょう》・余韻《よいん》を生み出す。

④ **反復**
同じ語句の繰り返しでリズムを生み出す。

⑤ **対句**
相対する語句を用いて、リズムとイメージを生み出す。

⑥ **省略**
語句を一部省略して、余情・余韻を生み出す。

ア 定型詩　イ 自由詩　ウ 散文詩　エ 口語詩　オ 文語詩　カ 叙事詩　キ 叙情詩
ク 叙景詩

問二　表現上の技巧として体言止めが用いられているのは、第何連か、すべて答えなさい。
［　　　］

問三　第三連で描かれている、アゲハ蝶が決められた過程を経て羽化していく様子を、比喩《ひゆ》を用いて表している一行を、第三連以外の連から抜き出して答えなさい。
［　　　　　　　　　　　　　　　］

問四　重要　この詩について説明した文として適当なものを、次のア〜エから一つ選び、記号で答えなさい。［　　］

ア　アゲハ蝶が羽化し飛び立つまでの様子が、敬体を用いて親しみやすく描写されており、また、アゲハ蝶を擬人化することで、作者の、未知の世界に旅立つ者への祝福や、永遠の別れを惜しむ気持ちが効果的に表現されている。

イ　アゲハ蝶が羽化し飛び立つまでの様子が、常体を用いて断定的に描写されており、また、受け身を表す語を用いることで、作者の、人間として生まれてきたことへの感謝や、運命に従う素直な気持ちが効果的に表現されている。

ウ　アゲハ蝶が羽化し飛び立つまでの様子が、文語体を用いて格調高く描写されており、また、受け身を表す語を用いることで、作者の、自然の力へのおそれや、定められた運命に対する不安な気持ちが効果的に表現されている。

エ　アゲハ蝶が羽化し飛び立つまでの様子が、口語体を用いてわかりやすく描写されており、また、アゲハ蝶を擬人化することで、作者の、生命の神秘に対する感動や、小さないのちをいつくしむ気持ちが効果的に表現されている。

---

⑦ **韻律《いんりつ》**
行の初めの音をそろえたり（**頭韻《とういん》**）、終わりの音をそろえたりして（**脚韻《きゃくいん》**）、リズムを生み出す。

⑧ **象徴**
心情を具体的な情景や事物を通して暗示する。

● **詩の出題**
高校入試において、詩が単独で問題文となることは少ない。近年では、詩などの韻文を引用し、これについて論じる文章（鑑賞文）の出題が増えている。韻文についての知識や解釈のほか、論理的文章の読解力も問われる。しっかり準備しておこう。

最高水準問題

解答　別冊 p.32

41　次の詩と文章を読んで、あとの問いに答えなさい。（茨城県）

朝日をよめる歌　　室生犀星《むろうさいせい》

その十

朝日がおとづれるときに
何処《どこ》か遠いところで
眩《まば》ゆいばかりの重い書物の一頁《ページ》が
そよかぜのやうに音もなく開かれて行く。

　東の空が朝の光に明けてくるとき、①まっさらな新しい一日が始まります。暗い夜のうちに何があろうとも、また昨日からの持ち越しの何があろうとも、そういう時こそ、ひとはこの新しい一日に新たな希望を懸《か》ける。

　その時、世界のどこか遠いところ（神々が住まうところでしょうか）に、この世で起きる事柄のすべてが書き込まれて、まばゆく輝いている厚く重い書物があって、その中の一頁が開かれる。それは今日起きるだろうことが書き込まれている頁です。

　そこに何が書かれているのか、人間はまだ知りません。しかし朝の訪れとともに、神の栄光にまばゆく光る②「重い書物」の頁が、「［A］」軽やかに開いて行くとき、ひとはそこに何よりも、希望の文字を読み取るのです。

　この最終行には、世の人々すべてへ宛《あ》てた詩人の祝福の気持ちが、「［A］」優しく、漂っています。

（柴田翔『詩に誘われて』）

問一　この詩の形式として適当なものを、次のア～エから選び、記号で答えなさい。［　　］

ア　口語定型詩　　イ　文語定型詩　　ウ　口語自由詩　　エ　口語散文詩

問二　――線①「まっさらな」とあるが、これがかかる語句を、一文節で抜き出して答えなさい。

［　　　　］

問三　［A］に入る適当な語を、詩の中から八字で抜き出して答えなさい。

□□□□□□□□

問四　本文の内容に合致するものを、次のア～エから一つ選び、記号で答えなさい。［　　］

ア　この世で起きる事柄を、人間は切り開いていく力を持つ存在であると、詩人は勇気づけている。

イ　どんなにつらい状況でも、夜が明ければ必ず好転するはずであると、詩人は予言している。

ウ　この世で起きる事柄のすべては決まっているので、人間は無力な存在であると、詩人は嘆いている。

エ　朝の訪れとともに明るい望みをいだいて生きようとする人々の幸福を、詩人は祈っている。

問五　難　――線②「重い書物」とあるが、「書物」が「重い」のはなぜか、二十五字以内で説明しなさい。

□□□□□□□□□□□□□□□□□□□□□□□□□

42 次の詩と文章を読んで、あとの問いに答えなさい。（兵庫県 改）

アンモナイト　小野浩

ネパールのバザールで買った黒い石
そっと輪ゴムをはずすと
①カリリッ
合わさった石は二つにわれた
二億年も前に生きていた貝がそこにあった
太古の海の香りがする
貝はぼくをみているようだ
石に耳を
海の底をはう砂の音も
②高いヒマラヤと深い海をつなぐ
てのひらのアンモナイト

（鑑賞文）この詩は、ネパールの市場で買ったアンモナイトの化石への思いを描いた作品である。

［　A　］という音をきっかけとして、アンモナイトが生きていた時代へと作者の想像は広がり、今と昔の時間を結びつける。

作者の［　B　］に載っている化石となったアンモナイトは、かつて命を持ち、太古の深い海の底で生きていた。そのことから、作者は［　C　］が周囲に漂っているように感じる。そして、③いつの間にか空想の世界に入り込み、目の前の化石が生き返り、自分と向き合っているかのように感じている様子が大変印象的である。

問一　――線①「カリリッ」のような表現法を何というか、答えなさい。

［　　　］

問二　［　A　］～［　C　］に入る適当な語句を、それぞれ詩の中から五字以内で抜き出して答えなさい。

A［　　　　　］
B［　　　　　］
C［　　　　　］

問三　――線②「高いヒマラヤと深い海をつなぐ」とあるが、これについて説明した次の文の［　　］に入る適当な言葉を、十五字以内で答えなさい。

化石に耳を当てると砂の音がして、かつて［　　］ことが想起された。

［　　　　　　　　　　　　　　　］

問四　――線③「いつの間にか～感じている様子」は、詩の中ではどのように表現されているか。適当な語句を一行で抜き出し、最初の二字を書きなさい。

［　　］

問五　難　詩の中で、作者がもっとも印象深く表現しようとしている部分を、続きの二行で抜き出して答えなさい。

［　　　　　　　　　　　　　　　］

2 短歌の理解

標準問題

解答 別冊 p.33

43 **［形式・表現技法・内容一致］**
次の文章を読んで、あとの問いに答えなさい。

いつしかに春の名残《なごり》となりにけり昆布《こんぶ》干場《ほしば》のたんぽぽの花　北原白秋

これは「なりにけり」という詠嘆深い言葉で三句を強調し、一呼吸おいてからじつにユニークな場面に、素朴な野の花たんぽぽを登場させています。上句のごく一般的な春の詠嘆の声が、個性的な斬新《ざんしん》な場面へと展開され、他に類のなかったたんぽぽの表情を生み出し、たんぽぽの可憐《かれん》さに新しい一面を加えているのに感動がわきます。イメージが鮮明で、景そのものが抒《じょ》情《じょう》の力を含みもっている［ A ］があって、はじめて温雅な［ B ］の詠嘆の心が生きているのです。

このように、イメージと心、物事と心を対比させて短い定型の中で豊饒《ほうじょう》[*1]感を増幅しようとする方法は、万葉以来行われてきた普遍的な方法ですが、「五・七・五・七・七」の定型に言葉をどのように配分するかはまことに楽しい工夫だといえましょう。まんなかの三句で切るという方法は、いわば二つのことがほぼ等分の力で言えることなので、三句切れの歌は現代でも最も多いうたい方といえそうです。

（馬場あき子『短歌その形と心』）

*1 豊饒《ほうじょう》＝豊かで多いこと。

問一 ［ A ］・［ B ］には、「上句」「下句」のどちらかの言葉が入る。それぞれ適当な言葉を答えなさい。

A［　　　］ B［　　　］

ガイド

●短歌の形式
短歌は五・七・五・七・七の五句三十一音からなり、いずれかの句がこの音数より多い場合を**字余り**という。初めの五・七・五を**上の句**（上句）、後の七・七を**下の句**（下句）という。三十一音であることから「三十《みそ》一《ひと》文字《もじ》」ともいわれる。

●句切れ
五句のうち、内容や調子の上から区切れるところを**句切れ**という。句切れには、初句切れ、二句切れ、三句切れ、四句切れがある。句切れのないものを句切れなしという。
二句切れ、四句切れは五七調のリズムをつくり、初句切れ、三句切れは七五調のリズムをつくる。

●短歌の鑑賞
短歌は次のような点に注意しながら鑑賞する。
① **情景を把握する**
歌に詠《よ》まれた対象や、背景となる季節や時刻、場所などを読み取り、情景を正しく思い描く。

問二 短歌に用いられている表現技法を、次のア〜エから一つ選び、記号で答えなさい。［　　］

ア 擬態語　イ 対句　ウ 係り結び　エ 体言止め

問三 重要 鑑賞文の内容として適当でないものを、次のア〜エから一つ選び、記号で答えなさい。［　　］

ア「なりにけり」という言葉によって、作者の深い感動を表現している。
イ たんぽぽの可憐《かれん》さをうたうことは、万葉以来の普遍的な方法である。
ウ 上句と下句がほぼ同じ強さで伝わることで、表現に豊かさが増している。
エ イメージと心を対比させる方法は、現代でも多く用いられている。

44

【鑑賞】

重要 次の短歌の説明として適当なものを、次のア〜エから一つ選び、記号で答えなさい。［　　］

霜《しも》の夜のわれの眉間《みけん》に立つごとき北斗に向《むか》ひ帰りきたりぬ　鈴木幸輔

ア 夜明け前の霜が降りた道を帰るときに冬の到来にはっと気づき、いまにも沈みそうな北斗七星に向かって歩く作者の姿が描かれている。
イ 秋の夜空に浮かぶ大きな北斗七星の輝きに宇宙の雄大さと逆に自分の小ささを感じ、故郷に向かう作者の悲しみと寂しさが描かれている。
ウ 静かな春の夜、天の川や北斗七星がまたたく夜空を眺めながら、ゆったりとした気分で家路につく作者の満ち足りた姿が描かれている。
エ 冬の夜、霜が降りるほどの寒さの中をまっこうから北斗七星にたち向かうような強い思いで家路についた作者の姿が描かれている。

---

② 作者の感動を読み取る
どの句に作者の感動がこめられているのか、何に作者は感動したのかをとらえる。

③ 表現の技法を探る
一つ一つの言葉がどのように選ばれているのか、それらがひとつながりになってどんな印象を与えているのかを探る。また、句切れに注意し、歌のリズムを感じとる。さらに、比喩《ひゆ》、倒置法、体言止めなどの表現技法がどんな効果をあげ、読み手にどんな印象を与えているかを検討する。

● 短歌の鑑賞文
詩と同様、短歌も鑑賞文による出題が多い。出題の多い著者とその著書を一点あげる。
大岡信《おおおかまこと》『詩への架橋』
馬場《ばば》あき子《こ》『短歌その形と心』
俵万智《たわらまち》『短歌をよむ』

最高水準問題

解答　別冊 p.34

45　次の文章を読んで、あとの問いに答えなさい。

（神奈川・法政大女子高）

さて、初春といえば、植物なら梅、鳥ならウグイスと決まっている。日本人は、梅に鶯《うぐいす》、竹に雀《すずめ》、柳に燕《つばめ》、蘆《あし》に雁《かり》、すすきに鶉《うずら》といった花鳥の取り合わせを王朝時代から愛し続けてきた。和歌・俳諧《はいかい》のみならず、近世花鳥画[*1]の題材もこれら取り合わせの美学に従って選ばれているものが多い。たとえば松に鶯という取り合わせは、現実にいくら存在していようと、和歌の美学からは排除された。これはまことに理不《りふ》尽《じん》、不合理じゃないか、とだれしもが思う。しかし、和歌を根本とする日本の古典主義の美意識は、元来リアリズム[*2]に立脚するものではなかったのだから、それを不合理だと責めてみても事は片付かない。むしろそこには、現実の中で最も理想的な取り合わせを示しているものをクローズアップし、顕彰[*3]しようとする、それはそれできわめて積極的な思想があったのを、考慮する必要があるだろう。

少なくとも、「梅」と「鶯」の取り合わせを愛《め》でる気持ちの中には、植物および鳥の世界において春の到来を告げる最も美しく顕著な自然界の息吹《いぶき》は、梅と鶯にある、という共通の認識があった。梅はまずもってその芳香により、鶯はいうまでもなくその麗《うるわ》しい鳴き声により、遥《はる》か遠くからでも人々に「春」の出現の気配を実感させたのである。香り高い梅から響く鶯の鳴き声は、まさしく春の言祝《ことほ》ぎ[*4]、すなわち寿《ことほ》ぎだった。梅に最もふさわしいものは鶯でなければならないとする美学が成立するには、そのような心の動きがあったにちがいない。「　A　」という山口素堂《そどう》[*5]の有名な句も、まったく同じ心から出ているのである。

山もとの鳥の声より明けそめて花もむらむら色ぞみえ行く　　永福門院[*6]

ここの「花」の語は、古典和歌の常識からすれば桜の花を指す。「鳥」はもちろんさまざまな鳥。「むらむら」はまだらにという意味である。山のふもとの鳥の合唱で夜が明けそめ、淡く射しはじめる朝の光を受けて、桜の花があちこちまだらに浮かびあがってくる情景を詠《よ》んでいるが、歌全体に運動感がある。それは「明けそめて」「むらむら」「みえ行く」などの描写に動きがあるからで、こういう感覚は、今の私たちが朝の鳥や花に接するときの感覚と何の違いもない。鎌倉末期を代表する女流歌人であり、伏見天皇中宮[*7]として宮中深くに起居していた永福門院のような閨秀《けいしゅう》[*8]歌人が、こういう印象鮮明な歌を作っていたところに、何ともいえない面白みがある。

鳥籠《とりかご》をしづ枝《え》にかけて永《なが》き日を桃の花かずかぞへてぞ見る　　山川登美子《とみこ》[*9]

「しづ枝」は下枝。春の日永《ひなが》に、鳥籠を下枝にかけ、その桃の木の花の一つ一つをゆっくり数えてすごすというのだ。艶麗《えんれい》ともいえるが、また、不思議に淋《さび》しい。かげりのある倦怠《けんたい》の気も漂う。山川登美子《とみこ》は与謝野鉄幹《よさのてっかん》[*10]の弟子で、「新詩社」[*11]初期を彩《いろど》る女流歌人だった。のちに鉄幹の妻となる鳳晶《ほうしょう》、すなわち与謝野晶子《よさのあきこ》[*12]とともに鉄幹を慕ったが、恋を晶子に譲って他に嫁いでいった。しかしまもなく病を得て、三十歳で早世した薄幸の人である。そういうことを知ってこの歌を読むと、一層哀《いっそうあわ》れ深いものがある。

鶯の啼《な》くや小さき口あいて　　蕪村《ぶそん》[*13]

鶯という鳥をめぐる歌や句の中での異色の作である。古来鳥といえばまず鳴き声だったことは言うまでもないが、その場合、鳥の姿そのものが詠まれることはまずなかった。「　B　」という西行《さいぎょう》[*14]の歌が示しているように、鶯の声はあちらの方から響いてくる時とりわけ懐かしく、いかにも春らしいものだったのである。蕪村はその伝統を、

「啼く小さき口あいて」と言いとめることによって一新したのである。それはあたかも芭蕉《ばしょう》*15が、古来鳴き声を愛《め》でるものだった蛙《かわず》の扱いを、一跳び古池へ跳びこませることによって一新したのに似ている。それどころか、蕪村の句の「小さき口あいて」啼く鶯には、思いなしか、①可憐《かれん》な女人の姿さえもほうふつさせるところがある。

いずれにしても、私たちは鳥を歌うとき、いやおうなしに、命の躍動を歌い、つまりは人間と鳥の命の響き合いを歌ってしまうのである。

私の父は一九八一年秋に没したが、晩年十年間ほどのあいだに詠《よ》んだ歌は未刊のまま残された。私はそれらを編集して、一周忌の時遺歌集として刊行した。題名を『春の鷺《さぎ》』（花神社）という。父は生前、鳥を歌うことがしばしばあった。野鳥の名もよく知っていた。晩年は病勝ちとなったため、鳥の歌も、飼っているチャボや庭に来る小鳥など、身近な鳥を歌うことが多くなったが、その扱い方には時に強い現実批判の裏うちがあった。たとえば次のような歌。「野の鳥」と題する一連にある。

椋鳥《むくどり》*16が庭に来てゐる現実を②正眼《まさめ》に視《み》よと言ひて憐《あわ》れむ　大岡博
人間の秩序破壊をふせぎえぬ野の鳥どもの庭に虫あさる

C

父の歌の中に比較的多いのは、高い空をゆく鷺を仰ぎ見てうたった歌である。書名ともなった「春の鷺」という一連には、次のような作があって、私には③最晩年の父の心境そのもののように思われさえすることがある。

高々と没《い》り日をさしてゆく鷺のひたすらに翔《と》ぶ茜《あかね》に染みて　大岡博
呼びかはす声もきこえぬ鷺どもか影ひそやかに翼搏《う》ちつづく
大らかに翼伸びやかに翔ぶ鷺のまこと静かに没り日をめざす

（大岡信『光のくだもの』）

＊1 花鳥画＝主に花や鳥、虫などを描く日本画、東洋画の総称。
＊2 リアリズム＝現実をありのままに受け止め表現しようとするあり方、現実主義、写実主義。
＊3 顕彰＝隠れているものごとを明らかにし、広く世間に知らせること。
＊4 言祝《ことほ》ぎ、寿《ことほ》ぎ＝お祝いの言葉。
＊5 山口素堂《そどう》＝江戸時代前期の俳人。
＊6 永福門院＝伏見天皇の后《きさき》。歌人。
＊7 伏見天皇中宮＝「伏見天皇」は第九十二代天皇。「中宮」は皇后に次ぐ、上位の后。
＊8 閨秀《けいしゅう》歌人＝優れた、才能ある女性歌人。
＊9 山川登美子《とみこ》＝明治時代末期の女流歌人。
＊10 与謝野鉄幹《よさのてっかん》＝明治中期の代表的歌人、詩人。詩歌雑誌「明星」を創刊した。
＊11 新詩社＝詩歌雑誌「明星」の出版所。
＊12 与謝野晶子《よさのあきこ》＝明治中期から昭和初期まで活躍した女流歌人、作家。
＊13 蕪村《ぶそん》＝与謝蕪村。江戸時代中期の俳人。画家でもあった。
＊14 西行《さいぎょう》＝鎌倉時代初期の代表的な歌人。
＊15 芭蕉《ばしょう》＝松尾芭蕉。江戸時代前期の俳人。
＊16 椋鳥《むくどり》＝森に住み、昆虫、木の実などを食べる野鳥。

問一　A　に入る句として適当なものを、次のア〜エから一つ選び、記号で答えなさい。　［　　］

ア　目には青葉山時鳥《ほととぎす》＊1初鰹《はつがつお》　イ　あらたうと＊2青葉若葉の日の光
ウ　牡丹《ぼたん》散りて打ち重なりぬ二三片　エ　梅一輪一輪ほどの暖かさ

＊1　初鰹《はつがつお》＝初夏に入って早々に売られる鰹を特に「初鰹」といった。
＊2　あらたうと＝「あら」は驚き、感嘆の声。「たうと」は形容詞「尊《とうと》し（い）」の感動的な表現。

問二　B に入る歌として適当なものを、次のア〜エから一つ選び、記号で答えなさい。　［　　］

ア　憂き身にてきくも惜しきは[*1]鶯《うぐひす》の霞《かすみ》にむせぶあけぼのの声

イ　徒然《つれづれ》とくらしわづらふ[*2]春の日になど[*3]鶯のおとづれもせぬ

ウ　雪の内に春は来にけり鶯のこほれる涙今やとくらむ[*4]

エ　春立てば花とや見るらむ[*5]白雪のかかれる枝に鶯ぞ鳴く

＊1　憂《う》き身にてきくも惜しきは＝辛《つら》いことの多いこの身がいつまでも聞いていたいと思うのは。

＊2　徒然《つれづれ》とくらしわづらふ＝退屈でしかたがない。

＊3　など＝なぜ。どうして。

＊4　今やとくらむ＝今はもう溶けただろうか。

＊5　春立てば花とや見るらむ＝立春の日なので花と勘違いしたのだろうか。

問三　――線①「可憐《かれん》な女人の〜ところがある」とあるが、これはどのようなことを言っているのか。適当なものを、次のア〜エから一つ選び、記号で答えなさい。　［　　］

ア　鶯《うぐいす》の啼《な》き声が、まだ幼く愛らしい少女の話し声や歌声、また笑い声などとダブって聞こえてくるということ。

イ　啼く鶯の姿が、懸命に思いを伝えようとするひたむきな女性の姿として迫ってくるということ。

ウ　鶯が口を開けて啼くのを見ると、幼い少女が泣いているその小さな口もとが思い浮かんでくるということ。

エ　鶯のさえずる姿が、愛らしい女性が話し、歌い、笑う、そうした姿と重なって感じられるということ。

問四　難　――線②「正眼《まさめ》に視《み》よ（直視せよ）」とあるが、ここでこの歌の作者が「直視せよ」と言っている「椋鳥《むくどり》が庭に来てゐる現実」とは、具体的にどのようなことか。次の説明文の a ・ b に入る適当な語句を a は五字以内、 b は二十字以内で答えなさい。

a

b

a によって、 b ということ。

問五　C に入る歌として適当なものを、次のア〜エから一つ選び、記号で答えなさい。　［　　］

ア　あらがひてあらがへぬ生をいつか知るつぶさなりけり青空の鷺《さぎ》

イ　ケラ[*1]の巣の古きにこもりし椋鳥《むくどり》の雛《ひな》の立てれば親等《おやら》も去りぬ

ウ　青虫などもすくなくなりし郊外か芝生のせせり椋鳥余念なし

エ　めづらしく庭に来りて声立てぬ鳥かげ一羽目白《めじろ》と知りぬ

＊1　ケラ＝啄木鳥《きつつき》のこと。

問六　難　――線③「最晩年の父の心境そのもの」とあるが、それは本文の最後の三首からどのようにうかがうことができるか。適当なものを、次のア〜エから一つ選び、記号で答えなさい。　［　　］

ア　互いに声を掛け合うこともできないくらい弱って「影ひそやかに」羽ばたき続ける鷺《さぎ》の姿。そこに、ひっそりとこの世から消えていく父の寂しさが感じられる。

イ 茜色《あかねいろ》の夕日を浴びて「ひたすらに翔《と》ぶ」鷺《さぎ》の一心不乱な様子。そこから、最後の力を振り絞って歌の世界に没頭する父の鬼気迫るような思いが感じられる。

ウ 家路を急ぐ鷺とは違って、自分はもう愛する家族の元には帰れない。「翼搏《う》ちつづく」という字余りの部分からは、父のそうした家族への断ち切れぬ未練のようなものが感じられる。

エ まさに日が沈もうとする静かな夕方に「大らかに」飛翔する鷺の姿そこに、みずからの死を心静かに迎え入れようとする父の心の内が感じられる。

解答の方針

問一・二・五 例として引用されている作品を答えさせる問題。前後をよく読み、どのようなことがらの例なのか、明確にして選択肢を検討しよう。

---

46 **次の文章を読んで、あとの問いに答えなさい。**（東京・慶應女子高）

俳句や短歌は不思議な詩型である。短い言葉のなかに、長い言葉よりも広い世界を表現することができる。長い詩型が言葉によってすべてを限定するのに対し、短い詩型は、読むひとのイマジネーションに頼る部分が大きくなるために、表出される世界が広がるのであろう。

短歌では、小さいものを詠《うた》うのはやさしいが、大きいものを詠うのはむずかしいとされる。たとえば、海に浮かぶ小舟を詠うことはできるが、ただ広い海だけを詠うことはむずかしい。

これは人間の神経系の構造や機能と関係のあることであろうと私は考えている。漠然としたあいまいな言葉をあたえるのではなく、鮮明なイメージをもつ言葉をあたえることによって、特定の神経細胞が興奮するのではなかろうか。その結果、その言葉に関連するイメージを記憶している神経細胞が同時に興奮して、そこに広々とした世界が開けてくる。

ちる花はかずかぎりなしことごとく光をひきて谷にゆくかも

上田三四二《みよじ》のこの歌は、桜の花びらという小さいものの視覚イメージを印象づけることによって谷の深さまでも表現している。

人間の心はまた、自然に対して敏感に反応するものである。これはおそらく、生命の歴史と深くかかわりをもつことなのであろう。自然に触れることで心身は解放され、安らぎを得る。そのような意味で、自然を詠った歌の方が、ひとびとの心に訴える可能性が高い。

小さな花のたたずまいや月の白じろとした光の流れは、ひとびとの心のなかに豊かなイメージを膨らませるが、テレビやビルディングのような人工物は、イメージ喚起力が弱い。古来、花鳥風月が歌に詠《よ》まれることが多かったのも、人間の神経系の要求の結果ではなかろうか。

時代が進むと、そのような歌に飽き足りないひとびとがでてくる。そのような歌人の一人に土屋文明《ぶんめい》がいる。彼は「お互いに平凡な生活をくりかえしていながら、その中に自分の一つの生活を見つけてゆくというのが作歌の意味ではなかろうか」と述べている。「自分の生活に直面して、そこを足場として深くも広くも進もうとすること」ともいう。

生活を詠《うた》うといっても、単に日常の雑事を歌にすればよいというのではない。「他人の心に深く訴える」ようなものでなければならない。人間の生理、心理とはかけ離れたところから出発して、なおかつ感動をあたえようというのである。

文明も最初からこのようなことを目指したのではない。初期の歌には

白砂に清き水引き植ゑならぶわさび茂りて春ふけにけり

のような自然詠もある。ところが、

地下道を上り来たりて雨のふる薄明の街に時の感じなし

というような硬質な歌に作風が変わっていく。この歌は、地下道や街というイメージ喚起力の弱い言葉に「時の感じなし」と突き放したような結句がつづく。しかし、一見、ぶっきらぼうのようなこの歌の底にはいい知れぬ寂しさがただようのである。

昼間のように明々と電灯に照らされた地下道から急に地上にでると、そこには夕闇《ゆうやみ》が迫り、細い雨が降っていた。アスファルトの道の湿る匂《にお》い。①一瞬の時間感覚の落差に自己の存在感がぐらりと揺らぐ。——時が消えた——人生のエア・ポケットに落ち込んだような底知れぬ寂《せき》寥感《りょうかん》。都市の雑踏のなかでさえ、この寂しさから救われることはない。

その感情が、「時の感じなし」という、突き放したような言葉で表現されるとき、そこには無骨な「男の寂しさ」をも感じさせる。

文明は人間の神経系の働きに反する方法で、なおかつ人の心に訴えることに成功した数少ない歌人のように思える。成功の陰には、徹底した自然の写生詠の積み重ねがあったのであろう。また、何がひとを動かすかを直観的に悟る能力ももっていたと思われる。

彼は、それまでの自然観照を主とする短歌の世界から離れて、人間の生活を通して人間そのものを詠おうとした。そこには、生と死、人間であることの寂しさ、孤独が②通奏低音として流れている。

老い朽ちし桜はしだれ匂《にお》はむも此《こ》の寂しさは永久《とわ》のさびしさ

という心境詠を経て、妻の死に際しては、

終りなき時に入らむに束《つか》の間の後前《あとさき》ありや③有りてかなしむ

という慟哭《どうこく》*1に、人間としての悲しみは滝となって落ちるのである。磨き抜かれた技は自然をも超越することがある。

（柳澤桂子『生と死が創るもの』）

＊1　慟哭《どうこく》＝ひどく悲しみ、声をあげて泣くこと。

問一　難　——線①「一瞬の時間感覚の落差」とあるが、これはどういうことか、ここでの状況を説明しなさい。

［　　　　　　］

問二 難 ――線②「通奏低音」とあるが、これはどういうことか、説明しなさい。

［　　　　　　］

問三 ――線③「有りてかなしむ」とあるが、これはどういうことか、説明しなさい。

［　　　　　　］

問四 この文章に書かれている土屋文明の短歌の特徴を、次のア～オから一つ選び、記号で答えなさい。［　　］

ア 短い詩型によって、イマジネーションを刺激する歌を詠《よ》んだ。
イ 人工物や平凡な生活を通して、人間の本質にせまる歌を詠んだ。
ウ 生と死、人間であることの寂しさ、孤独を強調した歌を詠んだ。
エ 平凡な生活の中で生きる苦悩を、人々に訴えかける歌を詠んだ。
オ 自然観照を主としながら、人間そのものを表出する歌を詠んだ。

解答の方針

問一 歌の解釈を行っている部分をよく読み、具体的な言葉に置き換えて答えよう。

3 俳句の理解

標準問題

47 **[季語・鑑賞]**

重要 **次の俳句を読んで、あとの問いに答えなさい。**

解答 別冊 p.35

満月を生みし湖山の息づかひ　富安風生《とみやすふうせい》

問一 この句の季語と季語が示している季節を答えなさい。

季語［　　　］　**季節**［　　　］

問二 この句の説明として適当なものを、次の**ア**〜**オ**から一つ選び、記号で答えなさい。［　　　］

ア 壮大で圧倒的な大自然の息吹《いぶき》を感じさせつつ満月が山々にかかる情景を絵画的に描き、無力ではあるが、けなげに生きる作者自身の姿に重ねている。

イ 春の朧《おぼろ》の満月が山々のシルエットとともに湖に映り、その月がさざ波に揺れ、まるで息づいているような姿に作者は春の月の幻想的な美しさを感じている。

ウ 湖の周囲の山々の自然の中で、作者は今か今かと満月が上るのを待ち続け、ついに満月が上ってきたときの感動のため息を漏らす自分の姿を描いている。

エ まるで作者の息づかいに合わせるかのようにして山々の間から湖の上に上る澄みきった光の満月の情景を描き、作者と月との一体感を表現している。

オ 秋の満月が上ってくる夜、まるで湖の向こうの山が月を生み出したかのように息づいている情景に作者は感動し、自然のもつ強い生命力を感じ取っている。

ガイド

● **俳句の形式**

俳句は五・七・五の三句十七音からなり、初めの五音を**初句**(上五)、中の七音を**二句**(中七)、終わりの五音を**結句**(下五)という。いずれかの句がこの音数より多い場合を**字余り**という。こうした音数の形式にとらわれず、自由に詠《よ》む俳句を**自由律俳句**という。

● **句切れ**

三句のうち、内容や調子の上から区切れるところを**句切れ**という。句切れには、初句切れ、二句切れがあり、句切れのないものを句切れなしという。

通常意味や言葉の切れめが句切れとなるが、**切れ字**(「〜や・〜かな・〜ぞ・〜けり」など)がある場合には、そこが句切れとなる。作者の感動が切れ字の付く句にこめられていることが多い。

● **季語**

俳句では季節を象徴する言葉である**季語**を詠み込むことが原則である。春夏秋冬のほか、新年を別にするのが一般的である。それぞれの季節ごとに季語を列挙し、例となる句をつけたものを**歳時記**《さいじき》という。(別冊

48 【鑑賞】重要 次の俳句の解説文の［　］に入る適当な語句を、あとのア～エから一つ選び、記号で答えなさい。

(1) *1万歳《まんざい》の春をさし出す扇《あふぎ》かな　　子直《しちょく》

万歳のさし出す扇《おうぎ》から春が生まれるように感ずる、というよりもさらに進んで、［　］、と見たのである。こういう言い表し方は今の句とは大分異なった点があるように思う。新春そのものを包括して、ある形の下に表したのが、この句の特色をなしている。

（柴田宵曲『古句を観る』）

*1 万歳＝正月に、家々をめぐってその年の繁栄を祝うことばを述べ、腰につけた小さな太鼓を打ちながらこっけいな踊りをする芸人。

ア 扇の絵柄には春の景色が描かれている
イ 扇に春の風物そのものをのせてさし出す
ウ 万歳の扇のさし出し方が華やかである
エ 万歳が扇によって春そのものをさし出す

［　　］

(2) 探梅《たんばい》や枝のさきなる梅の花　　高野素十《すじゅう》

梅を探るのであるから、はたして梅がほころびているかどうか、まだ固いつぼみのままに寒さの中にひそんでいるのではないかと、あえて山野の道を尋ね歩くわけである。［　］心もちが、おのずと早い梅を探りあてようとする*1郊行であり、梅であってはじめて*2身を起こして寒中の杖《つえ》を引かせるのである。この句はそうした探梅にあたって、*3今し一輪の花をまのあたりにすることが出来た。しかも花はさしのべた枝の先に一輪だけ花をひらいていたという。「梅」という字を重ね用いて、少しの重複感をもたせぬばかりか、かえって枝先の一輪をまさに眼《め》にした印象と感銘を強める効果を見せている。

（『日本大歳時記・冬』）

*1 郊行＝郊外の散歩。
*2 身を起こして寒中の杖《つえ》を引かせる＝あえて寒中に出かけていく。
*3 今し＝今ちょうど。

ア 冬に耐える　イ 冬を待ち望む　ウ 春を待ちかねる　エ 春を惜しむ

［　　］

p.35参照)

[例]
春　日永《ひなが》・水温《みずぬる》む・雪残《ゆきのこ》る
夏　短夜《みじかよ》・五月雨《さみだれ》・紫陽花《あじさい》
秋　夜寒《よさむ》・天の川《あまのがわ》・野分《のわき》
冬　小春日《こはるび》・時雨《しぐれ》・枯《か》れ野《の》
新年　初春《はつはる》・書初《かきぞ》め・七種《ななくさ》（七草）

●俳句の鑑賞

俳句も短歌と同様、詠《よ》まれている情景を正確に思い浮かべ、作者はどんな点に感動したのかをつかむ。十七音という短い字数でどのように世界を切り取っているのか、作者の観察眼や感覚の鋭敏さ、表現の巧みさも味わえるとよい。

●俳句の鑑賞文

詩や短歌と同様、俳句も鑑賞文による出題が多い。出題の多い著者とその著書を一点あげる。

大岡信《おおおかまこと》『折々のうた』
高橋治《たかはしおさむ》『つぶやき歳時記』
上野洋三《うえのようぞう》『芭蕉、旅へ』
外山滋比古《とやましげひこ》『省略の文学』

最高水準問題

49 次の文章を読んで、あとの問いに答えなさい。 解答 別冊 p.36

（秋田県）

〔ある日、母から電話があり、父が生前、残された時間を惜しむかのように寝床で読書していた様子を語り出した。「私」はそのときの父の姿を思い浮かべた。〕

私が自分の思いの中に入りかけ、一瞬ぼんやりしていると、昨日ね、とまた電話の向こうで母が話しはじめた。

駅前のデパートに行って売り場を歩いていたら、後ろから、お父さん、という若い女の人の声が聞こえたの。振り返ると、そこには若いお父さんが男の子を抱いて立っていたの。それを見たら、急に胸が痛くなってね。

不意に声を詰まらせた母に驚いて、私は訊《たず》ねた。

「どうして？」

「あなたを抱いていたお父さんを思い出して……」

私は私を抱いていたという父を想像できない。父は私を抱いたことがあったのだろうか。①そういう愛情の表現ができたのだろうか。私が私の娘を抱いていたように……。

だが、ひとつ思い出すことがあった。

父と久保田万太郎＊1の句のことを話していた夜、好きな句を訊ねると、「あきかぜのふきぬけゆくや人の中」を挙げ、もうひとつを訊ねると、「さびしさは……」と言って絶句してしまったことがあった。私にはその句がどんなものかすぐにはわからなかった。「さびしさは」という上の句を持つ作品は、私もどこかで眼《め》にした記憶がないわけではなかったから、かなり有名な句だったのだろう。しかし、父がどんな句を挙げようとしていたのか、気になりながらそのままにしていた。ところが、先日、眠れないままに久保田万太郎の全句集で句の拾い読みをしているうちに、「さびしさは」という上の句を持つ作品を発見した。

A　さびしさは木をつむあそびつもる雪

私がどきっとしたのはその句に万太郎の②「長男耕一《こういち》、明けて四つなり」という前書きがあったことだった。そこから、私の思いはさまざまに広がった。

外は雪。久保田万太郎がひとりで積み木遊びをしている息子の姿を眺めている。父親である久保田万太郎は、幼い息子のその姿から、ほのぼのとした喜びではなく、哀《かな》しみのようなものを覚えてしまう……。しかし、③死の直前にその句を思い出そうとしていた父には、そうした思いで幼い私を眺めていたことがあったのだろうか。

父が私について詠《よ》んだ句は、私が長い旅行に出ている時期に集中している。ちょうどその頃《ころ》が最も作句に熱意を持っていた時期ということがあったのだろうが、旅に出ている息子について思いを巡らすということが句の作りやすい心情を生んだのだろう。

B　葡萄《ぶどう》食へば思ひは旅の子にかへる

C　流れ星つつがなかれと祈るのみ

D　屋根裏の巴里《パリー》寒しと便りの来《く》

だが、私にはこの頃の父の姿を思い浮かべることはできても、自分が幼かった頃の父の姿を想像することができない。ただ、幼い息子である私を、静かな笑《え》みを浮かべて見つめていたことがあるのを微《かす》かに覚えているだけだ。

（沢木耕太郎『無名』）

＊1　久保田万太郎＝小説家・劇作家・俳人（一八八九～一九六三）。

問一 本文中の俳句B～Dの中で、次のア～ウのいずれかの表現技法を用いている俳句が一句ある。その俳句と用いられている表現技法を、それぞれ記号で答えなさい。

ア 体言止め　イ 字余り　ウ 倒置法

俳句［　　］ 表現技法［　　］

問二 ——線①「そういう愛情の表現」とあるが、これはどのようなことか。「～ような愛情表現」と続くように、簡潔に答えなさい。

［　　　　ような愛情表現］

問三 難 ——線②「前書き」を見つけたときに、「私」が気付いたことを次のようにまとめた。□に入る適当な言葉を答えなさい。

久保田万太郎の俳句に描かれた息子への思いに重ねて、□ということ。

［　　　　］

問四 ——線③「死の直前にその句を思い出そうとしていた父」とあるが、その様子が具体的に書かれている部分を含む一文の始めの五字を抜き出して答えなさい。

□□□□□

問五 〰〰線「ほのぼのとした～覚えてしまう……」とあるが、本文中の俳句Aと、次の俳句Eとを読み比べ、対照的な点をあとの表にまとめた。

E 子にみやげなき秋の夜の肩ぐるま　能村《のむら》登四郎《としろう》

a・bに入る適当な語句をそれぞれ二十字以内で答えなさい。また、c・dに入る適当な語句を、AとEの俳句の中から抜き出して答えなさい。

a □□□□□□□□□□□□□□□□□□□□

b □□□□□□□□□□□□□□□□□□□□

c［　　］

d［　　］

	Aの俳句	Eの俳句
読み取れること	・息子は一人で積み木遊びをしている。	・子どもは a 。
	・父親は b 。	・父親は、子どもと一体となって触れ合っている。
	・積み木と c という、元の形をとどめないものが描かれている。	・ d という親子の結びつきが描かれている。
	↓ 哀《かな》しみのようなもの	↓ ほのぼのとした喜び

50　次の文章を読んで、あとの問いに答えなさい。　（岡山朝日高）

山路来て何やらゆかしすみれ草　芭蕉《ばしょう》
秋の燈《ひ》やゆかしき奈良の道具市　蕪村《ぶそん》

いずれも、ぼくにとって忘れがたい句だ。両俳人とも心に「ゆかし」と感じ入った嘱目*1《しょくもく》の景をそのまま素直にそう表現している。じっさい、山路をたどってきて、ふと目を落としたとき、紫の小さな花を可《か》憐《れん》に支えている菫《すみれ》は、なんとも「ゆかし」く思われるし、傍《かたわ》らにともした秋の灯《ひ》を受けて道具市の品々が柔らかく光っている風情は、古都・奈良という土地柄だけに、まことに「ゆかしき」さまに見えてくる。

「ゆかし」は本来は「行く」に由来する。つまり、行かま欲《ほ》し、行ってみたい、という意からつくられた語である。そこから、何となく知りたい、見たい、聞きたい、と興が持たれる心のさまを表す言葉となった。しかし、それはギラギラした好奇の目ではなく、見るにしても、さりげなく、よそ目ながらに視線を投げる、そのような余裕を持った、あるいは抑制のきいた姿勢が前提となっている。そして、このようなゆとりある態度こそが、①そうした美の発見につながっているのである。

『徒然草』で兼好が「花はさかりに、月はくまなきをのみ見るものかは」と記しているのは、まさしくこの②「ゆかしい」心の持ち方であろう。月を見るといえば一点の雲もない満月、花を愛《め》でるなら満開の桜、それ以外に目が向かない、というのは、何と味気ない観賞の仕方であろうか、と彼はいい、雨の降る夜にかくれている月を想《おも》い、満開の花より、これから咲こうとしている梢《こずえ》を仰いだりして興じるほうが、ずっと趣深い、すなわち「ゆかしい」ではないか、と。

中国、明《みん》の詩人高啓《こうけい》にも、それと心根を一《いつ》にするような詩がある。「胡隠君《こいんくん》を尋《たず》ぬ」、隠士*2の胡君を訪ねる、という作だ。

水を渡り復《ま》た水を渡り　花を看《み》環《ま》た花を看る
春風江上《こうじょう》の路《みち》　覚えず君が家に到《いた》る

高啓は江南の蘇州《そしゅう》近郊に隠棲《いんせい》し、花の時期、堤《つつみ》を散策しながら友人を尋ねたのである。彼にとっては、友を訪《おとな》うことさえ、さりげない目標だった。まして花を眺め、春水を幾筋も渡ることなど全く慮外*3《りょがい》であったのだろう。それでいて、この詩人は春風に吹かれながら心ゆくまで花と水を見きわめ、あげく、知らぬ間に友の家に着いてしまったというのだ。これこそ③「ゆかしき」堤上の道ではなかろうか。花は桃か、李《すもも》か、あるいは梅か。ぼくは「風流」ここに極まっているような気がする。

（森本哲郎「失われた『ゆかしさ』」）

＊1　嘱目《しょくもく》の景＝目に触れる景色。
＊2　隠士＝世間を離れて隠れ棲《す》んでいる人。
＊3　慮外《りょがい》＝考慮に入れないこと。

問一　冒頭の芭蕉の句はどの語の後に意味の切れ目があるか、答えなさい。

［　　　］

問二　——線①「そうした美」が指す内容を表している熟語を、それ以前の文章の中から抜き出して答えなさい。

［　　　］

問三　——線②「この『ゆかしい』心の持ち方」とはどのような「心の持ち方」か。それを示す部分を本文より抜き出し、最初の三字と最後の三字をそれぞれ答えなさい。

最初 □□□　最後 □□□

問四 ――線③「ぼくは『風流』ここに極まっているような気がする」とあるが、この理由を説明した次の文の［ a ］・［ b ］に入る適当な語句を答えなさい。［ a ］は漢詩の一節から、［ b ］は本文より五字以内で抜き出して答えること。

a ［　　　　　］

b ［　］［　］［　］［　］［　］

［ a ］を楽しみ味わいつつ、いつのまにか友人宅に至った高啓の［ b ］態度は「ゆかしさ」の体現であるから。

解答の方針

問一　意味、文法上切れている部分を探す。

問三　傍線部に含まれる指示語の指示内容を探す。

第3回 実力テスト

時間30分　目標35点

得点　／50

▼解答↓別冊 p.38

1 次の詩と文章、短歌を読んで、あとの問いに答えなさい。（福島県）

樹木　草野心平

嫩葉《わかば》[*1]は光りともつれあひ。

くすぐりあひ。

陽《ひ》がかげると不思議がつてきき耳をたて。

そよ風がふけば。

枝々は我慢が利《き》かずざわめきたち。

毛根[*2]たちはポンプになり。

駆け足であがり。

枝々にわかれ。

葉つぱは恥も外聞もなく裸になり。

隈《くま》どり[*3]の顔で。

歓声をあげ。

＊1 嫩葉《わかば》＝若葉。若くてやわらかい葉。
＊2 毛根＝ここでは、根毛のこと。
＊3 隈《くま》どり＝歌舞伎《かぶき》で、役者の表情を強調するために、顔面を一定の型で着色すること。

この詩で作者は初夏の樹木の様子を的確に伝えるために、若葉や枝枝のありさまを、①人間にたとえて表現しました。

外界の風や光の変化に応じてめまぐるしく表情を変える樹木の姿が、まるで無邪気な子どもがたわむれているかのように表現されています。

また、「□」という一行からは、根が吸い上げたものが樹木の内側を流れていく勢いを読みとることができます。

終わりの三行で描かれる若葉は、生命力を②一気にはじけさせているかのようです。詩全体を通して、満ちあふれる樹木の生命力が十分に表現されていると言えるでしょう。

A　植うるとはつまり己《おの》れが樹《き》になるといふことならむ樹を仰ぎつつ　時田則雄《のりお》

B　わかわかしき青葉の色の雨に濡《ぬ》れて色よき見つつ我《わ》れを忘るも　伊藤左千夫《さちお》

C　山の上にたてりて久し吾《われ》もまた一本の木の心地するかも　佐佐木信綱《のぶつな》

D　約束のことごとく葉を落とし終え樹は重心を地下に還《かへ》せり　渡辺松男

E　夕靄《ゆふもや》は蒼《あを》く木立をつつみたり思へば今日はやすかりし[*1]かな　尾上柴舟《おのえさいしゅう》

F　木琴《もっきん》の音ひびかせて春分の路地きらきらし木の芽のひかり　坪野哲久《つぼのてっきゅう》

＊1 やすかりし＝心が安らかだった。

問一 ［　　］に入る適当な一行を、詩の中から抜き出して答えなさい。（4点）

［　　　　］

問二 詩の表現上の特色として適当なものを、次の**ア**〜**オ**から一つ選び、記号で答えなさい。（3点）［　］

ア 各行に句点を打つことで、各行の内容は次の行に関連していかないことを表現している。

イ 各行を言い切りの形で結ばないことで、滞《とどこお》ることのない季節の変化を表現している。

ウ 各行を言い切らずに結ぶことで、おさまりきらないほどの勢いを表現している。

エ 各行を聴覚に関係する言葉で結ぶことで、心地よいリズム感を生みだしている。

オ 各行の終わりの音をすべて統一することで、調和のとれた響きをもたらしている。

問三 ——線①「人間にたとえて表現しました」とあるが、同じように、樹木のありさまを人間にたとえて表現している短歌を、**A**〜**F**から一つ選び、記号で答えなさい。（3点）［　］

問四 ——線②「樹木の生命力」とあるが、成長する樹木のみずみずしさを色彩的にとらえ、作者が見とれているさまを表現している短歌を、**A**〜**F**の中から一つ選び、記号で答えなさい。（3点）［　］

---

2 次の文章を読んで、あとの問いに答えなさい。

（北海道・函館ラ・サール高 改）

〔筆者は、表記や表現に違和感を覚え、冒頭から読み進めるのをやめてしまった本について、例をあげて述べている。〕

〈稲は五寸ばかりに伸びていた。水田の面を時雨《しぐれ》が叩《たた》き、無数の波紋をこしらえ、若い稲がいっせいに葉先を揺する。〉

これはどうも、冒頭からイメージが混乱した。ここでやめたことはやめたのだが、二毛作かなんかでこういうこともあるのであろうかと、実はだいぶ先のほうまでめくってはみた。時は幕末、所は九州久留米あたりらしい。しかし別段、特殊な農業をやっているようでもない。

小生農業の方面はいっこう不案内だが、稲が五寸*1ばかりにのびるのは、まあ初夏であろう。

しぐれは冬、とくに初冬のころにサアーッとくる雨である。［A］の「初しぐれ猿も小蓑《みの》をほしげなり」は誰《だれ》でも知っていよう。つめたい景色である。

近いところでは［B］の絶唱*2①「うしろすがたのしぐれてゆくか」がある。笠をかたむけてよろけてゆく［B］のむこうに、はてしなくつづく［C］が見える。

その他、「村時雨」「片時雨」「小夜時雨」「北時雨」「横時雨」など、しぐれはいいことばが多い。

万物衰滅にむかう冬の初めと、若い稲がすくすくとのびる初夏とがいっしょに出てきては——これもつきあいきれなかった。

（高島俊男「雨のいろいろ」）

＊1 五寸＝一寸は約三センチメートル。
＊2 絶唱＝非常に優れた詩歌。

問一 [A]・[B]に入る俳人は誰《だれ》か。それぞれについて説明した次の文を踏まえて、あとのア〜カからそれぞれ選び、記号で答えなさい。（各3点　計6点）

A［　　］　B［　　］

A―江戸時代中期の人物で、俳句を芸術の域にまで高めたとされている。生涯にいくどもの旅をし、多くの紀行文を残した。また、多くの門人がいたことでも知られている。

B―明治時代に生まれ、大正末から昭和の初めにかけて活動した人物。四十代で出家した後は、生涯の大半を漂泊の旅に過ごし、平明無技巧な句で独特の境地をあらわした。句集に「草木塔」がある。

ア 与謝蕪村　イ 松尾芭蕉　ウ 高浜虚子　エ 小林一茶
オ 正岡子規　カ 種田山頭火

問二 ――線①「うしろすがたのしぐれてゆくか」の句について、

(1) この句のように、五・七・五の型に当てはまらない俳句をなんというか。次のア〜エから一つ選び、記号で答えなさい。（3点）［　　］

ア 自由律俳句　イ 散文律俳句　ウ 無形律俳句　エ 不定律俳句

(2) この句の季語を踏まえて、[C]に入る適当な語を、次のア〜エから一つ選び、記号で答えなさい。（3点）［　　］

ア 荒野　イ 裾野　ウ 枯野　エ 広野

問三 次の俳句についてあとの問いに答えなさい。

A 菜の花や月は東に日は西に
B 朝顔に釣瓶《つるべ》とられて貰《もら》ひ水
C 大根《だいこ》引き大根で道を教へけり
D 万緑の中や吾子《あこ》の歯生え初《そ》むる

(1) A〜Dの俳句の季語が表す季節を、次のア〜エからそれぞれ一つ選び、記号で答えなさい。ただし、同じ記号を繰り返し答えてはならない。（各3点　計12点）

A［　　］　B［　　］　C［　　］　D［　　］

ア 春　イ 夏　ウ 秋　エ 冬

(2) 〰〰線「や」や「けり」のような語を俳句ではなんと呼ぶか、答えなさい。（3点）

［　　　　］

(3) BとDの俳句の解釈を現代語で、それぞれ六十字以内で答えなさい。（各5点　計10点）

B

D

4

古典の読解

標準問題

解答 別冊 p.39

51 **［部分解釈・仮名遣い］** 次の文章を読んで、あとの問いに答えなさい。

*1呂尚《りよしやう》父《ほ》が妻、家貧しきを*2住みわびて、離れにけり。呂尚父、王の*3師となりて①いみじかりける時、かの妻帰り来《きた》りて、②もとのごとく有らんことを望む。その時、呂尚父桶《をけ》をひとつ取り出《い》だして、「これに水入れよ」と言ふままに入れつ。「こぼせ」と言へば、こぼしてけり。さて、③「もとのやうに返し入れよ」と言ふ時に、妻笑ひて、「土にこぼれぬる水、④いかでか返し入れん」と答ふ。呂尚父*4曰《い》はく、「汝《なんぢ》我に⑤えんつきし事、桶の水をこぼせるがごとし。今更《いまさら》いかでか帰り住まん」とぞ言ひける。

（『十訓抄《じっきんしょう》』）

*1 呂尚《りよしやう》父《ほ》＝人名。本文は中国古代の話を元にしたものである。
*2 住みわびて＝住みにくくなって。厭《いや》になって。
*3 師＝先生。
*4 曰《い》はく＝言うには。

問一 重要 ——線①「いみじかりける」とは「甚《はなは》だしかった」という意味である。何の程度が甚だしかったのか、答えなさい。

［　　　　　　］

問二 重要 ——線②「もとのごとく有らんこと」とはどういうことか、説明しなさい。

ガイド

● 古文の仮名遣《かなづか》い

古文は、「歴史的仮名遣い」と呼ばれる、現代とは異なる仮名遣いで書かれている。歴史的仮名遣いは、次のような原則に従って読まなければならない。

① ワ行「ゐ・ゑ・を」は「イ・エ・オ」と読む。
［例］ ゐ《イ》る（居る）・ゑ《エ》まき（絵巻）・を《オ》のこ（男子）

② 語の先頭以外の「は・ひ・ふ・へ・ほ」は「ワ・イ・ウ・エ・オ」と読む。
［例］ きは《ワ》（際）・かひ《イ》（貝）・いふ《ウ》（言う）・かへ《エ》す（返す）・かほ《オ》（顔）

③ ア段の音＋「う・ふ」、オ段の音＋「う・ふ」、オ段の音＋「を・ほ」は「オー（オ段の長音）」と読む。
［例］ かう《コー》ぶり（冠）・そう《ソー》（僧）・とほ《トー》し（遠し）

④ イ段の音＋「う・ふ」は「ユー」と読む。
［例］ いう《ユー》なり（優なり）・じふ《ジュー》（十）

⑤ エ段の音＋「う・ふ」は「ヨー」と読む。
［例］ せう《ショー》そこ（消息）・けふ《キョー》（今日）

⑥「くわ・ぐわ」は「カ・ガ」と読む。
［例］ くわ《カ》し（菓子）・ぐわ《ガ》んじつ（元日）

問三 重要 ——線③「やうに」を現代仮名遣《かなづか》いで書きなさい。

〔　　　　〕

問四 ——線④「いかでか返し入れん」の現代語訳として適当なものを、次のア〜エから一つ選び、記号で答えなさい。

ア 戻す必要は有りません　イ どうして戻せましょうか

ウ 戻し方を教えて下さい　エ いつまでに戻すのですか

〔　　　　〕

問五 ——線⑤「えんつきし」を漢字を用いて表記したものとして適当なものを、次のア〜カから一つ選び、記号で答えなさい。

ア 縁尽きし　イ 縁付きし　ウ 円尽きし　エ 円付きし　オ 援尽きし　カ 援付きし

〔　　　　〕

問六 この文章の末文として適当なものを、次のア〜エから一つ選び、記号で答えなさい。

ア [*1]かく忍び過ぐせるは真にいみじく覚《おぼ》ゆ。

イ 女かくこそ[*2]有らまほしけれ。

ウ 人の欺《あざむ》かん事などをもよくよく思慮すべし。

エ 貧しき事を忍び得《え》ずして心短き類《たぐひ》なり。

〔　　　　〕

＊1 かく＝このように。

＊2 有らまほしけれ＝有ってほしい。

● 係《かか》り結《むす》び

「係り結び」とは、「**ぞ・なむ・や・か・こそ**」などの**係助詞**が用いられると、これに応じて、文末を終止形ではなく、ある特定の活用形で結ぶという古典文法での決まりのこと。

係助詞	文末の活用形	意味
ぞ	連体形	強意
なむ	連体形	強意
や	連体形	疑問・反語
か	連体形	
こそ	已然《いぜん》形	強意

［例］

文《ふみ》受く（終止形）。（手紙を受け取る。）

文ぞ受くる（連体形）。（手紙を受け取る。）

文なむ受くる。（手紙を受け取る。）

文や受くる。（手紙を受け取ったか。）

いずれの文か受くる。（どの手紙を受け取ったのか。）

文こそ受くれ（已然形）。（手紙を受け取る。）

「已然形」とは現代文での「仮定形」にあたる活用形。もしも、係り結びに従って文末の語を活用させなければならないときは、だいたい連体形ならウ段、已然形ならエ段となるようにしておけばよいだろう。

52 【部分解釈・単語の意味・文法】

次の文章を読んで、あとの問いに答えなさい。

富士河といふは、富士の山より落ちたる水なり。①その国の人の出《い》でて語るやう、「一年ごろ物にまかりたりしに、いと暑かりしかば、この水の面《つら》に休みつつ見れば、河上の方より黄なる物流れ来て、物につきて止まりたるを見れば、反故《ほぐ》なり。とりあげて見れば、黄なる紙に、*1丹《に》して、濃くうるはしく書かれたり。あやしくて見れば、来年なるべき国どもを、*2除目《ぢもく》のごとみな書きて、この国来年あくべきにも、*3守《かみ》なして、又添へて②二人をなしたり。あやし、あさましと思ひて、とりあげて、乾して、をさめたりしを、かへる年の*4司召《つかさめし》に、③この文に書かれたりし、一つたがはず、この国の守とありしままなるを、三月のうちになくなりて、又なり代りたるも、このかたはらに書きつけられたりし人なり。かかる事なむありし。来年の司召などは、今年この山に、そこばくの神々集まりて、ない給《たま》ふなりけりと見給へし。めづらかなる事にさぶらふ」と語る。

ぬまじりといふ所もすがすがと過ぎて、いみじく④わづらひ出でて、とうたうみにかかる。さやの中山など越えけむほども⑤おぼえず。いみじく苦しければ、天ちうといふ河のつらに、仮屋作り設けたりければ、そこにて日ごろ過ぐるほどにぞ、やうやう⑥おこたる。冬深くなりたれば、河風けはしく吹き上げつつ、C堪《た》へ難《がた》くAおぼえけり。そのわたりして浜名の橋にB着いたり。浜名の橋、下りし時は黒木をわたしたりし、この度は、跡だに見えねば、舟にて渡る。入江にわたりし橋なり。外の海はいといみじくあしく浪《なみ》高くて、入江のDいたづらなる洲《す》どもにこと物もEなく、松原の茂れる中より、浪の寄せかへるも、いろいろの玉のやうに見え、まことに松の末より浪は越ゆるやうに見えて、Fいみじくおもしろし。

（菅原孝標女《すがわらたかすえのむすめ》『更級《さらしな》日記』）

*1 丹《に》＝赤い色の顔料。赤色。
*2 除目《ぢもく》＝任官目録。
*3 守《かみ》＝国司。地方を治める長官。
*4 司召《つかさめし》＝任官式。

ガイド

● 古文読解の注意点

古文では、次のような点に注意し、読解を進める。

① 登場人物と場面を把握する

どんな人物が登場するのか、文章がどんな場面なのかをまずは把握する。これらは問題文の前に注記されていることも多い。登場人物どうしの関係や身分も会話や敬語表現などから推測しよう。

② 動作主や会話主を把握する

古文では主語が省略されることが多く、主語を問う出題も多い。動作主が変わる部分で主語に当たる人物を文章の脇にメモしながら読むのもよいだろう。

③ 会話や心内語を把握する

古文では、「〜と言った」「〜と思った」などとはっきり書かれることは少なく、会話や心内語の部分と地の文とが区別しにくい場合が多い。引用を表す助詞「と」「とて」「など」に注意して、区別しながら読み進めよう。

● 古文の言葉

古文では現代文とは異なる古語が用いられ、読解のためには理解は不可欠である。とくに注意が必要なのは、次のような現代語と異なる意味で用いられる語である。

[例] あは《ワ》れなり（しみじみと感じられる）
あふ《ウ》（結婚する）
あやし（不思議だ。卑しい。粗末だ）

問一 ——線①「その国の人」は国司の任官がどのようにして決まると考えたか。それを示す一文の最初の五字を答えなさい。

問二 重要 ——線②「二人」とあるが、この二人はその後どのような経緯をたどるか、簡潔に答えなさい。

問三 重要 ——線③「この文に書かれたりし」とあるが、どのようなことが書かれていたのか。該当する部分を抜き出して、最初と最後の五字を答えなさい。句読点も字数に含めること。

最初　最後

問四 ——線④「わづらひ出でて」・⑥「おこたる」の意味をそれぞれ答えなさい。

④　⑥

問五 重要 ——線⑤「おぼえず」とあるが、その理由に当たる部分を、本文より十一字で抜き出して答えなさい。

問六 〰〰線A〜Fのうち、〰〰線Eと同じ品詞のものを一つ選び、記号で答えなさい。

ありがたし（めったにない）
いたづらなり（無駄だ）
うつくし（かわいい）
うへ《エ》（天皇。宮中。貴族の婦人）
おこたる（なまける。病気が治る）
おこなふ《ウ》（仏教の修行をする）
おどろく（目覚める。気づく）
おぼえ（評判。かわいがられること）
かしこし（おそれ多い。すばらしい）
かたち（顔だち。外見）
かなし（いとしい）
けしき（様子。機嫌）
こころにくし（奥ゆかしい。心ひかれる）
ことわり（道理。当然であること）
さらに（まったく（〜ない））
しるし（効果。ご利益《りやく》）
ときめく（栄える。時流に乗る）
としごろ（長年）
なつかし（親しみやすい）
にほひ《オイ》（美しく映えること）
ふみ（書物。手紙。学問）
まもる（じっと見る）
めでたし（立派だ。すばらしい）
やがて（そのまま。すぐに）
ゆかし（見たい。心ひかれる）

最高水準問題

53

次の文章は夏山繁樹《なつやまのしげき》という老人による回想である。これを読んで、あとの問いに答えなさい。　（大阪教育大附高平野）

解答　別冊 p.41

いとをかしうあはれに＊1侍《はべ》りし事は、この＊2天暦《てんりやく》の御時《おほんとき》に、＊3清涼殿《せいりやうでん》の御前《おまへ》の梅の木の枯れたりしかば、求めさせたまひしに、＊4何《なに》がし主《ぬし》の蔵人《くらうど》にていますがりし時、承りて、「若き者どもは、＊5え見知らじ。＊6①きむぢ求めよ」とのたまひしかば、＊7ひと京まかりありきしかども、ａ侍らざりしに、＊8西の京のそこそこなる家に、色濃く咲きたる木の様態《やうだい》美しきが侍りしを、掘り取りしかば、②家主《いへあるじ》の、「木に、これ結《ゆ》ひ付けて持て参れ」と＊9言はせたまひしかば、＊10「あるやうこそは」とて、ｂ持て参りてさぶらひしを、帝《みかど》、「何ぞ」とて御覧じければ、女の手にて書きて侍りける。

＊11③勅《ちょく》なればいともかしこし鶯《うぐひす》の宿はと問はばいかが答へむ

とありけるに、あやしくおぼしめして、「何者の家ぞ」と尋ねさせたまひければ、＊12貫之《つらゆき》の主の御娘《みむすめ》の住む所なりけり。④「遺恨のわざをもしたりけるかな」とて、＊13甘えおはしましける。繁樹、＊14今生《こんじやう》の辱号《ぞくがう》はこれや侍りけむ。さるは、「思ふやうなる木持て参りたり」とて、＊15衣被《きぬかづ》けられたりしも、辛《から》くなりにき。

（『大鏡《おおかがみ》』）

＊1　侍《はべ》りし事は＝ございましたことは。
＊2　天暦《てんりやく》の御時《おほんとき》＝村上天皇の御代《みよ》。
＊3　清涼殿《せいりやうでん》＝天皇の御座所《ござしょ》の名。
＊4　何《なに》がし主《ぬし》の蔵人《くらうど》にていますがりし時＝誰《だれ》それ殿《どの》が蔵人《くろうど》（天皇の雑事をつかさどる者）でいらっしゃった時に。
＊5　え見知らじ＝見分けがつけられまい。
＊6　きむぢ＝おまえ。
＊7　ひと京まかりありきしかども＝京じゅう歩き回りましたけれども。
＊8　西の京＝朱雀大路《すざくおおじ》から西の地域。
＊9　言はせたまひしかば＝召し使いに言わせなさったので。
＊10　あるやうこそは＝何かわけがあるのでしょう。
＊11　勅《ちょく》なれば＝天皇の命令なので。
＊12　貫之《つらゆき》＝平安前期の歌人、紀貫之《きのつらゆき》。歌の名人として名高かった。
＊13　甘えおはしましける＝ばつが悪そうにしていらっしゃった。
＊14　今生《こんじやう》の辱号《ぞくがう》はこれや侍りけむ＝一生の辱《はずかし》めはこの事件でございましたでしょう。
＊15　衣被《きぬかづ》けられたりしも＝着物を頂戴《ちょうだい》したのも。

問一　〰線ａ「侍らざりし」・ｂ「持て参り」の主語を、それぞれ本文より抜き出して答えなさい。

ａ［　　　　］　ｂ［　　　　］

問二　――線①「きむぢ」・②「家主《いへあるじ》」とは誰《だれ》のことか、それぞれ本文より抜き出して答えなさい。

①［　　　　］　②［　　　　］

問三　――線③の歌について、

(1)　「鶯の宿はと問はば」の現代語訳として適当なものを、次のア～オから一つ選び、記号で答えなさい。　［　　］

ア　帝《みかど》が、鶯《うぐいす》のとまる木はどれかとお尋ねになったならば
イ　鶯が、自分の住みかはどこにあるのかと尋ねてきたならば
ウ　人々が、美しい鶯はどこにいるのかと訪ねてきたならば

エ　帝が、鶯の寝床がなくなって気の毒だとおっしゃるならば

オ　鶯が、あなたはどこに住んでいるのかと尋ねたならば

(2)　歌を詠《よ》んだ人の気持ちとして適当なものを、次のア～オから一つ選び、記号で答えなさい。　［　　］

ア　帝の目にとまったのは、大変名誉で喜ばしいことである。

イ　自分には関係のない話で、とまどうばかりである。

ウ　安易に木を差し上げる約束をしたものの、悔いが残る。

エ　帝の仰《おほ》せはおそれおおいと思うものの、迷惑な話である。

オ　帝に声をかけていただくなど、恥ずかしい限りである。

問四　難　――線④「遺恨のわざをもしたりけるかな」とあるが、「遺恨のわざ」とは誰《だれ》がどうしたことか、説明しなさい。

［　　　　　　　　　　　　］

解答の方針

問三　(1)「鶯の」の「の」の意味に注意。(2)「いかが答へむ」は「どう答えようか」という意味。このあたりから推測しよう。

問四　誰の発言かをまず考えよう。「誰が」がわかったらおのずとどうしたかもわかる。

54　次の文章を読んで、あとの問いに答えなさい。（兵庫・灘高）

　そののち源平、戦に命を惜しまず、をめき叫んで攻め戦ふ。いづれ劣れりとも見えず。されども、平家の方には、十善帝王三種の神器を帯して渡らせ給《たま》へば、源氏いかがあらんずらんとあぶなう思ひけるに、しばしは白雲かとおぼしくて、虚空《こくう》に漂ひけるが、雲にてはなかりけり、主もなき白旗一流れ舞ひ下がつて、源氏の船の*1舳《へ》に、*2竿附《さをつけ》の緒のさはる程にぞ見えたりける。ａ判官《はうぐわん》、「これは*3八幡大菩薩《はちまんだいぼさつ》の現じ給へるにこそ。」とよろこんで、手水《てうづ》うがひして、これを拝し奉る。兵《つはもの》どもみなかくのごとし。また源氏の方より江豚《いるか》といふ魚、一二千這《は》うて、平家の方へぞ向かひける。ｂ大臣殿《おほいどの》これを御覧じて小博士晴信《こはかせはるのぶ》を召して、「江豚は常に多けれども、いまだかやうの事なし。いかがあるべきと勘《かんが》へ申せ。」と仰《おほ》せられければ「この江豚、*4見かへり候《さうら》はば、源氏滅び候ふべし。這うて通り候はば、みかたの御軍危《みいくさあやふ》う候ふ。」と申しも果てねば、平家の船の下を、すぐに這うて通りけり。①「世の中は今はかう。」とぞ申したる。

　阿波民部重能《あはのみんぶしげよし》は、この三箇年が間、平家によくよく忠をつくし、度《ど》度《ど》の合戦に命を惜しまず防ぎ戦ひけるが、子息ｃ田内左衛門《でんないざゑもん》を生け捕りにせられて、②いかにもかなはじとや思ひけん、たちまちに心がはりして、源氏に*5同心してんげり。平家の方にははかりごとに、よき人をば兵船《ひやうせん》に乗せ、雑人《ざふにん》どもを唐船《たうせん》に乗せて、源氏心にくさに唐船を攻めば、中に取り籠《こ》めて討たんと支度せられたりけれども、阿波民部が返《かへ》り忠《ちゆう》の上は、［　Ａ　］船には目もかけず、大将軍のやつし乗り給へる［　Ｂ　］船をぞ攻めたりける。ｄ新中納言《しんちゆうなごん》「やすからぬ。重能めを切つて棄《す》つべかりつるものを。」と千《ち》たび後悔せられけれどもかなはず。

（中略）

源氏の兵ども、すでに平家の船に乗り移りければ、水主梶取《すいしゆかんどり》ども、射殺され、切り殺されて、船を直すに及ばず、船底に倒れ伏しにけり、新中納言知盛卿《とももりきやう》、小船に乗つて、御所の御船に参り、③「世の中は今はかうと見えて候ふ。見苦しからん物ども、みな海へ入れさせ給《たま》へ。」とて*6艫《とも》舳《へ》に走り廻《まは》り、掃《は》いたり拭《のご》うたり、塵《ちり》拾ひ、手づから掃除せられけり。女房達《にようばうたち》、「中納言殿、いくさはいかに。」と口々に問ひ給へば、「めづらしき東男《あづまをのこ》をこそ御覧ぜられ候はんずらめ。」とて、からからと笑ひ給へば、「なんでうのただいまのたはぶれぞや。」とて、声々にをめき叫び給ひけり。

（『平家物語』巻十一　遠矢・先帝身投）

＊1　舳《へ》＝船の前部。
＊2　竿附《さをつけ》の緒＝旗を竿に結びつけるためのひも。
＊3　八幡大菩薩《はちまんだいぼさつ》＝弓矢の神。
＊4　見かへり＝引き返す。
＊5　してんげり＝「してけり」の音便。
＊6　艫《とも》＝船の後部。

問一　〰〰線a「判官《はうぐわん》」・b「大臣殿《おほいどの》」・c「田内左衛門《でんないざゑもん》」・d「新中納言《しんちゆうなごん》」を、それぞれ源氏方と平家方とに分け、記号で答えなさい。

源氏方［　　］　**平家方**［　　］

問二 難 ――線①・③「世の中は今はかう」は同じ意味を表している。何がどうだというのか、説明しなさい。（現代語訳を求めているのではない。）

［　　］

問三 難 ――線②「いかにもかなはじとや思ひけん」の現代語訳として適当なものを、次のア～エから一つ選び、記号で答えなさい。［　　］

ア　なんとしても願いを実現しようと思ったのだろうか
イ　なんとまあ思いどおりにならないことよと思ったのだろうか
ウ　どうして勝つことができないのだろうと思ったのだろうか
エ　どんなにしても勝てないだろうと思ったのだろうか

問四　[A]・[B]に入る適当な漢字一字を、それぞれ本文より抜き出して答えなさい。

A［　　］　B［　　］

問五 難 本文中に、戦の勝敗の前兆が神意の表現として二つ示されている。それらを次の例にならって説明しなさい。

例　a [大きな亀が平家の舟の前を泳いでいた] ので、b [知盛] は、c [平家が有利だと予想した。]

(1)　a［　　］ので、b［　　］は、c［　　］。

(2)　a［　　］ので、b［　　］は、c［　　］。

解答の方針

問一　前後の文脈や会話の内容から判断する。
問二　いずれも平家方の人物の発言。場面全体の流れを読み取る。
問五　不思議な現象を神の意志の表れとみなし、戦の勝敗を占っている。

55 次の文章を読んで、あとの問いに答えなさい。

（東京・お茶の水女子大附高）

〔次の文章は、三十九歳の小林一茶《いっさ》が、故郷柏原《かしわばら》（長野県）に帰省中の五月に父の死期をみとった時のものである。〕

六日、天晴れたれば、伏《ふ》してばかりも退屈にやおぼしめさんと、夜《よ》着《ぎ》うちたたみて、よりかからせ申したりしに、来《こ》し方のものがたりなど始め給《たま》ひけり。

①そもそも、汝《なんぢ》は三歳の時より母に後《おく》れ、やや*1長《たけ》なりにつけても、後《のち》の母の仲むつまじからず、日々に魂をいため、夜々《よるよる》に*2心火《しんか》を燃やし、心のやすき時はなかりき。ふと a思ひけるやうは、②一所にありなば、いつまでもかくありなん、一度ふるさと離したらば、*3はた、③したはしきこともやあるべきと、十四歳といふ春、はろばろの江戸へは赴《おもぶ》かせたりき。*4あはれ他所《よそ》の親は、今三年四年《みとせよとせ》過ぎたらんは、家を任せ、汝にも安堵《あんど》させ、*5我らも行く末をたのしむべきに、年端《としは》もゆかぬ痩《や》せ骨に荒奉公させ、つれなき親とも b思ひつらめ。皆これ*6宿世《すくせ》の因縁と諦《あきら》めよや。今年は我も*7二十四輩《はい》に身をなして、かの地にして一度汝に巡りあひ、相果つるとも汝が手を借らんと c思ひしに、こたびはるばる d来たりて、かかる看病こそ浅からざる縁《えにし》あれ。この度、今往生とげたりとも、何の悔ひかあらんと、はらはらと涙落とし給ふに、一茶はただうち伏して、ものも*8え言はず。

（小林一茶『父の終焉《しゅうえん》日記』）

*1 やや＝ようやく。
*2 心火《しんか》＝激しい怒りを火にたとえた表現。
*3 はた＝また。
*4 あはれ＝ああ。
*5 我らも行く末をたのしむべきに＝自分も隠居して余生を楽しむことができるのに。
*6 宿世《すくせ》＝この世に生まれる前からの約束。
*7 二十四輩＝浄土真宗の信徒が、関係の遺跡を巡拝すること。
*8 え言はず＝言うことができない。

問一 〰〰線a「思ひけるやうは」・b「思ひつらめ」・c「思ひしに」・d「来たりて」の主語を、それぞれ次のア～オから一つ選び、記号で答えなさい。

ア 一茶　イ 父　ウ 母　エ 後の母　オ 他所の親

a［　］ b［　］ c［　］ d［　］

問二 ——線①「そもそも」から始まる父の言葉は、どこで終わるか。本文より最後の五字を抜き出して答えなさい。

□□□□□

問三 ——線②「一所にありなば、いつまでもかくありなん」の現代語訳として適当なものを、次のア～オから一つ選び、記号で答えなさい。［　］

ア お前と後の母がいっしょに暮らしていれば、いつまでも不仲だろう。
イ お前と後の母がいっしょに暮らしていれば、いつまでも私の病気は治らないだろう。
ウ お前と後の母と私がいっしょに暮らしていれば、いつまでも不仲だろう。
エ お前と後の母と私がいっしょに暮らしていれば、いつまでも私の病気は治らないだろう。
オ お前と私がいっしょに暮らしていれば、いつまでも後の母の心が休まらないだろう。

問四 ——線③「したはしきこともやあるべき」の解釈として適当なものを、次の**ア**〜**オ**から一つ選び、記号で答えなさい。［　　］

ア 親子がいっしょに暮らすこともできるだろう。
イ 心に隔てがなくなるとよいのだが。
ウ 血がつながらなくても気にするべきではない。
エ なつかしく思うこともあるかもしれない。
オ 肉親の情が芽生えるにちがいない。

問五 本文に表れている父の気持ちとして適当なものを、次の**ア**〜**オ**から一つ選び、記号で答えなさい。［　　］

ア 今まで親不孝だと思っていた息子が熱心に看病をしてくれることへの感動。
イ 親子の縁を切った息子が立派に成長して自分を世話してくれることへの感動。
ウ 苦労をさせた息子が自分を恨《うら》むことなく最期《さいご》をみとってくれることへの感動。
エ これまで不仲だった継母と息子が自分の最期に打ち解《と》けてくれたことへの感動。
オ 息子の手を借りて死にたいという願いを息子が聞いてくれたことへの感動。

解答の方針

問一 一茶に語る父の言葉を直接引用していることを念頭に置いて考える。
問二 引用を表す助詞を見つける。
問三 「かく」は指示語で「このよう」という意味。「この」が指示する内容を検討する。

---

56 次の文章を読んで、あとの問いに答えなさい。

（奈良・東大寺学園高）

今は昔、筑紫《つくし》の人、商《あきな》ひしに*1新羅《しらぎ》に渡りけるが、商ひ果てて帰る道に、*2山の根に沿ひて、舟に水汲《く》み入れんとて、水の流れ出《い》でたる所に①舟をとどめて水を汲む。

そのほど、舟に乗りたる者舟ばたにゐて、うつぶして海を見れば、山の影うつりたり。高き岸の*3三四十丈《ぢやう》ばかり余りたる上に、虎《とら》*4つづまりゐて物を窺《うかが》ふ。その影水にうつりたり。その時に②人々に告げて、水汲む者を急ぎ呼び乗せて、手ごとに櫓《ろ》を押して急ぎて舟を出す。その時に虎躍《をど》りおりて舟に乗るに、舟は疾《と》く出づ。虎は落ち来るほどのありければ、今一丈ばかりを③え躍りつかで、海に落ち入りぬ。

舟を漕《こ》ぎて急ぎて行くままに、この虎に目をかけて見る。しばしばかりありて、虎海より出で来ぬ。泳ぎて陸《くが》ざまに上りて、汀《みぎは》に平なる石の上に登るを見れば、左の前足を膝《ひざ》より噛《か》み食ひ切られて血*5あゆ。「*6鰐《わに》に食ひ切られたるなりけり」と見るほどに、④その切れたる所を水に浸して、*7ひらがりをるを、「いかにするにか」と見るほどに、沖の方より鰐、虎の方をさして来ると見るほどに、虎、右の前足をもて鰐の頭に爪《つめ》をうち立てて陸ざまに投げあぐれば、一丈ばかり浜に投げあげられぬ。*8のけざまになりてふためく。*9頤《おとがひ》の下を躍りかかりて食ひて、二度三度ばかりうち振りてなよよとなして、肩にうちかけて、手を立てたるやうなる岩の五六丈あるを、三つの足をもちて下り坂を走るがごとく登りて行けば、舟の内なる者ども、これが仕業を見るに半《なか》らは死に入りぬ。⑤「舟に飛びかかりたらましかば、いみじき剣刀《つるぎかたな》を抜きてあふとも、⑥かばかり力強く早からんには、何わざをすべき」と思ふに、肝心失せて、舟漕ぐ空もなくてなん筑紫には帰りけるとかや。

（『宇治拾遺《うじしゅうい》物語』）

＊1　新羅《しらぎ》＝朝鮮半島東南部にあった国。
＊2　山の根＝切り立った断崖のすその海岸線沿い。
＊3　三四十丈＝一丈は約三メートル。
＊4　つづまりゐて＝姿勢を低く伏せるように構えて。
＊5　血あゆ＝血がしたたり落ちている。
＊6　鰐《わに》＝現在の鮫《さめ》。
＊7　ひらがり＝平らにうつぶせて。
＊8　のけざま＝あおむけ。
＊9　頤《おとがひ》＝あご。

問一　――線①「水を汲む」・②「人々に告げて」の主語を文中からそのまま抜き出して答えなさい。

①［　　　　］　②［　　　　］

問二　――線③「え躍りつかで、海に落ち入りぬ」の現代語訳として適当なものを、次のア～エから一つ選び、記号で答えなさい。［　］

ア　飛び込んで、海に潜った。
イ　飛びつけずに、海に落ちた。
ウ　飛びつかんだが、海に落ちた。
エ　飛びつかんだので、海に落ちなかった。

問三　難　――線④「その切れたる所を水に浸して」とあるが、虎がそのようにしている理由を、二十字以内で答えなさい。

問四　――線⑤「舟に飛びかかりたらましかば」の現代語訳として適当なものを、次のア～エから一つ選び、記号で答えなさい。［　］

ア　もし舟に飛び乗っていなかったら（何とかなっただろう）
イ　もし舟に飛び乗っていなかったら（何とかなるはずだった）
ウ　もし舟に飛び乗っていたとしたら（どうしようもなかっただろう）
エ　もし舟に飛び乗っていたとしたら（何とかしなければならなかった）

問五　――線⑥「かばかり力強く早からん」の「か」の内容として適当なものを次のア～オから二つ選び、記号で答えなさい。［　］［　］

ア　虎は、前足で鮫を陸へ投げ上げた。
イ　虎は、鮫をあおむけにひっくり返そうとして足をばたつかせた。
ウ　虎は、鮫のあごの下に食いついて振り回した。
エ　虎は、くたくたになりながらも鮫を岩の上へ持って登った。
オ　虎は、見ていた人たちの半数を食い殺してしまった。

解答の方針

問二　副詞「え」と打ち消しの接続助詞「で」の組み合わせで、どんな意味になるか。
問三　この虎の行動の結果、どんなことが起こったかを考える。
問五　「か」は指示語。「かばかり」で「これほど」という意味。「これ」が具体的に指示する内容を考える。

57

次の文章は、『枕草子《まくらのそうし》』第一段本文と、『枕草子』について書かれた文章である。それぞれを読んで、あとの問いに答えなさい。

（国立工業高専・国立商船高専・国立電波工業高専）

春は、あけぼの。やうやう白くなりゆく山ぎは、すこしあかりて、紫だちたる雲の細くたなびきたる。

夏は、夜。月のころは、さらなり。闇《やみ》もなほ。蛍《ほたる》の多く飛び違ひたる。また、ただ一つ二つなど、ほのかにうち光りて行くも、をかし。雨など降るも、をかし。

秋は、夕暮れ。夕日のさして、山の端《は》いと近《ちか》うなりたるに、烏《からす》の寝どころへ行くとて、三つ四つ、二つ三つなど、飛び急ぐさへ、あはれなり。まいて、雁《かり》などの列《つら》ねたるが、いと小さく見ゆるは、いとをかし。日入り果てて、風の音、虫の音《ね》など、はた言ふべきにあらず。

冬は、つとめて。雪の降りたるは、言ふべきにもあらず、霜《しも》のいと白きも、またさらでもいと寒きに、火など急ぎおこして、炭もて渡るも、いとつきづきし。昼になりて、ぬるくゆるびもていけば、火桶《ひをけ》の火も白き灰がちになりて、わろし。

娘時代に『枕草子』をはじめて読んだ日から、私は、この日本最古の随筆集に、なぜか心の波長の合うのを感じ、濃い親しみを覚えた。作者の清少納言《せいしょうなごん》は、すぐに私の「見ぬ世の友」となった。

私は『枕草子』のどんなところに深い魅力を感じたか。いろいろと説明するよりも、まず、有名な第一段の「春はあけぼの」を一緒に味わってみることにしよう。

春の夜明けのすばらしさ。すこしずつ白《しら》んでいく山ぎわの空のほの明かりのなか、紫がかった横雲の[a]たなびく優雅さを、なんと言おう。清女《せいじょ》（この本では、清少納言をこう呼ぼう）の色彩には、いつもほのかな光がこもる。いのちの[b]息づきのように。

夏は夜がいい。満月の頃《ころ》はもちろん。闇の夜も。蛍が飛んでいるの[c]も愉《たの》しい。乱れ飛ぶ蛍、ただ一つ、二つ、うっすらと光って飛んでいく蛍、どちらもいい。雨の夜だって捨てがたい。蛍の光は目に心に残り、銀色の雨脚も見えるようである。

秋は夕暮れ。華やかにさす夕日が西の山の端を染める頃、ねぐらに急ぐ烏たちを、三つ、四つ、二つ、三つと描く筆のリズミカルな軽妙さ。①ここには烏の声も聞こえる。夕映えの色あせた頃、はるかな空に小さく連ねる雁たちの[d]姿も印象的だ。日没後の風の音、虫の声。清女はどんな小さな音も、心ときめかして聴きとめる。

冬は早朝こそおもしろい。雪の朝も、霜の朝も、すてき。寒さきびしい朝に、火をいそいでおこして、あの部屋、この部屋にあわただしく持ち運ぶのは、②いかにも冬って感じ。寒い冬は、いっそ皮膚がヒリヒリするほど、A冷え徹《とお》るのがいいわ。炭のにおい、赤くおこった火の顔にかかるほてり、足の冷たさ。触覚も嗅覚も、すべて動員して、冬の早朝の快感は描かれる。喜び上手の、アクティブ[*1]精神も、ここには織りこめられている。昼になって、白くくずれていく火。これは私の好みではないわ。「をかし」「あはれなり」「つきづきし」を連ねて肯定的だったこの段は、ふっと力をぬき、ひねった感じに結ばれている。

「春はあけぼの」――この一段を読んだだけでも、この古典の魅力に気づかれたにちがいない。ここには、古さ、いかめしさがなく、現代感覚にみごとに通う新しさがある。天衣無縫の童心、自在にひろがる連想、決断のいさぎよさ。そんなことも汲《く》みとれる。

さらに、もっと近々と、心を清女の文に寄り添わせ、深く読みこんでみよう。

春は、あけぼの。そのあけぼののような、しあわせの真っ只中《ただなか》にいらした＊2中宮定子《ちゅうぐうていし》のイメージも重なってくるし、「わろし」と結んだ最後には、あこがれの方の運命を悼《いた》む清女のひそやかなため息さえ聞こえてきそうな気もする。

短い文章も、こまやかな目くばり、③相手の心をのぞきこむ心によって、影を深め、立体的にたちあがってくる。

私は、この思いで『枕草子』を読んできたし、これからも読みつづけたい。

（清川妙『うつくしきもの　枕草子』）

＊1 アクティブ精神＝活動的で前向きな心の持ち方。

＊2 中宮定子《ちゅうぐうていし》＝清少納言が仕えた、一条天皇の中宮（天皇の后《きさき》）の名、平安時代の人。父の死、兄弟の追放を経験した後、若くして没した。次の行の「あこがれの方」も定子を指す。

問一 〰〰線A「冷え徹《とお》るのがいいわ」の「の」と同じ働きのものを、本文中の〰〰線a～dから一つ選び、記号で答えなさい。［　　］

問二 ――線①「ここ」のさす内容として適当なものを、次のア～エから一つ選び、記号で答えなさい。［　　］

ア 『枕草子』という作品全体を貫く、軽快な調子。

イ 夕日が沈もうとしている、西の山の端のあたり。

ウ 秋の情景を書き進めている、清少納言の心の中。

エ 『枕草子』の第一段における、鳥に関する記述。

問三 ――線②「いかにも冬って感じ」とあるが、『枕草子』第一段本文では、これをどう表現しているか。七字で抜き出して答えなさい。

問四 ――線③「相手の心をのぞきこむ心」とあるが、これは誰《だれ》のどのような心か。次のア～エから一つ選び、記号で答えなさい。［　　］

ア 中宮定子の喜びや悲しみを深く思いやって、まごころをこめて忠実に表現しようとする清少納言の心。

イ 中宮定子と清少納言の細やかな交流を推《お》し量って、平安時代特有の人間観を探ろうとする読み手の心。

ウ 中宮定子の苦しみに満ちた生涯を静かに見つめて、歴史の真実を後世に伝えようとする清少納言の心。

エ 中宮定子に寄せる清少納言の思いにまで踏み込んで、作品世界を丁寧に理解しようとする読み手の心。

問五 この文章の内容を説明したものとして適当なものを、次のア～エから一つ選び、記号で答えなさい。［　　］

ア 筆者独自の見解を適宜挟みこみながら、現代では理解しにくくなった、『枕草子』における古代の感受性や簡潔な文章の美しさについて、生き生きと力強く語っている。

イ 古典の文章を現代語へと厳密に置き換えながら、現代においてこそ再評価されるべき『枕草子』の表現上の優れた達成や文化史上の意義について、分析的に語っている。

ウ 筆者自身の想像や感想も多分に交えながら、現代でもなお古びてはいない、『枕草子』における鋭敏な感覚や印象鮮明な表現の魅力について、愛情をこめて語っている。

エ 清少納言の人生に筆者自身の体験を重ね合わせながら、現代でも通用する『枕草子』の色彩豊かな自然描写や人間味あふれる文学性について、想像力豊かに語っている。

58　次の古文と続く文章を読んで、あとの問いに答えなさい。（京都女子高）

むかし、をとこありけり。＊1人のむすめのかしづく、＊2①いかでこのをとこにものいはむと思ひけり。②うち出《い》でむことかたくやありけむ、物病《や》みになりて死ぬべき時に、「＊3かくこそ思ひしか」とaいひけるを、親聞きつけて、泣く泣く告げたりければ、bまどひ来たりけれど、死にければ、つれづれと＊4こもりをりけり。時は六月の＊5つごもり、いと暑きころほひに、よひは遊びをりて、夜ふけて、ややすずしき風吹きけり。蛍《ほたる》たかく飛びあがる。このをとこ、見臥《ふ》せりて、

ゆく蛍　雲のうへまで＊6いぬべくは　秋風ふくと雁《かり》に告げこせ

③暮れがたき夏の＊7日ぐらし　ながむれば　そのこととなく　ものぞ悲しき

（『伊勢物語』四十五段）

この話は、ひたすら思い秘めて、命を尽くしてこがれ死んだ良家の娘のあわれと、後にそれを知らされた男のやるせない思いのほどを伝えています。その底に流れているのは、［ A ］から［ B ］への季節の大きな移ろいです。

六月の晦日《みそか》といえば、一年のなかばが過ぎて、昔の人の生活では水無月《なづき》の＊8大祓《おおはら》えをして、祖先の魂を迎え、魂《たま》祭りをする時でありました。中世のころからそれは仏教の＊9盂蘭盆《うらぼん》の行事となっていささか姿を変えましたが、心の脈絡は同じことで、一年の終わりの師走《しわす》晦日の大祓え、盆花を立て盆棚に迎える盆の精霊と門松を立てて正月棚に迎える新年の魂、というふうに、魂の行き合いの時であり、季節の交錯する時でもありました。

昔の人にとってこの物語が深く心に沁《し》みて感じられたのは、そういう大きな［ C ］的背景を持った時であったからでもあります。「時は六月のつごもり、いと暑きころほひに、よひは遊びをりて、夜ふけて、ややすずしき風吹きけり。蛍たかく飛びあがる」といったあたりに感じられる＊10寥々《りょうりょう》とした季節感は、近・現代のわれわれの心からは失《う》せはててしまった、魂の行き合いの季節の持つ幽暗＊11さをひびかせているのでもあります。

ゆく蛍　雲のうへまでいぬべくは　秋風ふくと雁に告げこせ

この一首の持つ共有の感動もまたそこにあります。息づくような光の尾を引いて空にのぼってゆく蛍は、去《い》りゆく［ D ］そのものです。そしてすでに雲の上までおとずれて来ている雁は、新しく来訪する［ D ］の姿を感じさせるものでもあります。

（岡野弘彦『恋の王朝絵巻　伊勢物語』）

＊1　人のむすめのかしづく＝大事されていたある人の娘が。
＊2　いかで＝何とかして。
＊3　かくこそ思ひしか＝このように思っていた。
＊4　こもりをりけり＝喪《も》に服していた。（「喪」とは死んだ人と身近な人が、ある期間、他との公的な交際を避けること。）
＊5　つごもり＝終わり。
＊6　いぬべくは秋風ふくと雁《かり》に告げこせ＝行けるものなら、天上の雁に「下界には秋風が吹いているから行きなさい」と告げてくれ。
＊7　日ぐらし＝一日中。
＊8　大祓《おおはら》え＝罪やけがれをはらい清める行事。
＊9　盂蘭盆《うらぼん》＝いろいろな食べ物を仏壇に供えて、死者の冥福《めいふく》を祈る行事。
＊10　寥々と＝ひっそりとして、さびしい様子。
＊11　幽暗さ＝暗く、かすかなこと。

問一 難 ——線①「このをとこにものいはむ」とあるが、どのようなことを言おうとしたと考えられるか、答えなさい。

［　　　　］

問二 ——線②「うち出《い》でむことかたくやありけむ」の現代語訳として適当なものを、次のア〜オから一つ選び、記号で答えなさい。［　］

ア 家出することが難しかったのだろうか。
イ 家出することは難しくなかっただろう。
ウ 外出することは難しくなかっただろう。
エ 口に出すことは難しくなかっただろう。
オ 口に出すことが難しかったのだろうか。

問三 〰〰線a「いひける」・b「まどひ来たり」の主語として適当なものを、それぞれ次のア〜オから一つ選び、記号で答えなさい。

ア 男（をとこ）　イ むすめ　ウ 男（をとこ）の親
エ むすめの親　オ 蛍

a［　］　b［　］

問四 ——線③「暮れがたき〜ものぞ悲しき」の歌から係助詞を抜き出して答えなさい。［　］

問五 ——線③「暮れがたき〜ものぞ悲しき」の歌で、「をとこ」は何を悲しく思っていると考えられるか。次のア〜オから一つ選び、記号で答えなさい。［　］

ア ひそかに思いを寄せていた人と結ばれなかった悲しみ。
イ あっという間に時が過ぎ去っていくことに対する悲しみ。
ウ 会いたいと思っていたむすめと会うことができなかった悲しみ。
エ 若くして死んでしまったむすめを哀れに思う悲しみ。
オ 生まれては死んでいく生命のはかなさに対する悲しみ。

問六 A ・ B に入る適当な漢字一字をそれぞれ答えなさい。

A［　］　B［　］

問七 C に入る適当な語を、次のア〜オから一つ選び、記号で答えなさい。［　］

ア 歴史　イ 宗教　ウ 言語　エ 対人　オ 空想

問八 D に共通して入る適当な漢字一字を、本文より抜き出して答えなさい。［　］

解答の方針

問二 問一がヒントとなる。問一と問二の解答が整合するように考えよう。
問四 主要な係助詞「ぞ・なむ・や・か」は覚えておきたい。
問六 旧暦での季節なので注意。

標準問題

解答 別冊 p.47

59 【主語・部分解釈】次の漢文(書き下し文)と現代語訳を読んで、あとの問いに答えなさい。

*1晋《しん》の*2明《みん》帝数歳にして、元《げん》帝の膝《しつ》上に座せしとき、人あり長安よりきたる。元帝、洛下の消息を問ひて、潸《さん》然として涙を流す。明帝問ふ、「何をもつて泣くを致せる。」と。つぶさに東渡の意をもつてこれに①告ぐ。よりて明帝に問ふ、「なんぢが意におもへらく、長安は日の遠きにいかん。」と。答へて曰《い》はく、「日 A 。人の日辺よりきたるを聞かず。居然として知るべし。」と。元帝、②これを異とす。明日群臣を集めて宴会し、告ぐるにこの意をもつてし、さらに重ねてこれを問ふ。すなはち答へて曰はく、「日 B 。」と。③元帝色を失ひて曰はく、「なんぢ、何の故に昨日の言に異なるや。」と。答へて曰はく、「目を挙ぐれば日を見るも、長安を見ず。」と。

*1 晋《しん》＝中国の国名。
*2 明《みん》帝、元《げん》帝＝いずれも晋の国の君主。

晋の明帝が数歳の時、父の元帝の膝《ひざ》に座っていると、長安から人がやって来た。元帝は、旧都である洛陽の様子をたずねて、はらはらと涙を流した。息子の明帝が、「どうして泣くのですか。」とたずねた。晋が戦いに敗れて東にある江南の地に渡ってこなければならなかったときの気持ちを詳しく話した。そして明帝に、「おまえの考えでは、長安とお日さまとどちらが遠いと思うかね。」とたずねた。答えて、「お日さまの方が[ ]。お日さまのあたりから人が来たことは聞いたことがありません。あたりまえのことです。」と言った。元帝は、 C 。翌日群臣を集めて宴会し、このことを披露し、重ねてもう一度同じことをたずね

ガイド

● 漢文の訓読

本来は古典中国語である漢文を日本語に直して読むことを**訓読**といい、訓読のための符号類を**訓点**という。さらに訓点を施した漢文を日本語の語順、表記法に直したものを**書き下し文**という。書き下し文は歴史的仮名遣《かなづか》いで、文語文法に従って書き表す決まりになっている。

〈漢文(白文《はくぶん》)〉
低 頭 思 故 郷

〈訓読文〉
低《たレテ》レ 頭《かうべヲ》 思《フ》二 故 郷《ヲ》一

〈書き下し文〉
頭を低れて故郷を思ふ

* ここでは理解を助けるために「頭《かうべ》」のようにふりがなを施したが、漢字のふりがなは訓点として必須のものではない。

● 訓点

漢文を訓読するための、送り仮名、返り点、句読点をまとめて訓点という。漢文の訓読では、助詞や助動詞なども送り仮名として補う。

[例] 入《リテ》レ 海《ニ》 流《ル》 (助詞)
孔 子《ハ》 魯 人《ナリ》 (助動詞)

た。すると答えて、「お日さまの方が［　　］。」と言った。元帝は［ D ］、「おまえ、どうして昨日の言葉と違うのか。」と言った。答えて、「目をあげたらお日さまは見えますが、長安は見えません。」と言った。

（『世説新語』）

問一 ――線①「告ぐ」の主語を、次のア〜エから一つ選び、記号で答えなさい。［　　］

ア 明帝　イ 元帝　ウ 人　エ 群臣

問二 ［ A ］・［ B ］に入る適当な語の組み合わせを、次のア〜エから一つ選び、記号で答えなさい。［　　］

ア A「近し」・B「近し」　イ A「遠し」・B「遠し」
ウ A「遠し」・B「近し」　エ A「近し」・B「遠し」

問三 重要 ――線②「これを異とす」の現代語訳として［ C ］に入る適当なものを、次のア〜エから一つ選び、記号で答えなさい。［　　］

ア この答えに感心した　イ この言葉に疑問を感じた　ウ この言葉に失望した
エ この言い方に腹を立てた

問四 重要 ――線③「色を失ひて」の現代語訳として［ D ］に入る適当なものを、次のア〜エから一つ選び、記号で答えなさい。［　　］

ア まじめな表情になって　イ 怒りから顔を赤らめて　ウ きびしい表情になって
エ 意外なことに青ざめて

このほか、熟語として必ずひとかたまりで読むことを示す符号で「-（ハイフン）」がある。

[例] 吾《われ》日ニ三《さん》-省《せいス》吾《わガ》身《みヲ》一
＝吾日に吾が身を三省す

● 返り点

「レ」「一」「上」など、書き下し文にする際の語順を示したものを返り点という。返り点には次のようなものがある。

① レ点
下の一字から、その上の一字に返って読む。
[例] 不《ず》レ知《しラ》＝知らず

② 一・二点
二字以上の字を隔てて、一、二の順に返って読む。
[例] 在《あり》二山《さん》河《が》一＝山河在り

③ 上・下点
一・二点のついた句をはさみ、さらに返って読む。
[例] 有リ下売ル二鳥獣ヲ一者上
＝鳥獣を売る者有り

60 【部分解釈・返り点】次の漢詩と解説文を読んで、あとの問いに答えなさい。

事に感ず　武瓘《ぶかん》
花開けば蝶《てふ》枝に満ち
花謝《しぼ》めば蝶還《ま》た稀《まれ》なり
惟《た》だ旧巣《きうさう》の燕《つばめ》有り
主人貧なるも亦《ま》た帰る

感ズレ事ニ　武瓘
花開ケバ蝶満チレ枝ニ
①花謝メバ蝶還タ稀ナリ
惟ダ②有リ旧巣ノ燕
主人貧ナルモ亦タ帰ル

（解説文）第一、二句では、花が開くと枝に［A］、花がしぼんでしまうと蝶《ちょう》はめったに姿を見せなくなることを、また、第三、四句では、ただ燕は今年も同じ巣に帰ってくるということを述べている。

こうした蝶や燕の姿には、世の中の人のありようが見てとれる。人生には［B］枯［C］衰があるが、燕のようにそのような移り変わりには関係なく、［D］もいるのだという感慨が込められていると読むことができる。

問一　［A］に入る適当な語を、十字以内で答えなさい。

問二　——線①「花謝メバ」に表されている状況と同じことが読みとれる語を、漢詩の中から漢字三字で抜き出して答えなさい。

問三 重要　——線②「有リ旧巣ノ燕」とあるが、書き下し文の読み方になるように、返り点をつけなさい。

ガイド

● 漢詩の形式

漢文によって書かれた詩である漢詩は、唐の時代に隆盛を迎え、定型化された。形式の上では、全体の句数と一句の字数が決められており、全体が四句のものを**絶句《ぜっく》**、八句のものを**律詩《りっし》**という。絶句、律詩ともに、一句の字数が五字のものを**五言《ごごん》**といい、七字のものを**七言《しちごん》**という。これらを組み合わせたものが漢詩の主要な形式である。

	五言	七言
絶句	五言絶句	七言絶句
律詩	五言律詩	七言律詩

漢詩は「**起承転結《きしょうてんけつ》**」の構成をとる。絶句では一句ごとに、律詩では二句がまとまってそれぞれの役割を果たす。それぞれの句は次のように呼ばれる。

	絶句	律詩
起	起句《きく》（第一句）	首聯《しゅれん》（第一・二句）
承	承句《しょうく》（第二句）	頷聯《がんれん》（第三・四句）
転	転句《てんく》（第三句）	頸聯《けいれん》（第五・六句）
結	結句《けっく》（第四句）	尾聯《びれん》（第七・八句）

● 漢詩の技法

漢詩では次のような技法が用いられる決まりになっている。

① **押韻《おういん》**

各句の一定の音をそろえ、響きの良さや

有リ旧巣ノ燕

問四　四字熟語となるように［B］・［C］に入る適当な漢字を答えなさい。

B［　　］　C［　　］

問五　**重要**　［D］に入る適当な言葉を、次のア～エから一つ選び、記号で答えなさい。［　］

ア　なつかしい故郷を離れ苦しい生活をしている人
イ　落ちぶれた主人には見向きもしなくなる人
ウ　故人との思い出を心の支えとして生きている人
エ　旧知の人を忘れることなく訪ねて来る人

リズムを作り出すことを押韻という。漢詩では、次のように一定の句の末尾の音をそろえることが決まりとなっている。

五言詩＝偶数句の末尾

○○○○○
○○○○●
○○○○○
○○○○●

七言詩＝第一句と偶数句の末尾

○○○○○○●
○○○○○○●
○○○○○○○
○○○○○○●

訓読ではなく漢字をそのまま音読みした音で考える。

② 対句《ついく》

詩や文章で二つの句の構造を同じにして、それぞれの語の意味も対応させる技法を対句という。

［例］　鶯《あう》声《せい》ニ誘《いう》引《いん》セラレテ来タリ二花下ニ一
　　　草色ニ勾《こう》留《りう》セラレテ坐ス二水辺ニ一

対句になっている句は、訓点がほぼ同じになる。

最高水準問題

61 次の漢文（書き下し文）を読んで、あとの問いに答えなさい。

解答 別冊 p.48

（岩手県）

〔中国の漢の国の役人である華歆《かきん》と王朗《おうろう》は、国内が乱れたため難を避けて船で逃げている。〕

華歆・王朗ともに船に乗りて難を避く。*1①依附《いふ》せんと欲するもの有り。華歆これをはばむ。王朗曰《い》はく、「幸ひなほ船広し、②何すれぞ可ならざらん。」と。後、賊追ひて至るに、王朗携《たづさ》へし所の人を捨てんと欲す。華歆曰《い》はく、「*2元《もと》ためらひし所以《ゆゑん》は、正にこれがためのみ。すでにその*3自託《じたく》を納《い》る、何ぞ③急をもつて捨つべけんや。」と。つひに*4携拯《けいじやう》すること初めのごとし。④世これをもつて華歆・王朗の優劣を定む。

（『世説新語』）

＊1　依附《いふ》せんと欲する＝連れて行ってほしいと願う。
＊2　元《もと》ためらひし所以《ゆゑん》＝はじめに連れて行くことをためらった理由。
＊3　自託《じたく》を納《い》る＝頼みを受け入れた。
＊4　携拯《けいじやう》する＝一緒に行く。

問一 ——線①「依附《いふ》せんと欲するもの有り」とあるが、この書き下し文の読み方となるように次の漢文に返り点をつけなさい。

有 欲 依 附

問二 ——線②「何すれぞ可ならざらん」の現代語訳として適当なものを、次のア〜エから一つ選び、記号で答えなさい。

ア　どうして乗せてやることなどできようか
イ　どうして乗せてやれないことがあろうか
ウ　どうして乗せてやらなければならないのか
エ　どうして乗せてやるべきだなどというのか

問三 ——線③「急」とあるが、これはどのような状況を表しているか。本文より六字で抜き出して答えなさい。

問四 難 ——線④「世これをもつて華歆・王朗の優劣を定む」とあるが、世間の人々が優れていると考えたのは、どちらか答えなさい。また、その理由を説明した次の文の□に入る言葉を、十五字以上二十字以内で書きなさい。

〔　　　〕

先の見通しがきき、しかも、□という行動をとったから。

解答の方針

問二　反語表現であることに注意。
問四　連れて行ってほしいと願った人は、結局、どのように扱われたか、しっかり把握しよう。

62

次の漢文（書き下し文）を読んで、あとの問いに答えなさい。（福岡県）

＊1管《くわんちう》仲・隰朋《しふほう》、＊2桓公《くわんこう》に従って孤竹＊3を伐《う》ち、春往《ゆ》きて冬反《かへ》る＊4。迷惑＊5して道を失ふ。管仲曰はく、「老馬の智《ち》、用ふべし。」と。乃《すなは》ち①老馬を放ちて之《これ》に随《したが》ひ、遂《つひ》に道を得たり。②山中を行きて水無し。隰朋曰はく、「蟻《あり》は、冬は山の陽《みなみ》に居《を》り、夏は山の陰《きた》に居る。＊6蟻壌《ぎじやう》一寸にして仞《じん》＊7に水有り。」と。乃ち地を掘り、遂に［A］を得たり。管仲の聖＊8と隰朋の智とを以《もつ》てするも、③其《そ》の知らざる所に至りては、老馬と蟻とを師とするを難《はば》＊9からず。＊10今人《こんじん》、其の愚心を以てして、而《しか》も聖人の智を師とするを知らず、＊11亦過《またあやま》たずや。

（『韓非子《かんぴし》』）

＊1 管《くわん》仲《ちう》・隰朋《しふほう》＝ともに中国古代の賢人。
＊2 桓《くわん》公《こう》＝中国古代の国王。
＊3 孤竹＝中国古代の国名。
＊4 反《かへ》る＝帰る。
＊5 迷惑＝迷うこと。
＊6 蟻《ぎ》壌《じやう》＝蟻塚《ありづか》。
＊7 仞《じん》＝深さ八尺のところ。
＊8 聖＝賢いこと。
＊9 難《はば》からず＝苦にしない。
＊10 今人《こんじん》＝今の人。
＊11 亦過《またあやま》たずや＝なんと誤りではないか。

問一 ——線①「老馬を放ちて」とあるが、なぜこのようなことをしたのか。十字以内で答えなさい。句読点も字数に数えること。

問二 ——線②「山中を行きて水無し」とあるが、この書き下し文の読み方となるように次の漢文に返り点をつけなさい。

行キテ山中ヲ無シ水

問三 ［A］に入る適当な語句を、本文中より抜き出して答えなさい。

［　　］

問四 ——線③「其《そ》の知らざる所」とあるが、この「其《そ》の」が指すものとして適当なものを、次のア〜エからすべて選び、記号で答えなさい。

ア 老馬　イ 管仲　ウ 隰朋　エ 今人

［　　］

問五 次の図は、本文の内容をまとめたものの一部である。［a］・［b］に入る適当な語句を本文より抜き出して、［c］は、四字以上八字以内の言葉で答えなさい。

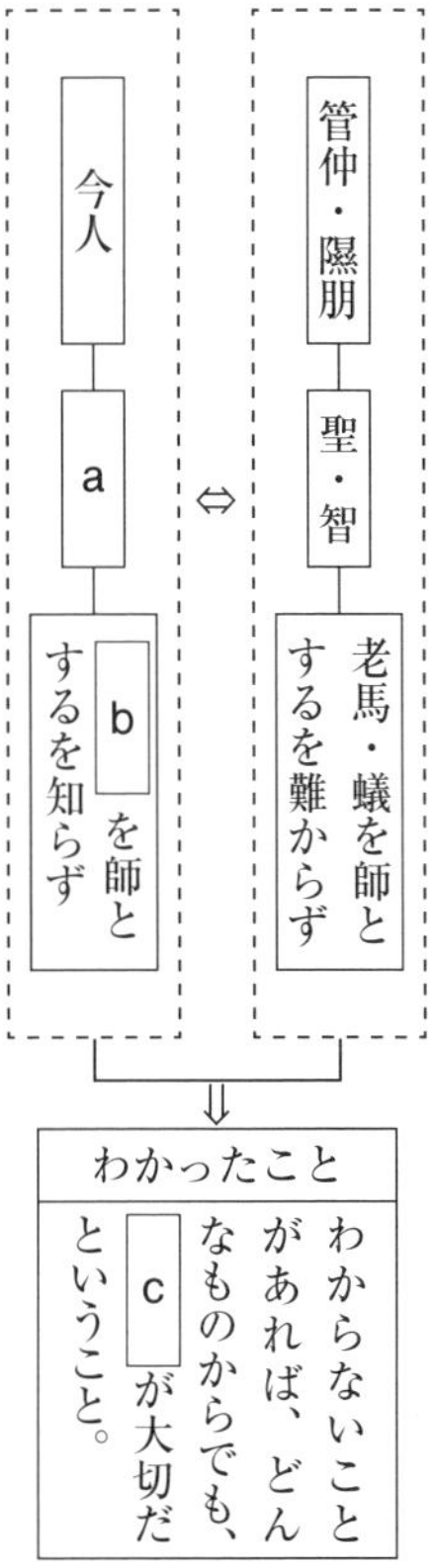

a［　　］

b［　　］

c

63　次の漢文と書き下し文を読んで、あとの問いに答えなさい。

（埼玉・慶應志木高）

賈島[＊1]赴[＊2]レ挙至レ京、
騎レ驢[＊3]賦[＊4]レ詩、
得二僧推月下門句一。
欲三改レ推作レ敲、
引レ手作二推敲之勢一、
①未レ決。不レ覚衝二大尹[＊5]韓愈[＊6]一。
乃[＊7]具言。
愈曰、敲字佳矣。
遂並レ轡論レ詩久レ之。

賈島《かとう》挙に赴きて京に至りしとき、
驢《ろ》に騎《の》りて詩を賦し（a）、
「僧は推す月下の門」の句を得たり。
推すを改めて［　　　　］、
手を引きて推敲の勢を作すも、
未（b）だ決せず。覚えずして大尹韓愈《たいいんかんゆ》に衝《あ》たる。
乃（c）ち具（d）さに言ふ。
愈曰《い》はく、「敲くの字佳《よ》し」と。
遂に轡《くつわ》を並べて詩を論ずること之（e）を久しくす。

（『唐詩紀事』）

＊1　賈島《かとう》＝（七七九〜八四三）唐代の詩人。
＊2　赴レ挙＝官吏登用試験である科挙の受験をしに行く。
＊3　驢《ろ》＝驢馬《ろば》。
＊4　賦レ詩＝詩をつくる。
＊5　大尹《たいいん》＝都の長官。
＊6　韓愈《かんゆ》＝（七六八〜八二四）唐代の政治家・文学者。
＊7　乃＝そこで。

問一 難 ――線①「未決」とあるが、いったい何が「未決」なのか、三十字以内で答えなさい。

問二 難 書き下し文の［　　］に入る適当な語句を、次のア〜エから一つ選び、記号で答えなさい。［　　］

ア 敲き作さんと欲して　　イ 敲くと作さんと欲して
ウ 作り敲かんと欲して　　エ 作ると敲かんと欲して

問三 問題文の内容から、故事成語として「推敲」が用いられるようになった。その意味として適当なものを、次のア〜カから一つ選び、記号で答えなさい。［　　］

ア 物事の最も重要な所に手を入れて、最後の仕上げをすること。
イ 違いはあるが、本質的には同じであること。
ウ 同志が互いに励まし合って、学問や人格の進歩向上をはかること。
エ 詩文の字句をよく練り、よりよいものにすること。
オ 自分をよく理解してくれる、心の底まで知り合った真の友人。
カ 自分のためになる忠告の言葉は聞き入れにくい。

問四 〰〰線a「賦」・b「未」・c「乃」・d「具」・e「之」の読みを答えなさい。

a［　　］　b［　　］　c［　　］
d［　　］　e［　　］

解答の方針

問二 「推」を「敲」にあらためようということ。
問四 b〜eはいずれも漢文特有の読み方。

64 次の漢文(書き下し文)を読んで、あとの問いに答えなさい。

(東京学芸大附高)

甲は乙と相善し。甲は乙を引きて家政[*1]を治めしむ。撫軍《ぶぐん》[*2]に官たるに及び、併《あは》せて官政を佐《たす》けしめ、ただその言にこれ従ふのみ。久しくして①資財皆乾没[*3]する所と為《な》り、始めてその姦《よこしま》なるを悟る。稍々《やや》[*4]これを譙責《せうせき》[*5]すれば、乙は甲の陰事を挟みて、遽《にはか》に反噬《はんぜい》[*6]す。甲は憤りに勝《た》えずして、すなはちa牒《てふ》[*7]を投じて城隍《じやうくわう》[*8]に訴ふ。夜夢に城隍これに語りて曰《い》はく。「乙の険悪なることかくのごときに、公[*9]は何をもつて信任して疑はざる。」と。甲曰はく、「その事々を為すこと我が意のごとくなればなり。」と。b神喟然《きぜん》[*10]として曰はく、「人能《よ》く事々我が意のごとくするは、恐るべきこと甚だし。公はこれを恐れずして反《かへ》ってこれを喜ぶ。公をこれ欺かずして、誰《たれ》をか欺かんや。②彼は悪貫きてもつて満つ。終《つひ》に必ず報いを食らはん。公のごときはすなはち自らこの憂ひを贈る。訴へを用ふること無かるべきなり。」と。

(『閲微草堂筆記《えつびそうどうひっき》』)

＊1 家政を治めしむ＝甲家の財産の管理運用や使用人の監督任免など、甲家における重要な仕事を任せた。
＊2 撫軍《ぶぐん》＝行政区画としての「省」の長官。軍隊指揮・省の財政の監督・裁判など広く大きな権限を掌握していた。
＊3 乾没＝横領すること。
＊4 稍々《やや》＝少し。
＊5 譙責《せうせき》＝責めとがめること。
＊6 反噬《はんぜい》＝反対にかみつくこと。
＊7 牒《てふ》＝訴えを記した木のふだ。
＊8 城隍《じやうくわう》＝都市の守り神。
＊9 公＝あなた。
＊10 喟然《きぜん》＝ため息をつく様子。

問一 ——線①「資財皆乾没する所と為《な》り」とあるが、この書き下し文の読み方となるよう、返り点がつけられているものを、次のア〜オから一つ選び、記号で答えなさい。 [　　]

ア 資財皆為㆓所㆒乾㆑没
イ 資財皆為㆑所㆓乾没㆒
ウ 資財皆為㆑所㆑乾㆑没
エ 資財皆為㆓所㆑乾没㆒
オ 資財皆為㆑所㆒乾没㆓

問二 ——線②「彼は悪貫きて〜食らはん」とあるが、このようなことを意味する四字熟語を漢字で答えなさい。 [　　　　]

問三 難 〰〰線a「牒《てふ》を投じて城隍《じやうくわう》に訴ふ」とあるが、甲がこの世の役所に訴えず、城隍に訴えたのはなぜか。その理由として適当なものを、次のア〜オから一つ選び、記号で答えなさい。 [　　]

ア できれば裁判に訴えて自分の失ったものをすべて取り戻したかったのだが、乙が引き起こした事件はもはや久しい昔のできごとであり、裁判を起こすために必要な証拠や証人がほとんど残ってはいなかったから。

イ 本当に神が訴えに耳を傾けてくれるなどとは夢にも思わず、ほんの気晴らしのために訴えてみただけで、今まで仲良く付き合ってきた友人を、役所に訴えてまで懲《こ》らしめることは、情において忍びなかったから。

ウ 裁判をすれば自分が勝つことには絶対的な自信があったけれども、自分を陥《おとしい》れるような人物を長い間深く信頼し重用していたことを世間の人々に知られてしまうのは、とても恥ずかしく耐え難いことであったから。

エ 心の底から信じ切っていた友人に裏切られてしまった悲しみと絶望のあまり、正常な心理状態を保つことができなくなり、役所に訴えることなど思いも付かず、常日頃《つねひごろ》信仰していた城隍をひたすら頼みとしたから。

オ 裁判中に自分が過去に関わった不正行為などを乙に暴露された場合、今はそれに対する追及をしのいで裁判を続けていけるほどの資金や権力などを失ってしまっており、他に手立てはなくわらにもすがる思いから。

問四 難 〰〰線b「神喟然《きぜん》として曰はく」とあるが、「神」のどのような気持ちがため息となって現れたのか。その説明として適当なものを、次のア～オから一つ選び、記号で答えなさい。

ア 無二の親友だと思って厚く信頼しまた優遇もしてきた乙に、長い間だまされ続けていた甲をかわいそうに思っている気持ち。

イ 地方長官という重任を自覚せず、人々のための政治を心がけようとしなかった甲からの訴えをうとましく思っている気持ち。

ウ 人間が本来備えている悪なる心に思いを致すことなく、乙を信用しすぎて無残な目にあった甲の無知を憐《あわ》れんでいる気持ち。

エ 裏切られても人間界の裁判に訴えては乙の立場がひどいものになるのではないかと思う、甲の優しさに感嘆している気持ち。

オ 自分は以前から甲に深く信仰されていたにもかかわらず、乙の悪事から彼を守ってやれなかったことを悔やんでいる気持ち。

解答の方針

問三 甲が置かれた状況を正しく読み取り、選択肢と結びつけていこう。

問四 「神」は甲に同情しているだろうか。甲の訴えを正当なものとして取り上げただろうか。

---

65 **次の(1)(2)の漢文(書き下し文)と(3)の文章を読んで、あとの問いに答えなさい。なお、(2)は(1)で引用された逸話であり、(3)は(1)をもとに書かれた文章である。**

（福岡・久留米大附設高）

(1) 太子洗馬(皇太子の侍従)郭訥《かくとつ》、字《あざな》(成人後につける名前)は敬、嘗《かつ》て洛(みやこ)に入り、伎《ぎ》人(芸人)の歌ふを観て「佳《よ》し」と言ふ。①石崇問其曲、郭訥不知。石崇《せきすう》、笑ひ(笑って言うことには)「卿《けい》(あなた)は曲を識《し》らず。②何ぞ佳しと言ふを得ん。」郭訥、答ふ「譬《たと》へば西施《せいし》を見るが如し。何ぞ必ずしも其《そ》の姓名を識りて、然《しか》る後に美を知らんや。」石崇、以《も》つて難ずる無し。

（『太平御覧』）

(2) 西施、心《むね》を病みて矉《ひん》する(眉《まゆ》をしかめる)に、其の里の醜人、見て之《これ》を美とし、帰りて亦《ま》た心を捧じて(胸に手を当てて)矉す。其の里の富人は之を見、堅く門を閉《と》ぢて出《い》でず。貧人は之を見、③挈妻子而去之走。彼は矉の美なるを知るも、④矉の美なる所以《ゆえん》を知らず。

（『荘子』）

(3) この(1)のはなしは、手ぢかな書物にはのっていない。そのため私もごく近ごろになって知った。そうして大へん感心した。

石崇という男は、中国の三世紀、西晋の時代の大金持ちとして、有名である。(中略)

遠方から来た書生[*1]で、郭訥というのが、ある歌舞の席で、石崇と出あった。石崇は、おうへいにたずねた。

──きみ、今やっているのは何の曲か、わかるかね。

──知りません。

──曲の名も知らずに、音楽を聞いて、何になる。

──曲の名は知りません。しかしそれがよい音楽であることは、わかります。あなたはたとえば西施というような美人に出あったとき、西施という名前を聞いてから、はじめて美しいと感じますかね。

西施《せいし》とは、いうまでもなく、中国の美人の代表である。——譬《たと》えば西施の如し。⑤何ぞ必ずしも其の姓名を知りて、然る後に其の美を知らんや。

話は「太平御覧《たいへいぎょらん》」巻の五百七十に見える。

私はこの答えを、はなはだ痛快におもう。

レッテルとなかみは、別のものである。レッテルを見なくても、なかみのよしあしは、わかる人にはわかる。名は実の賓《ひん》であるにすぎない。実在という主人の家に、思考の便利のために寄寓*2《きぐう》している賓客、それが名である。いかにも主人とまったく縁故のない人物が、賓客となっていることは、稀《まれ》であろう。しかし要するに名はお客である。主人ではない。主人は中身である。実である。

しかし世の中の人々は、レッテルを尊重する。西施の美しさは、その美しさそのものによっては評価されずに、西施という名によって評価される。乃至《ないし》は、西施の美しさを理解する能力をもたないのに、西施という名に、むやみとあこがれる。⑥郭訥《かくとつ》の言葉は、そうした態度に対する痛烈な抗議である。

（吉川幸次郎「名と実」）

＊1 書生＝学生。
＊2 寄寓《きぐう》＝仮住まい。

問一 ——線①「石崇問其曲、郭訥不知」を書き下し文に直しなさい。

［　　　］

問二 ——線②「何ぞ佳しと言ふを得ん」を現代語に訳しなさい。

［　　　］

問三 ——線③「挈妻子而去之走」は「妻子を挈《たずさ》へて之を去りて走《に》ぐ」と読む。この書き下し文の読み方となるように返り点をつけなさい。

挈 妻 子 而 去 之 走

問四 難 ——線④「矉の美なる所以《ゆえん》を知らず」の解釈として適当なものを、次のア～オから一つ選び、記号で答えなさい。

ア 世間の人が美しいと感じる基準について分かっていない。
イ 眉をしかめるのが美しくなるということ自体が分かっていない。
ウ 眉をしかめる動作が美しく見える瞬間について分かっていない。
エ どのように眉をしかめたら美しくなるかについて分かっていない。
オ 眉をしかめることがなぜ美しく見えるのかについて分かっていない。

［　　　］

問五 ——線⑤「何ぞ必ずしも～其の美を知らんや」とあるが、この説明として適当なものを、次のア～オから一つ選び、記号で答えなさい。

ア 名前を聞かないと、実の基準を判断できないということ。
イ 名前を聞かないと、中身に関する考察ができないということ。
ウ 名前を聞かなくても、音楽の良さは分かるということ。
エ 名前を聞かなくても、その人の美しさは分かるということ。
オ 名前を聞かなくても、人間の本質は理解できるということ。

［　　　］

問六 難 ——線⑥「郭訥の言葉は、～抗議である」とあるが、「そうした態度」とは、どういう態度か。「態度」につながる形で答えなさい。

［　　　態度］

第4回 実力テスト

時間 30分
目標 35点

得点
／50

▼解答→別冊 p. 54

1 次の文章を読んで、あとの問いに答えなさい。（千葉・渋谷教育学園幕張高）

今は昔、留《る》志《し》長者《ちやうざ》とて、世に楽しき長者ありけり。大方、倉もいくらともなく持ち、楽しなどは、この世ならずめでたきが、心の口惜しくて、妻《め》にも子にも、まして使ふ物などには、いかにも物食はせ、着することなし。

己れ、物の欲しければ、ただ人にも見せず、[*1]盗《ぬす》まはれて食ふ程に、物の飽かず多く欲しかりければ、妻に言ふ。「果物、[*2]御物《おもの》、酒、[*3]合はせどもなど、[*4]おほらかにしてくれよ。我に憑《つ》きたる物惜しまする[*5]慳貪《けんどん》の神、祀《まつ》らん」と言へば、「物惜しむ心失はん」と思ひて[*6]し立つ。まことに、「人も見候《さぶら》はざらん所に行きて、よく食はん」と思ひて、①虚言をするなりけり。

さて、取り集めて、[*7]行器《ほかゐ》に入れ、[*8]瓶子《へいじ》に酒入れなどして、荷《にな》いて出でぬ。「この木のもとに烏《からす》あり。あしこに雀《すずめ》あり。食はれじ」と択《え》りて、人離れたる山中の木の下に、鳥、けだ物もなく、[*9]食《くら》ふつべき物もなきに、食ひいたる、楽しく心地よくて、[*10]誦《ずん》ずる事、「今日曠野《こんにちくわうや》中、飲酒大安楽《おんじゆだいあんらく》、猶過毘沙門《いうくわびしやもん》、亦勝天帝釈《やくしようてんたいしやく》」。この心は、今日、人なき所に一人ゐて、よき物を多く食ふこそ、毘沙門にも天帝釈にも勝りたれ、と申すを、帝釈、きと御覧じてけり。

②憎しと思《おぼ》し召《め》しけるにや、留志長者が形に変ぜさせ給ひて、「我が、山にて物惜しむ神を祀りたる故《け》に、その神離れて、物の惜しからねば、するぞ」とて、倉どもをこそと開けさせ給ひて、[*11]妻子どん、親、従者《ずさ》どもをはじめとして、知る知らぬなく、財物《たからもの》どもを取り出だして配らせ給《たま》ふ時に、喜び合ひて給はる程にぞ、まことの長者は帰りたる。

倉もみな開けて、かく人の取り合ひたるに、あさましく悲しく、我とただ同じ形にせさせ給ふに、③「これはあらず。我ぞそれ」と言へど、聞き入るる人もなし。[*12]御門《みかど》に愁《うれ》へ申せば、「母に問へ」と仰《おほ》せらる。母に問へば、「物人に賜《た》ぶこそは子にて候《さぶら》ふらめ」と申せば、する方なし。「腰のもとに[*13]黒子《はわくそ》と物の跡こそ候《さぶら》ひし、それを御覧ぜよ」と申したれば、開けて見るに、④帝釈、落させ給はんやは。二人ながら物の跡もあれば、術《ずち》なくて、仏の御許《もと》に二人ながら参りたれば、帝釈、元の形になりて、御前におはしませば、論じ参らすべき方なし。「悲し」と思へれど、[*14]須陀洹果《すだをんくわ》とて、人の永《なが》く悪《あ》しき所を離るるはじめたる果、証《せう》しつれば、物惜しむ心も失《う》せぬ。

かやうに帝釈は、人導かせ給ふことはかりなし。[*15]すずろに、あれが物失はんとは、なじか[*16]思し召さん。慳貪にて、地獄に落《お》つべきを、落さじと構へさせ給へれば、めでたくなりぬる、⑤めでたし。

（『古本説話集』）

＊1 盗《ぬす》まはれて＝人目を盗んで。
＊2 御物《おもの》＝ご飯。
＊3 合はせ＝副菜。おかず。
＊4 おほらかにしてくれよ＝たくさん出してくれよ。
＊5 慳貪《けんどん》＝けちなこと。
＊6 し立つ＝支度する。準備する。
＊7 行器《ほかゐ》＝食べ物を持ち運ぶための丸い容器。

＊8　瓶子《へいじ》＝酒を入れる容器。とっくり。
＊9　食《くら》ふつべき物＝食べてしまう者。
＊10　誦《ずん》ずる＝吟じる。
＊11　妻子どん＝妻子たち。
＊12　御門《みかど》＝帝。天皇。
＊13　黒子《はわくそ》＝ほくろのこと。
＊14　須陀洹果《すだをんくわ》とて、人の永《なが》く悪《あ》しき所を離るるはじめたる果、証《せう》しつれば＝聖者としての悟りを開き始めたので。
＊15　すずろに＝むやみに。
＊16　なじか＝なぜ。どうして。

問一　——線①「虚言」とあるが、これについて説明した次の文の［A］・［B］に入る適当な語句を、それぞれ五字以上十字以内で答えなさい。（各8点　計16点）

酒やご飯は、本当は［A］ためのものであるのに、［B］ためのものだと言った。

A［　　　　　　　　　　］
B［　　　　　　　　　　］

問二　——線②「憎しと思《おぼ》し召《め》しけるにや」を現代語訳したものとして適当なものを、次のア～オから一つ選び、記号で答えなさい。（8点）

ア　帝釈は、留志長者の一族が、留志長者の悪事にも気づかず、ひたすらぜいたくな暮らしをしている様子を憎らしいとお思いになったのであろうか。
イ　帝釈は、留志長者の一族が、自分たちの保身のために、留志長者の悪事を見逃している様子を憎らしいとお思いになったのであろうか。
ウ　帝釈は、留志長者が自分の妻子に平気で嘘《うそ》をついた上に、天の神をも欺《あざむ》こうとしている様子を憎らしいとお思いになったのであろうか。
エ　帝釈は、留志長者が仏法を守る自分をものともせず、快楽をむさぼることをよしとする様子を憎らしいとお思いになったのであろうか。
オ　帝釈は、留志長者が動物に食べ物を与えなかった上に、自分を侮辱するような発言をしたことを憎らしいとお思いになったのであろうか。

［　　］

問三　——線③「これはあらず。我ぞそれ」を、指示語の内容を明確にして現代語訳しなさい。（12点）

［　　　　　　　　　　］

問四　——線④「帝釈、落させ給はんやは」を現代語訳したものとして適当なものを、次のア～オから一つ選び、記号で答えなさい。（6点）

［　　］

ア　帝釈が、お許しになったのであろうか
イ　帝釈が、お許しになるわけがあるまい
ウ　帝釈が、お見落としになったのであろうか
エ　帝釈が、お見落としになるわけがあるまい
オ　帝釈が、慈悲をたれたのであろうか

問五　——線⑤「めでたし」とあるが、これは何に対する言葉か。適当なものを、次のア～オから一つ選び、記号で答えなさい。（8点）
［　　］

ア　帝釈が、留志長者は、このままでは一文無しになって地獄に落ちるということを予見し、改心させた点。
イ　帝釈が、あえて留志長者を無一文にすることで、悟りを開かせ、けちで地獄に落ちるところを救い出した点。
ウ　帝釈が、留志長者とそっくりの姿に変じることで、帝や留志長者の母親をも欺《あざむ》き、留志長者を改心させた点。
エ　帝釈が、留志長者に、自ら財産を放棄するように命じ、地獄に落ちるところから救い出した点。
オ　帝釈が、留志長者の母親を使って、留志長者に財産を放棄させ、地獄に落ちるところから救い出した点。

〈編著者〉　第１・２・３編　鶴見貴之〔姫路予備校講師，富士学院講師〕
第４編　木下雅博〔秀英予備校講師〕

□ 編集協力　株式会社アポロ企画　福岡千穂
□ デザイン　CONNECT

シグマベスト
最高水準問題集
中学国語［文章問題］

編著者　鶴見貴之・木下雅博
発行者　益井英郎
印刷所　株式会社天理時報社
発行所　株式会社文英堂
〒601-8121　京都市南区上鳥羽大物町28
〒162-0832　東京都新宿区岩戸町17
(代表)03-3269-4231

●落丁・乱丁はおとりかえします。

③

ΣBEST
シグマベスト

最高水準
問題集

中学国語

［文章問題］

解答と解説

文英堂

1 論理的文章の読解

1 細部を読み取る

01

問一 (1) 反語　(2) 現実［別解］実際
問二 A エ　B ウ　C イ
問三 オ
問四 X 正しい言葉　Y 外側
問五 イ ウ キ

解説 **問一** (1) 表現技法の問題。ここでは、疑問文の形をとりつつ、否定の意を示す。

(2) 同義抜き出し問題。ここでは一般に言われていることの逆、つまり「現実」または「実際」という意味の部分を探す。

問二 接続語問題。こういった問題はまず、ガイドに示したような接続の関係を理解しておきたい。その上で設問箇所がどのような接続関係になるのかを考え、当てはまる接続語を選ぶようにしよう。**A**では直前で「一つあれば充分だ」とあり、その直後で「そんな簡単なものではない」と否定しているため、対立関係になる。対立関係の部分に当てはまる接続語は逆接（だが・しかし　等）か、補足（ただし　等）。選択肢にあるのは逆接のみである。**B**は直前の「皆が意識している」と直後の「知っている」が同義（＝）となる。ガイドにある「順接（因果）」「逆接」「並立」以外にも、次のようなものも覚えておこう。

換言（言い換え）―つまり・すなわち
補足―ただし・ただ・もっとも
説明―なぜなら
転換―ところで・さて
累加―それに・しかも・なお
選択―あるいは・または・もしくは

問三 対立関係を判断する問題。多くの説明的文章には、対立関係（対比）が用いられる。それを意識しながら読むと設問に答えやすくなる。ここでは、「正しい言葉」VS.「活《い》きた言葉」である。この対立軸に合わせて分類してみよう。

問四 比喩内容を説明する問題。ここでも対立関係が重要になる。「求心力」は一つの中心点に集まろうとする力のことだから、「一つ」の正しい言葉を意識すること、「遠心力」はその反対だから、活きた、ひねりをかけた表現を求めることと考えることができる。字数指定もヒントにしよう。

問五 内容一致問題。このような問題は、選択肢の隅々まで丁寧に検討すること。**イ**は2～4段落の内容と一致している。**ウ**は5段落の内容と一致している。**キ**は本文の表現と異なるが、7～10段落の内容と一致している。**ア**は後半の「存在しない」が間違い。**エ**は「それが『正しい言葉』を生むこともある」という部分が間違い。**オ**は「『一本調子』になる」が間違い。**カ**は前後関係が逆になっている。「言葉の冒険」が「職業意識や仲間意識を育てる」のではなく、「職業意識や仲間意識」ゆえに「言葉の冒険」が生じるのである。**キ**は本文の内容を反対の意味からとらえ、本文の内容と一致させている。**ク**は一般論であるが、筆者の考えとは逆。

得点アップ

▼逆接の接続語の後ろに、筆者が強調したい内容が置かれることが多い。出題者もそのことをわかって作問するはずなので、問題文を読む際に、逆接の後ろには注意し、できれば自分で線などを引きながら読み進めると、筆者の主張をとらえるのに役に立つはずだ。

[例] 君はなかなかの努力家だ。しかし、今のままの成績では合格できない。

↓この場合、話している人が伝えたいことは、「君」が努力家だということではなく、成績をもっと伸ばしなさい、ということだとわかる。

02

問一 ウ
問二 A 考える力（12行目） B 対処の方法（12行目）
問三 例 あるところに到達するまでは、一人で考え、答えを見いだす（27字）
問四 例 自分の力で一から考え、結論を出すこと（18字）

解説

問一 7行目「しかし」とある部分に注目。前問の「得点アップ」でも説明したが、逆接の後は強調なのでチェック。また、同じ内容が13行目にも、「私は、自ら努力せずに〜気がしている」と直接的に述べられている。
問二 11行目の一番下から始まる「だが」に注目すると、そのままの表現で述べられている。これも逆接の後ろに注目すると解きやすかったはずである。
問三 20行目の「一人で考えていき、あるところまで到達する」に着目。それに続けて「そのうえで共同して知恵を出し合うのでなければ意味がないと思っている」とあるので、ここを答えの根拠とする。
問四 直前の一文を見ればよい。指示語の指示内容を探すときの基本。

得点アップ

▼ここで学んだ「逆接の後ろ」に加え、具体例の前後も、重要部分として注意を払おう。具体例とは、「たとえば」や固有名詞がある部分を探すと見つけやすい。
▼記述の解答字数はさまざまであるが、おおむね20〜25字程度であれば一要素、40〜50字であれば二要素、60〜75字ならば三要素ぐらいの感覚で本文から探し出そう。表現のうまいへたは問題ではなく、要素がきちんと入っているかどうかが問われる。

03

問一 A エ B イ C カ D オ
問二 ア
問三 例 日本をリサイクル社会に変え、多くの大企業がそちらのほうに事業を展開し、企業はそのシステムの中でリサイクルできるものしかつくらないようにしようとしても、コストや技術や人手の面で問題があって実現は難しいから。（102字）
問四 例 コストや技術や人手の面でまだリサイクル社会が構築できていない現代社会において、盲目的にリサイクルをおしすすめると、人々のあいだに商品をどんどん捨てても構わないという意識が生まれ、大量のごみが出てしまうこと。（103字）
問五 大量生産・大量消費にもとづくリサイクル型超浪費社会（25字・78行目）

解説

問一 接続語補充問題。Aは、前でもう商品を作れないこと、後ろで商品を作らねば日本はやっていけないことを述べ、対立している。逆接を選ぶ。Bは、前で「リサイクル社会」のことを述べ、後ろでその内容を説明しているので、内容的に等しく、換言が選べる。Cは、「企業はつぶれずにすむ」に加えて「雇用を確保できる」というメリットを付け足しており、累加《るいか》である。
問二 語意説明問題。語句の意味を聞かれたら、まずは自分の持っている知識で解くように心がけたい。それでもわからなければ文脈を利用する。前の段落の内容は未来のリサイクル社会を予想した内容になっている。

問三　表現理由説明。「なぜそういえるのか」とあるので、「なぜか」という問いとは少し違うことを意識しておきたい。「なぜそういえるのか」と問われた場合には、「そう」の内容、それがどういうものなのかという点に触れざるを得ない。内容説明に近くなるのである。Dに続く部分を使って答えよう。

問四　内容説明問題。第一～四段落の内容。必要な内容は以下の通り。問三で答えた「コストや技術や人手の面でリサイクル社会はまだ構築できない」ということ、「いくら捨てても構わないという意識が生じる」こと、その結果「ごみがあふれてしまう」こと。

問五　*60*行目「ちょっと待ってよ」以降でリサイクルシステムの完成が大量生産・大量消費を呼び込む可能性について述べており、これが「資本主義の運動」に対応する。*77*行目「それどころか」に続いて述べられる強調表現に注意。

得点アップ

▼「どういうことか」など、内容を説明させる問題は、その部分を別の表現に置き換えなさいということで、「なぜか」など理由を説明させる問題はそこに至るまでの道筋を答えなさいということである。一方、問三の「なぜそういえるのか」のような、表現した理由を説明させる問題は、その中間といえる。解答は、内容説明問題の解答に近くなる。

04

問一　イ

問二　ア

問三　例当事者であるアメリカには見えないところも、傍観的な立場で見ているイギリスからはより正確に見えるから。

問四　例当事者が自身の主観を離れて見るよりも、傍観者的な人間の方がものごとを正確で公正に見られるということ。

問五　例自分では偏りなくものごとを見ているつもりが、対象に近すぎてどうしても主観を離れられず、しかもそれに気がつかないこと。

問六　例時間がたつと内容の偏りが明らかになってきて、信頼できるものではなくなるということ。

問七　例身近な人の手によるものであるだけに、客観的なつもりでも、書く人の主観による偏りが入りやすいから。

問八　例自然科学は傍観者的である分、歪みが入りやすい主観や客観を排し、公正かつ純粋で普遍的な認識に近くなるから。

解説

問一　語意説明問題。知識が不十分でも、*8*行目の「主、客の立場にある当事者であって、～難しい」という部分をヒントにして考えるとわかるだろう。

問二　語意説明問題。これもわからなくても、直前の「そばで見ている人間には、対局者の見えないところが労せずして見える」という部分を利用して考える。

問三　前問の内容を利用。「アメリカ＝当事者＝見えない」⇔「イギリス＝傍観者＝正確に見える」という対立が書けていれば正解。

問四　「客観」の説明として「当事者が自身の主観を離れてものごとを見る」という内容、「傍観」のほうがより「客観的」で「公正・正確・普遍的」、という二点が必要。

問五　自分自身や身近な対象を主観抜きで見ることはできないにもかかわらず、客観的に見ていると思いこむこと、つまり、「客観的」なつもりの「主観」であることを「客観的主観」といっている。

問六　内容説明問題。直前に「信頼できる伝記のようでいて」と対立的な内容があるので、これをひっくりかえして、信頼できないという要素を取り出す。さらに「時の試練」なので、時間がたつという要素を追加して完成する。

問七　理由説明問題。ポイントは以下の二つ。身近な人の手によるものである点、および、客観性が薄いという点。直後の「本人に会ったこともないような人」

との対比で考えるとわかりやすいだろう。

問八　理由説明問題。全体の要旨にも関わる問題である。ここまでの問題をふりかえりつつ解答したい。ポイントは以下の三つ。まず、自然科学が、自身と対象とを切り離すことから、傍観者的である点、次に、歪《ゆが》みや偏りが入りにくい点、三つめに、そのため公正であるという点。

得点アップ

▼「主観」と「客観」は論理的文章では頻出する語である。学問の分野では、個人の「主観」を排除して、「客観」的に記述されることが求められる。「主観的である」ことは、誰《だれ》にでも、どんな場合にも当てはまる普遍性を欠いている、という意味で、批判的な評価であることがしばしばある。ただし、その逆に主観を全く排してしまうことを批判する文章もあるので注意したい。

2 段落・構成をとらえる

05

問一　例ニワトリが偶然映画に映りこんでいたこと。

問二　エ

問三　自分たちの文化的な文脈の中にあるもの（18字・15行目）

問四　例ヒナは餌がほしいときに、餌をくれる親鳥全体でなく、そのくちばしの形と先端の赤い点のみを認識するということ。

問五　ウ

解説

問一　指示内容説明問題。まず、指示語の部分を疑問詞に置き換えてみる。「監視員たちはどんなことに気づいていなかったのか」。その上で、まず直前、もっと前、直後という順番で探していけばよい。解答が決まったのち、その内容を指示語の部分に当てはめてみて、意味が素直に通るかどうかも確認しておきたい。

問二　接続語補充問題。前章の解説も参考にしつつ、空欄部前後の関係を見る。すると、「だれもそのことに気づいていなかった」と「もっとも印象に残った」という対立した関係が見つかる。このような対立関係にある接続は逆接である。

問三　――線②の前の段落の一文目の最後が、「ではない」という否定表現になっていて、直後の文は強調されているとわかる。強調して意見を述べ、例として事実をあげ、もう一度自分の意見を繰り返してまとめているのが――線②の部分。文章を読み進めるときに、こうした強調されている重要な部分に線を引いておくと役立つだろう。

問四　内容説明問題。少し難しく、迷ってしまうような場合はまず主語の確定からしていくとよい。ここでは「セグロカモメのヒナ」である。セグロカモメのヒナの話が出てくるのは、23行目、第六段落の三文目以降である。ポイントは以下の通り。まず、親鳥を全体として見ていない、餌《えさ》をくれるのは親鳥のくちばしである、したがってヒナはくちばしの形と赤い点のみを認識する。以上三点を書きもらすことのないよう述べていきたい。

問五　構成説明問題。まず「つまり」という換言の接続語で始まっているのだから、前段落との関係は、繰り返しかそれに近いものとなり、**イ**または**ウ**に限定できる。さらに二文目で「これは人間も動物も同じである」と他の例に当てはめるので、**イ**の「さらに問題を提起」は誤りということになる。

得点アップ

▼問題文を読むときは、繰り返されている部分や強調されている部分、重要な部分をきちんと拾い、線を引くなど目立つようにしておこう。こうした部分は設問に絡《から》みやすく、解答に生かすよう努力すれば点数に結びつく。事前の下準備が大切である。

06

問一　A ウ　B オ
問二　例 そこに住む人の目には薄暗く恐ろしく見えるところ。
問三　ウ
問四　イ

解説　**問一**　内容説明問題。日本の映画については、同じ段落で「物の配列の美しさ」が出てくるので、これを言い換えている「調和」を選び、一方、外国の映画では、3段落に「町の一角、人生の一こまに光をあてて」と述べているので、言い換えを考えて「焦点」を選ぶ。

問二　内容説明問題。まず「そういう」という指示語に従って前の文を見て「薄暗い」というポイントを拾う。さらに、並列される後ろの部分「おどろおどろ」をとり、以上二つのポイントで解答を作ればよい。

問三　段落分け問題。2段落は「日本の映画の特徴」、3段落は「外国の映画の特徴」で、両者を比較する内容。4段落から「線の美しさ」や「量感」といった美術一般の話となり、東西の映画や絵画の違いが「視点の違い」からくることが説明される。10段落以降、この「視点の違い」が風土の違いから生じると、さらに展開されている。したがって、4と10から新しい段落を始めればよい。

問四　10段落を根拠とする。**ア**は「題材となる時代やテーマの違い」、**ウ**は「繊細さと粗雑さの違い」、**エ**は「主観と客観の違い」が当てはまらない。**オ**は説明するものとされるものが逆になっている。

得点アップ

▼意味段落は、「分ける」のではなく、接続語などを手がかりに、つながれるところ(話題)をつないでいき、つなぎきれなかったところがすなわち分かれ目であると考えよう。

07

問一　例 単に未熟でものを知らないことを、感性が豊かだとか純粋だと誤解すること。
問二　例 子どもが蝉の抜け殻を見て興奮すること。
問三　A 鈍感　B 敏感
問四　箸にも棒にもかからない（23行目）
問五　例 感性は考えることとは無縁で、純粋な子どもの方が豊かな感性を持っているというもの。（40字）
問六　出版された（18行目）

解説　**問一**　内容説明問題。*1*行目の「子どもの感性が大人よりも豊か」「子どものほうが純粋」という考え方がどうだというのか。第四段落の逆接の表現「でもね」以下を読むと説明がある。子どもは未熟でものを知らない、それゆえの驚きを感性の豊かさや純粋さだと考える、という二点がポイント。

問二　指示内容説明問題。何が、単に未熟でものを知らないからなのか。直前から答えは出る。

問三　A　直前「驚きも感動もしない」の言い換え。B　Aの対義語で「興奮し「キャーキャーい」うこと。

問四　空欄補充問題。32行目、子どもの「芸術でも何でもない」ものを何と言っているか。具体例をあげている段落から、「慣用表現」を手がかりに探す。

問五　内容説明問題。ポイントは以下の二つ。まず、最後の段落から「考える」ことと無縁であってはいけないという内容を拾う。次に前半の「子どもは大人より感性豊かだ」という誤解を指摘する。

問六　脱文挿入問題。まず、脱文の話題が「子どもが未熟であるということ」と「子どもの作品」ということなので、第四～六段落付近が候補になる。その上で「絵や詩」という話題から、後につながる内容を持つ部分を探す。

得点アップ

▼脱文挿入問題は、まず話題をチェックすることから始める。話題として近い段落を探し、次に接続語などを考えて最終的に決定する。

08

問一　a　最初　個人的　最後　すべて（33行目）
　　　b　最初　相手に　最後　う自分（36行目）
問二　A　特定の個人（28・33行目）　B　不特定の人々（99行目）
問三　ウ
問四　対他存在（43・71・92行目）
問五　エ

解説

問一　理由説明・空欄補充問題。——線①を含む段落の冒頭に「こうなると」とあるので、前の段落に注目する。まず33行目「しかしながら」と強調されているので、ここから33行目「個人的な役割の遂行がすべてであった」という部分をとり、字数と説明文に続く表現に合わせてカット。さらに「目を向けすぎて」とあるbに対応する「もっぱらの関心となる」を見つけ、その対象を前の部分から解答すればよい。

問二　空欄補充問題。問一を利用する。問一で問題にされていたのは「特定の個人に対する個人的な役割（の遂行）」。これと対比されている「社会的な役割」はどんな対象に向けたものか、「個人」と対照的な「人々」という語のある部分を見つけて解答とする。

問三　内容説明問題。主語は「働くということは」であり、101行目の「このように」という指示語に従って前を見ると、「自分の存在が確証される」ということが述べられている。ということで、ここの意味は、「働くということは、単に食べるためだけではなく、自分の存在を確証するための行為でもあるのだ」ということになる。これに当てはまるものを選ぶ。

問四　空欄補充問題。「（相互）承認」されるものを考える。43・71・92行目と、繰り返し「対他存在の（相互）承認」と出てくるのに目をつける。

問五　段落構成問題。段落の構成を考える場合には、段落冒頭の接続語が大きなヒントになる。②の「そもそも」は、あらためて説明し直す、視点を変える言葉なのでそこまでの流れからやや外れる。⑤の「改めて言うまでもなく」は前段の内容の確認。以上の条件を満たすものは**エ**のみである。

得点アップ

▼段落の構成も、接続語などを手がかりに、わかりやすいところから考えていくこと。どうしても曖昧《あいまい》な部分が出てくるが、そういったところに足をすくわれて無駄に時間を浪費してしまっては、持っている力を十分発揮することがかなわなくなってしまうだろう。

09

問一　A イ　B エ

問二　イ

問三　例 社会の強制や合理性、効率性から自由になり、不確定の状況に身を置く不安と、自他の創意と工夫で不確定を確定へもたらす主体性から生じる気分の昂揚のなかに身を置くこと。（80字）

問四　例 仕事の秩序は合理性と効率性を基本とするものだが、遊びの秩序は楽しみを持続させるための、意識的または無意識のものである。（59字）

問五　無秩序な乱痴気騒ぎ（9字・57行目）

問六　第一段落 イ　第二段落 エ

解説

問一　空欄補充問題。Aは次の文の「一つの流れをなして続いている」が、Bは24行目「みずから求め、みずから生みだしたもの」がヒントになるだろう。

問二　内容説明問題。「日常生活からふっと浮かび上がる」のであるから、日常生活から離れて、それだけで成り立つという意味になる。

問三　内容説明問題。まず、直後の35行目に「楽しさとはなにか」とあり、以下に説明がある。これに続く段落で「気分の昂揚」と述べている。これがまず一つ。さらにその後の段落、45行目「が、遊びはそうではない」以降で、「気分の昂揚」の説明をしている。ここから「強制」「合理性」「効率性」が無関係であること、さらに続く部分から「不確定」という要素と「不確定を確定へともたらす主体性」というポイントを導き、これらから生じる「気分の昂揚」につなげる。以上四点から解答を構成する。55行目「それが遊びの楽しさだ」としめくくっているのもヒントになる。

問四　内容説明問題。「違い」の説明であるので、なるべく対称性を持った構成にしたい。前問で考えた通り、仕事には「合理性」「効率性」が付きまとう。一方遊びにはそれがなく、「遊びを楽しいものにする」という動機があるのみ。さらに「強制」される仕事に対して、遊びはそうでないという点も付け加えたい。以上の三点で解答を構成する。

問五　抜き出し問題。本来の遊びではないものを探す。第八段落冒頭56行目で、「〜もたらされたものだが」と、逆接の部分があり、本来の遊びと対比させられる内容が来ると予想される。ここに注目しておけば解答しやすい。

問六　第一段落は仕事と遊びの対比について、第二段落は遊びの内実、第三段落は遊びと仕事の秩序についてそれぞれ述べられている。

得点アップ

▼傍線部が長いと解釈に時間がかかるが、あせらず部分部分に分けて考えていこう。特に内容説明の場合は、それぞれの部分に対応した内容が解答に入っているか丁寧に確認しながら解答を作成していこう。

3 要旨・論旨をとらえる

10

問一 事実をすみずみまで明確に表現する（16字・2行目）
問二 例私はあの本を読んでしまった。
問三 A 否定（19行目） B 相手への配慮（22行目）
問四 イ

解説 問一 抜き出し問題。ここでは英語やドイツ語のことを言っているのだから、日本語の説明とは逆の内容を探せばよく、第一段落2行目に見つかるだろう。

問二 前の問題で見たように、英語やドイツ語では「すみずみまで表現する」のだから、主語「私」や目的語「本を」など、日本語であれば省略されるものもすべて省略せず表現すればよい。

問三 空欄補充問題。Aは、「否定形」で質問された場合なので、直前の「行きませんでしたか」を指し、事実として肯定であれば「行った」ということなので、直前の「いいえ、行きました」にあわせて「否定」を入れ、Bは――線③直後の「これなども」にしたがって後ろの文を読んでいけば、すぐ見つかるだろう。

問四 内容一致問題。アは第一段落、ウは第二段落、エは最終段落とそれぞれ一致するが、イは「どんな場合でも」という部分が第二段落後半に反する。英語やドイツ語でも日記や非常に親しい相手に対しては主語の省略が行われる。

得点アップ

▼日本語と外国語を比較した文章もよく出る。日本語の特徴として、主語が明示されない、「私」「あなた」などの人称代名詞が豊富、肯定・否定が曖昧《あいまい》などとされる。理由として、聞き手への配慮がしばしばあげられる。日本と、西洋を主とした外国との比較の一パターンとして、合わせて覚えておこう。

11

問一 ウ
問二 A 向こうからやってきてくれる（16行目） B 消極的な受動性（12行目ほか） C こちら側から入り込んでいくことが必要（17行目） D 積極的(な)受動性（8行目ほか）
問三 ア キ（順不同）
問四 オ

解説 問一 理由説明問題。――線①をさらに説明している次の行「しかし、ひたすら～である」を見つけ、ここを根拠としよう。

問二 空欄補充問題。まず、――線②のすぐ後の「しかし、音楽は～くれる」という一文を読むと、Aの答えが出るだろう。続く第五段落冒頭「それに対して～必要だ」よりCが解答できる。さらに、――線②直後より「消極的な受動性と積極的な受動性」を見つけ、それぞれBとDに入れる。

問三 まず、「積極的受動性」とはどういうものかを考えておく。前問より「こちら側から入り込んでいくことが必要」で、「味わいつくすように注意深くある必要があり、「受動的」でもあることだとわかる。これに当てはまるのは、山に行けば景色が見えてくるという受動性と同時に「感じとろう」とする積極性も持つアと、授業を「受ける」という受動的な作業のなかで「興味を持つ」という積極性をあわせ持つキの二つである。エも迷うが、受動性に欠ける。

問四 内容一致問題。アは第六段落、イは第二段落、ウは最終第八段落、エは第四段落とそれぞれ一致するが、オは第八段落30行目と矛盾している。

得点アップ

▼理由説明問題では、直前に「したがって」や「だから」「～から」、直後に「なぜなら」などがなければ、逆接・否定の後や具体例の前後の強調文をたどってみること。内容説明問題と混同しないように気をつけよう。

12

問一 A 受け手（11行目） B 茫漠とした印象（6行目）
問二 オ
問三 色を見出していく視点（10字・23行目）
問四 例 自然のうつろいを細やかにとらえ、生じた心象の積み重なりが色の名前として表れるということ。（44字）
問五 エ

解説 問一 空欄補充問題。万葉時代の「青」の説明。空欄の後の「の心理」「を形容する」を手がかりに――線①の直前直後を読めば、見つかる。

問二 内容説明問題。――線②を含む文の直後の一文でより具体的に説明している。「この時代に育まれた」という部分があり、何が育まれたのかを選択肢と照らし合わせればよいことがわかる。

問三 抜き出し問題。――線③直前に「それは」とあるので直前の指示内容を見る。「細い針」→「すっと入り込む」→「的確な視点」と考える。

問四 第二段落で、平安時代以降日本の伝統色が見出《みいだ》されてきた経緯を述べ、第三段落で、見出された色の名に表れている、的確な視点や繊細な感受性について述べている。第二・三段落の内容を、比喩《ひゆ》表現などで印象を強めながら言い換え、広がりを持たせているのが第四段落。第二・第三段落の内容や表現に即して、印象を強めるための表現をよりわかりやすい表現に置き換えながら、まとめていく。

問五 最終段落31～34行目目と合致。アは「同一国家」、イは「普遍的」「人類共通」、ウは「できなくなって」、オは「捨てなければ」がそれぞれ誤り。

得点アップ
▼内容説明問題には、解答すべき範囲が重ならないよう、ある問題がカバーする範囲が決められていることが多い。前の設問で利用した場所から後は、その次の問題の範囲と考えて、注意深く読み進めたい。

13

問一 例 負ける悔しさを知ると、他人の悔しさや悲しみも分かるようになる（30字）
問二 (1) 逆説（13行目）
(2) 例 選手と敗北の悔しさをともにすることこそ応援団の「美学」だ
問三 A 敗 ［別解］弱 B 味
問四 ア カ（順不同）
問五 例 じりじり、ひりひりと身を灼かれる苦しみの時間を共有することで、他者の苦しみや悲しみを理解できるようになる

解説 問一 指示内容説明問題。p.5 05 問一の解説で学んだとおり、指示語の部分を疑問詞に直して考えてみると「競技をおこなうことの意味の大半はどんなところにあるのか」となり、直前を見ると「他人が負けたときに、～分かる」とあるので、これを一つの解答要素とする。さらにその前提として、直前の「負けるという悔しい思いをしたひと」があるので、これをもう一つの解答要素とする。解答に必要な要素は、以上二つ。

問二 (1) 「急がば回れ」のように、一見真理にそむいているようで、実はある真理を言いあてている言葉を逆説という。
(2) 理由説明問題。直前に「～だとすると」という順接の表現があるので、この前の部分が解答要素とわかる。「敗北の悔しさ」をともにすることが必要なので、「勝ってくれたら困る」のである。

問三 空欄補充問題。「判官《ほうがん》」とは歴史上の人物・源九郎判官義経のこと。平家を追討し、鎌倉幕府成立に多大な功績があった義経が、権力者であり征夷大将軍でもある兄・頼朝に一方的に疎《うと》まれ、滅ぼされたことに世間の人々が同情したことから、弱い立場にある者に同情し肩入れしたくなる心情を、こういうようにな

った。

問四　内容一致問題。**ア**は「勝つことに意味はなく」の部分が第二段落の冒頭文に矛盾する。**カ**の「占い」は「時間の反復」ではなく、「結果を先に知る」ためのものである。

問五　内容説明・要旨問題。まず、「時間」という指定語を利用して、45行目最終段落の冒頭文へいき、「じりじり、ひりひりとするその時間」を拾う。「その」の内容として前行の「身を灼《や》く」を入れる。さらに問一から「他者」につながる「他者の苦しみを理解」という要素に思い至る。これは問一でも触れられていた通り「価値」といえるので、もう一つの解答要素とする。以上三つの要素で構成する。

得点アップ

▼特に最後の設問は、本文読解のまとめの意味を持っていることが多い。時間に余裕があれば、そこまでの設問をもう一度見直しておくとヒントが見つかることも多い。

14

問一　例大きな集団の中の平均値的な人間ではないということ。（25字）

問二　例人間にはさまざまな人がいるということ。
例他人とのつきあい方は一様ではないということ。
（順不同）

問三　例いろいろなものが発明され、学ぶことは増えているのに、学ぶ機会はどんどんなくなってきているということ。

問四　例他者と付き合う方法がわからず、一人一人が孤立してしまい、社会が崩壊してしまうこと。

解説

問一　内容説明問題。まず——線①のある段落の冒頭文「百人、二百人といたはずの集団」というポイントをおさえる。これが一つめの要素。つづいて、直前「平均値的な人間というのはいないから」と「ずれた存在」である理由を述べている部分を拾い、これを二つめの要素とする。以上二要素で構成する。

問二　内容説明問題。問一で触れた内容が終わる第四段落の後、第五段落から見ていくと見つけやすいだろう。まず第五段落の冒頭文「人間にはさまざまな人がいて」を一つめの解答とする。つづいて、その次の段落の冒頭文「他人とのつきあい方にしても、」を見つけ、これを二つめの解答に利用する。

問三　内容説明問題。「皮肉」といっているので、内容的に矛盾や対立が含まれるはずである。——線③のある段落の後半56行目に「その一方で」とあり、前後に対立する二つの内容が書いてある。「学ぶことが増えた」と「学ぶ機会が減った」という二点である。これがそろっていて、逆接で結びつけられていればよい。

問四　内容説明・要旨問題。この文章全体で述べられていたことは、問二であげられている二点と問三の内容に集約される。したがって、色々な人間がいて、それぞれ違ったつきあい方があるのだということを学べなくなったらどういう事態が発生するか、を考えて書けばよい。この条件に当てはまっていれば、解答は一様ではない。

得点アップ

▼一つの文章には、たいてい一つの主張が込められている（これを「中心語」と呼ぶ）。文章の要旨が理解できたかは「中心語」に関わる設問ではかられる。たとえば、14であれば、問二の内容である。最後のほうにある、文章全体に関わる設問にとりかかる際に、その内容を考えてみると得点に結びつきやすいだろう。

4 論理的文章の総合的読解

15

問一 A 例水分含量を減らす（8字）
B 例窒素の含有量を減らす（10字）

問二 チリカブリダニを誘引する物質を出している（20字・35行目）

解説 問一 空欄補充問題。Aは「堅くなる」理由を探す。11行目「堅くなっていきますが」の直後を見ればよい。すると「水分含量が減っていくためです」とあるのでこれを利用して答える。また、Bは、「餌としての価値」の話なので、14行目の前後を指しているとわかる。ここから「窒素の含有量」という要素を導く。

問二 空欄補充・要旨問題。文章の内容を図表にまとめた問題。これは「実験」の話なので、4段落以降を見ていく。——線②の直前の「以上のことは」という、まとめの言葉に従って、前段最終文を見れば、実験の結論、すなわち解答が見つかる。

得点アップ

▼「○段落から」のように明示されなくても、設問には、必ず本文中に該当箇所がある。「全体から」「なんとなく」などという作問のされ方はない。従って、まずその設問が、本文中のどの部分に基づいて作られているのかということを意識し、該当部分を見つけるよう習慣づけていきたい。

16

問一 エ

問二 a 東洋的な見方（8行目）
b 例人間と自然は別個の存在であり、自然は人間が支配するべきもの（29字）

問三 ア

問四 ウ

解説 問一 空欄補充問題。A〜Cの中では、比較的Cがわかりやすい。「〜に解決」という表現につなげるには、「根本的」しかない。また、Aを含む文の冒頭に「ここから」とあるので、指示内容を前段落に探すと、4行目に「人間と自然は別個の存在」（問二で使う内容）とあるので、これに近い内容の「客観的」を導くことも容易である。

問二 空欄補充問題。aは——線①直前の「この」という指示語に従って前を見ると「東洋的な見方」という「近代科学の見方」と対立する言葉が見つかる。また、bはaの内容と対立させようと考えると、「自然と人間を分けることのできない一体のものとしてみる」に対して、第二段落から「人間と自然は別個の存在」という内容が拾え、「共生関係」に対しては第三段落から「支配」という言葉が見つかる。以上二つが解答の要素である。

問三 内容説明問題。第十三段落は、33行目の冒頭文から「技術の発展」について述べた段落とわかる。イとウは「科学」ではなく「技術」の例である。エは技術の進歩がもたらした、人間社会の発展の例。

問四 最後から二つめの第十五段落の内容と合致。アは「科学以上に〜影響をあたえる」、イは「技術の発展も〜不可欠なものである」、エは「はじめて可能になる」がそれぞれ誤りである。

得点アップ

▼問一のような複数の解答を組み合わせた問題は、明らかなものから判断していくこと。わかりにくいものに時間をとられても、メリットは何もない。

17

問一　ウ

問二　例夏の間に冬の蓄えも稼がなくてはいけないという事情。（25字）

［別解］夏に信州に来る客は避暑が目的であるという事情。（23字）

問三　永遠にその土地の理解者とはなり得ない人々（20字・34行目）

問四　イ

解説　**問一**　比喩《ひゆ》説明問題。「よそゆきの顔の仮面をは」ぐために「冬」や「春」の時期に訪問するのであるから、「仮面」とは実際にその土地を訪れた季節である「夏」の風景・あり様であると判断できる。

問二　内容説明問題。主語は信州の人々である。彼らがどのような状況に置かれているかを考える。19行目に「夏のあいだに稼がなくては、冬が暮らせない」とあるのでこれを利用する。または、――線②直後から始まる「どうして」に注目して、「思い込むこと」＝「反省が生まれない」理由を述べた部分をまとめるという方法も考えられる。

問三　抜き出し問題。「虚色に満足する人々」とは、夏の旅行客（避暑客）のこと。これについて述べている部分を探す。――線②のすぐ後、第五段落最終文に見つかる。「みようとはしないのである」という否定表現に続く、まとめの文なので目立ち、見つけやすいだろう。

問四　内容一致問題。第六段落と最終段落より判断。**ア**は「非人間的」が誤り。「非人情」と混同しないように。**ウ**は「〜が旅である」が筆者の主張と逆。**エ**は「生活感覚は根本的に違う」ことを理由としている点で誤り。**オ**は「生活を示している」が誤り。

得点アップ

▼p.11 14 でも触れた「中心語」（＝文章の主張）は、比喩表現によって示されることが多い。比喩によって示されている内容をよく吟味するよう心がけると、文章の主張が的確につかめることも多い。

18

問一　例生け花は、花を土から抜いたり、枝から切ったり、さらに枝を折ったり、葉をそいだりする残酷な行為だから。（50字）

問二　例わたしたちは大切に育てた別のいのちを殺して、食べ物として取り入れ生きているということ。

問三　例見えていてもだれも見ていないものを見えるようにすること。

問四　例わたしたちが生きるうえで、必ずほかのいのちをうばわねばならないということを直接感じ取る機会が減ってきているということ。

問五　例わたしたちは別のいのちを殺し、それをいただいて生きているということを見えるようにしてくれるというところ。

解説　**問一**　理由説明問題。「殺し花」という理由であるから、生け花が植物にどういうことをしているのかを書いていけばよい。花を殺しているということを具体的に書く。さらに「拷問」という比喩も忘れずに説明したい。以上より、「花を土から抜いたり枝から切ったりして、さらに枝を折ったり葉をそいだりする」という点と、「残酷な行為」という点の二つを解答要素とする。

問二　内容説明問題。――線②を具体的に説明しているのが次の第七段落。38行目に「生きるということはだから」とあり、以下で結論づけている。ここから、「別のいのちを殺すこと」をとる。これが一つめの解答の要素。つづいて次の段落も「しかも」という接続語で始まるのでチェックし、「大事に育て」という要素を加える。以上二点で構成する。

問三　指示内容説明問題。「これと反対のことをしています」とあるが、今の日本人は何と反対のことをしているのか。指示語の内容なので、直前から探していき、前の段落の57行目「見えているのに～見えるようにする」を利用して解答する。

問四　内容説明問題。問二の内容と問三の内容を利用する。すなわち、「人間が生きるためにはほかのいのちを殺しいただくことが必要」という内容と「見えにくい」という内容。ただし、ここで「ラップ・フィルム」という比喩を使っていることに留意し、単に「見えない」というよりは、間に何かが挟まっている、つまり「直接には感じ取れない」というように表現したい。以上二点がポイントである。100行目の「ラップ・フィルムをはがして」以下でも直接感じとれなくなったものが明らかにされている。

問五　要旨問題。比喩説明やここまでの設問の流れを利用する。最終段落の99行目でももう一度花祭りや華道に触れ、論のしめくくりとしており、ここもヒントになる。ポイントは以下の通り。「わたしたちはほかのいのちをいただいて生きている」「それを見えるようにする」。

得点アップ

▼問一のように、理由説明問題でも、「なぜそのように表現されているのか」を問う設問では、そうなった経緯を述べるよりは、それがどういう状態であるのかを答えさせる場合が多く、結果として、「『殺し花』とはどういうことか」という内容説明問題の解答に近くなっていく。混同しないよう、丁寧に整理しておこう。

19

問一　例 現実の似た存在の差異を理性の力で切り捨て「同じ」とし、それを指す記号として言葉を生み出した。（46字）

問二　ウ

問三　エ

問四　イ

問五　例 入試などの場面で、受験生は各科目のテストの点という数値のみを基準として合否を判定されることが多い。これは情実による不公正を防止する側面がある一方、本人の人間的側面や点数化されないスキルといった多くの点を見落とす。さらにそれは点数にならないことは価値のないことだという認識を一般化する。こういったことがさらに進んでいけば、やがてこの社会は「他人に良い点を付けてもらえること」以外はやらない、してはいけない社会となり、極めて生きづらいものになってしまうのではないかということが懸念される。（242字）

解説

問一　内容説明問題。難問である。「混沌《こんとん》」を「分節」することとそれを名付けることの関係を知っていないと答えにくい。まず動物との比較から考える。動物は似たようなものでも別のものは「同じ」と判断できない。一方人間はそれを「理性」の力で「同じ」と考える。そこでは「同じ」でないものは「ノイズ」として切り捨てられ、「同じ」ものに共通した記号として（コミュニケーションツールとして）「言葉」（＝名前）が生じる。言葉が先か、分節が先かについては議論のあるところだが、以上のような過程を説明すればよいだろう。

問二　理由説明問題。直前の段落で、人間とチンパンジーの「発育」の違いについて述べられていたので、「発育」に関するもの、つまり**イ**（「成長」）、**ウ**（「身に付ける過程」）の二つが候補。**ア**や**エ**は話題として触れられていないので除外。

さらに続く部分で、「お姉ちゃん」の心情を考えるかどうかということを調べているので、「他の人の『心』を推察する」としているウを選ぼう。イの「肉体的な成長」は無関係。

問三　ここでは二つのポイントから判断しよう。一つは直後の段落である。すべてのものが「人為的に配置されています」とある。これに対応しているのがエの「意識的に作られ、配置された」である。ただし、これを的確に見抜くのは難しいので、「社会」について述べられた部分を五つ後の段落から探し出そう。「オフィスを見れば～」で始まる段落である。この段落の四文目を見る（ここは「～ありません」「～いない」など否定表現の後ろ、「つまり」で強調されている部分なので目立つ）。「無意味なものが一切ない」に対応する「最も効率的」という言葉があるエを選ぼう。

問四　これも**問三**に引き続き「オフィスを見れば～一切ないのです」の部分を見て考える。これに当てはまるのはイ「同じ快適さを求め」「不快をもたらすさまざまな要素を排除」とエ「環境が整えられ」の二つのみ。エの「全体でどう評価されるか」はどこにも述べられていないので不可。よってイ以外ない。

問五　内容把握と具体化、自身の見解を述べる問題。多くの受験生が一番苦労するのが「具体例を考える」という部分だろう。まず、「人間の情報化」について、筆者自身が挙げている例を確認する。すると、銀行での体験、メールで同じ部屋の上司に報告をする新入社員の話が見つかる。ここで重要なのは「本人」は必要でなく、関係のないものをそぎ落とした「データ」だけが必要とされる、という点である。これに合致する例を考えればよいだろう。そのほか、学歴や収入という他人と明確に比較できるポイントだけで人間をはかる、売り上げや営業成績のみでスタッフの評価を決める、といった例でもよいだろう。それがどのような結果をもたらすか、をきちんと書いてあれば、「考え」は自然にまとまるはずだ。

得点アップ

▼一つの文章、したがって一つの主張に基づいて作られている設問は、全体として連動している。それぞれの設問を解いていくことで、文章に対する理解を深め、以降の設問のヒントとしていくよう心がけよう。

第1回　実力テスト

1
問一　A ウ　B イ　C ア　D オ
問二　例主に視覚により空間を把握し、間接的に空間と関係を結ぶのでなく、視覚以外の身体感覚がよびさまされ、それらにより空間を直接的に把握し、空間と一体化するという方法。（79字）
問三　深さ（33行目）
問四　ウ
問五　例近代の空間からは失われた「深さ」をもつ一方で、均質性はもたないという点。（36字）
問六　装置である（41行目）

解説　**問一**　接続語補充問題。Aは「明るい空間」と「闇」の間にあるので対比。Bは直前に「奥行である」とあるのに対して、「奥行が存在しない」と述べているので、対立し、逆接。Cは「幅も奥行もない」ということが、「深さがない」ことの理由説明、Dは具体例が続くので例示の「たとえば」を選ぶ。

問二　内容説明問題。対立項をはっきりさせて考えていくとわかりやすい。「別」といっている以上、対立相手の「明るい空間」のことも述べなくては、答えられない。*23*行目「視覚が優先」vs「視覚以外の感覚」（8点）、*19*行目「間接的な関係」vs*26*行目「直接触れ合い／一体化」（8点）といった要素で構成する。「明るい空間」についての「視覚が優先」「間接的な関係」がない場合、各要素2点のみとする。

問三　空欄補充問題。前後の段落で話題となっている言葉をチェックすれば容易。「近代の空間」＝「明るい空間」が失ったものは何か。

問四　理由説明問題。*70*行目に「奥は具体的な対象物～ことばである」という文があり、ここが根拠である。

問五　要旨説明問題。まず、ここまでの設問の流れに注目したい。問三で答えた「深さ」というキーワードを思い出そう。これがまず要素の一つ（4点）。さらに明るい空間、近代空間の特徴（4点）として述べられていた「均質性」というポイント（4点）、これをひっくり返して付け加えればよい。以上三つの要素から構成したい。

問六　脱文挿入問題。話題は「人工照明」なので、「近代の空間」＝「明るい空間」についての部分で、第六段落と見当をつける。また、「それ」の指示内容を考えると「明るい空間の実現」であり、その内容の後ろに挿入すればよい。

実力テスト　採点基準（各編共通）

①一つ選んで答える問題に対して二つ以上答えている場合は不正解。
②抜き出し問題での誤字脱字は不正解。
③制限字数オーバーは不正解。
④最後の「。」がない場合は1点減点。「。」の分、一字だけ字数オーバーする場合は2点減点。
⑤記述問題での誤字脱字は一つにつき1点減点。
⑥とくに指定がない限り、記述問題はそれぞれの要素、または同意の内容があれば部分点として加点。
⑦解答が途中までの場合は不正解。ただし、「。」がある場合はその部分までを採点対象とする。
⑧理由の説明など、一定の文末表現（「～（だ）から」「～こと」など）が必要な記述問題で、文末が不適当な場合は1点減点。

2 文学的文章の読解

1 細部を読み取る

20

問一 例合唱が、クラスの団結という目的のための手段とされてしまっているということ。（37字）

問二 ウ

問三 エ

問四 ア

問五 イ

解説

問一 内容説明問題。直後に「そんなこと」とあるので、前の文を参考にする。18行目に「クラスの団結が目的で」とあり、これが一つめの要素。さらに「合唱は手段に」とあるのでこれが二つめの要素。以上二点から構成する。

問二 表現説明問題。表現の効果よりも、事実関係の正誤をまずきちんと把握したい。すると、**ア**の「練習風景」は描かれていない。「私」の聴いた歌声だけについて述べており、「風景」とはいえない。**イ**は、36行目「私も声を出さなかった」という表現と「合唱コンクールに熱意を感じた場面～冷ややかな態度との対比」が矛盾する。**エ**は「合唱コンクールに魅せられ」という部分が思わず指揮を引き受けてしまう場面に反し、それぞれ誤りとわかる。

問三 内容説明問題。声の持ち主は発言者であり、その説明としては、まだ59行目「御木元さんが～思います」という発言しかない。「私」を**ア**「仲間はずれにする」や**ウ**「非難する」わけではない。「私」の心情には、抵抗感や嫌悪感が残っており、**イ**「面倒くさいと思う～気持ちを吹き飛ばした」ことはない。

問四 内容説明問題。問三の内容もヒントにする。次の行にある「あまりに素朴な声に少し気持ちがほどけた」と合わせて判断する。**イ**は「わけのわからないまま」、**ウ**は「彼女に悪い」、**エ**は「賞賛」と「やってみたいという～仕方なくという形」がそれぞれ誤り。

問五 内容一致問題。**ア**は「後から思えば」とあるが「後から」思う場面が描かれていない。また、行事をすがすがしいと感じているわけではない。**ウ**は「成長していく」も「友人の姿」も誤り。**エ**は「感傷的な筆致」とはいえず、「劇的な変化」もない。

得点アップ

▼問二や問五のような、段落の役割、または文体や表現上の特徴に関する問題は、本文にこうだと書かれているわけではなく、いずれも主観的になりがちで判断に困ることが多い。まずは、そのような部分での判断を避け、できごとの事実関係や人物の心情など、文中に根拠があってわかりやすい部分から判断していきたい。

21

問一 例なるべく多くの銃弾を、的確に敵に撃ち込むこと。

問二 例あまり有益とも思えない土地を、戦果として獲得するということ。

問三 例戦闘の痕跡が、原形をとどめたまま残されているということ。（28字）

問四 エ

問五 オ

解説

問一 内容説明問題。どのようにしたものが「勝利」するのか。「有効に」「ばらまく」とは、無駄がなく的確に敵にダメージを与えること、「大量の鉄」とは多くの銃弾、「相手側」とは敵、とそれぞれ対応する語句を丁寧に言い換えていくように気をつけよう。

問二 内容説明問題。「ぱっとしない草原」とは、どうでもよい、支払った代償の対価としてはあまり得とも思えない土地という意味、「めでたく手に入れる」とは皮肉で、戦闘の勝利の結果として獲得するという意味。以上二点から解答を構成したい。

問三 内容説明問題。傍線部「すんなりと昔の戦争のあとが保存されている」のあとにある「場所」とは、ナムソライ中佐が案内してくれた高地のことである。そこの情景は、44行目「実にきれいに原形をとどめている」とあるので、そのあたりの言葉を使って説明してあれば正解。

問四 直後の90行目に対比事項として狼のことが述べられていて「へたってしまう」とある。この逆を考えて答えを選ぶ。

問五 これも直後の92行目「どうあがいても～知っている」がヒント。

得点アップ

▼未知の土地を訪れ、そこで見聞きしたことや出会った人を描き、触発されて湧いてきた感情を書きつづる紀行文も広義の随筆作品である。風景や人の描写は、筆者のそのときの感慨を反映しており、筆者の心情と深く関連している。描写の仕方と筆者の心情を結びつけながら読んでいこう。

22

問一 例せまっている（6字）
問二 a
問三 ア
問四 コサメ

問五 ③ア ④ウ
問六 例某代議士にしてみれば、暴露されたくないであろう失敗談を他人に話すという言動。（38字）

解説

問一 語意説明問題。「摩している」とは「触れあうほどに接近している」という意味。これを六字以内の一語に言い換える。「天を摩している」全体ならば、「空に触れそうなほどに高くそびえている」という意味になる。

問二 表現技巧問題。「擬人法」とは、人間以外の主語に対して、人間の動作を表す述語を用いる技巧。bは受け身の文で「星」は動作の対象であり、動作主は判然としない。

問三 語意説明問題。「久しい」とは長い期間が経過したという意味。イも紛らわしいが、かかる言葉が「忘れていた」なので、つながらない。また、逆にエはつながりからいくとよい感じだが、辞書上、そういった意味は存在しない。

問四 空欄補充問題。「小雨」の読みを述べている部分。熟字訓の一つである。

問五 主語判定問題。③「妻が弱ったもので」といったのは誰《だれ》か？ ④「得意そうにした」のは誰か？ とそれぞれ考える。

問六 内容説明問題。直前の案内者の言動をまとめる。「不快を感じた」とあるので、筆者から見てほめられない言動である。そのまま書いては、どこが「不快」なのかわからないので、ほめられない点を明確にして答えたい。

得点アップ

▼日常見かけないやや古い言い回しや難解な言葉、専門的な用語や外国語、人名が多く出てくる場合、語注をしっかりと読み、さらに周囲の文脈から丁寧に意味を取っていくこと。そうすれば、設問自体はそう難解ではないことが多い。表面に惑わされないようにしたい。

23

問一　イ
問二　例沼の中の小島に生えている木の、こちらの岸までのびた枝に飛びついて小島に渡ること。（40字）
問三　a イ　b ア　c ア　d ア　e イ　f イ
問四　1　3（順不同）
問五　例沼に行き、危険を冒して小島に渡ることは、母親の言いつけに背くことであり、それまで親に従順だった子供にとっては新たな世界へ踏み出すことであり、大人に一歩近づいた存在になっていたかもしれないということ。（99字）

解説　**問一**　理由説明問題。おびえる理由としては、沼の様子そのものは29行目に「何だい、こんなに小さいの」とあり、当てはまらない。**ア**「立て札の文字」は、11行目にまだ読めないとある。**エ**「小学生たちが騒」ぐ声で、23行目「気持ちを落ちつかせ」ている。ほかに述べられているのは、母親のいいつけのみ。

問二　内容説明問題。主語は「小学生たち」である。彼らが何をしようとしているのかを考える。47〜58行目、82〜83行目にある。要素は「小島にわたること」「そのために木の枝に飛びつくこと」の二点である。

問三　主語判定問題。主人公やその両親をどう表現しているかを考える。三人称で表現していれば、第三者、つまり作者の視点、「僕」のように、一人称で、自分のこととして表現していれば主人公の視点である。

問四　内容説明問題。沼でのできごとから家にたどり着くまでの一連の流れの中に父親と母親は出てこないので、父親と母親の発言が当てはまる。6は家にたどり着いた後のできごとで、一連の流れの中での発言である。

問五　内容説明問題。まず「島に行く」ことは、母親に禁じられた行為である。それをあえてするということは、母親に対する反抗であり、それまで母親のいいつけを守ってきた子どもにとって、新たな一歩を踏み出すという意味を持つ。以上の三点に加え、その結果どうなるのか、「ボクじゃなくなって、誰かほかの人」つまり一歩大人に近づいた存在ということを付け加えて解答としたい。

得点アップ
▼問題文が長文の場合、場面に区切って内容把握するのも一つの手である。場面は、時間・場所・話題・視点が変化するところで区切ればよい。これはまた、小説における意味段落分けのやり方でもある。

2 場面・心情をとらえる

24

問一　エ
問二　幼い頃に戻（18行目）
問三　ウ
問四　例 母親の勘違いした優しさをそのまま受け入れよう（22字）

解説 **問一**　心情説明問題。文香がじんとした理由を考える。まず直前に実際には見たことのない母親の優しい姿が描かれている。これがきっかけ。さらに「じんと熱く」という部分の心情を考える。以上の二点が入っているものを選ぶ。

問二　抜き出し問題。――線②の直前「それって」とあるので、その直前の文の内容を把握する。「文香の母親を自分の母親だと思う」というのと同時に、前書きにある「自分自身を子どもだと思い込んで」である。これと同じ内容のものを探す。

問三　心情説明問題。文香の母親の心情を考える。直接は述べられていないので、せりふや行動から考える。37行目「おばあちゃんの好きなようにさせてあげて」というせりふが一番のヒントになる。

問四　空欄補充問題。文香の母親が主語である。問三もヒントにする。「好きなようにさせている」のである。勘違いとはいえ、「おばあちゃん」の優しさを感じとり、受け入れている。そのような内容であれば広く正解である。

得点アップ

▼登場人物の心情は、直接の描写のほか、せりふや行動・様子から判断する。主語が異なる、そのほかの人物のせりふや行動・様子は、参考にとどめ、なるべく使わないようにしたい。

25

問一　イ
問二　ア
問三　エ
問四　半信半疑（33行目）
問五　ウ

解説 **問一**　心情説明問題。直前にあったできごとを考える。私が宇宙空間の話をしたということがそれにあたる。6～13行目から、ほとんどの小学生が知らず、日常の経験からかけ離れた話題であることがわかる。

問二　心情説明問題。「私」の心情や状況を説明している部分を探す。まずは指定された段落の最初と最後を見てみる。はじめは14行目「懸命になった」なので「必死」、最後は22行目「くやしさのあまり」なので「いきどおり」。この二点から判断できる。その他、15行目「唇がとんがってくる」、16行目「ムキになりやすい」、19行目「何度も繰り返していった」などから判断する。

問三　心情説明問題。続く三段落にくわしい説明がある。41行目「ひそかに悩んでいた」、43行目「十分納得できていない」、44行目「存在感の不安定さ」とある。ここから「私」の心情を判断する。

問四　抜き出し問題。友だちに熱心に説明しながら、本当はどんな心情だったのかに触れた部分から探す。――線②の直後にある。

問五　内容説明問題。――線④を含む文は文末が「のだ」で結ばれている。「のだ」で終わる文は、前の文に対する、話し手の説明や付け加え、繰り返しを表す。そこで、前の文をまずチェックする。58行目「彼は、急いで～直面することになる」が解答の根拠。「世界像を修正、再編する」を含む**ウ**が正解。

得点アップ

▼心情の理由を問われたら、心情の流れのほかに、直前のできごとをきっかけとして確認すること。ただし、きっかけと心情の両方が述べられているとは限らない。

26

問一　オ
問二　例桃治が、悠が店に来て一年になることを覚えていて、悠に声をかけてくれたこと。
問三　エ
問四　ウ
問五　例若衆がうっかりこわしてしまいまして。（18字）
問六　例古備前が本当は贋作でなかったのではないかという思いがよぎったから。

解説 **問一**　心情説明問題。「顔をしかめた」に当てはまる心情は**ア**、**イ**、**エ**、**オ**。さらに直前に値段の話をしているので**ア**か**イ**か**オ**。その上で「家に仕舞っている」のだから扱いが面倒である、ということになる。
問二　内容説明問題。桃治がどのような言動をとったかを見ていけばよい。悠にかけた言葉とその内容（店に来てから一年であるということ）の二つがポイント。
問三　心情説明問題。イサムの行動、せりふから考える。*94*行目「肩をそっと叩いた」、*97*行目「欠けらを拾おうか」、*100*行目「職人は人前で泣くもんじゃない」の三つから、悠に対する気遣いと優しさ、あくまで職人として振る舞うよう、励ます気持ちを読み取る。
問四　心情説明問題。古備前が本物であることは、*140*行目の夫人のせりふや本文の結末部分からわかり、**イ**と**エ**が除外できる。*106*行目に「桃治は～しばらく沈黙していた」とあり、この間、考えをめぐらせていた桃治は、――線④以降、古備前は贋作《がんさく》だったとうそをつく。この行為は、**ウ**「事を軽く見せようと決めた」としか合致しない。
問五　内容説明問題。*140*行目、後に続いている夫人の「小僧さんがこわしたのでは大変」という言葉から考える。「大変」なことになってはいけないと思い、そのことを隠したのである。
問六　心情説明問題。「古備前が贋作」ということと、夫人の「小僧さんがこわしたのでは大変」という言葉の間にある矛盾に気がついたのである。桃治が古備前を贋作といったのは、壊してしまって恐縮しているであろうイサムたちの心中を推《お》し量ってのうそである。そのことに気がついた、といった内容であれば正解。

得点アップ
▼会話が多く、場面の中心に必ず会話のやりとりが置かれているような小説では、人物の心情は表向きのせりふの内容ばかりでなく、せりふを言ったときの調子や表情、ちょっとしたしぐさによっても表現される。「こういう思いがこういう発言になったのだ」と、作者が地の文でいちいち補足するような小説はあまりない。せりふの内容とそのときの人物の様子をあわせて考えるようにしよう。

27

問一　例雨の中で一人作業をする倉持を気の毒に思い、誰か手伝わないのか気になっている。（38字）
問二　ウ
問三　例雨の中で厳しい作業をしながら、外で食事できないほどの持病を抱えるというぼくの言葉に矛盾を感じている。（50字）
問四　例病気の原因は会社に勤めていることによる人間関係などのストレスであり、仕事の内容や環境ではないと分かっていたから。（56字）
問五　イ
問六　ア

解説 問一　心情説明問題。——線①直後45行目のせりふ「倉持さんひとりで、蓋を付けるんですか」と、——線①の「小さな黄色い点ばかり見ていた」の二つから考える。倉持が一人きりであることを気にしていることと、誰か手伝わないのかという疑問の二つの要素で解答を作成する。

問二　心情説明問題。——線②直後の心内語「どうにでもなりやがれ」がヒント。これが対応しているのは、**ウ**にある「馬鹿らしく」のみ。

問三　心情説明問題。「当惑顔」なので、いまひとつ理解していない心情である。その理由は、——線③直前にあるぼくのせりふと行動の矛盾である。以上の二点が解答要素となる。

問四　心情説明問題。直接は述べられていない理由を論理的に推測して答える。「どこに行っても同じ」なのだから、仕事の内容や環境ではないとわかる。会社を辞めるという選択をしているので、会社勤めそのものが原因であるとわかっていたのである。以上二点が解答のポイントである。

問五　心情説明問題。133行目「自分に言い聞かせるみたいに」、135行目「治るよね」「働くところはあるよね」という言い方から、無理にでも夫を信じ、自分をそのように納得させたがっていると判断できよう。

問六　心情説明問題。**イ**は「全く働いていなかった」、**ウ**は「契約を取り付けたことに対して」、**エ**は「苦しみながらも」「感謝の意を示す」、**オ**は「感激してくれる」がそれぞれ誤り。「妻」にとっては、「ぼく」の病気が治り、心身の健康をとり戻すことがいちばんの喜びと考えられる。

得点アップ

▼小説の場合、解答要素がはっきりと文中に書かれていないことも多い。前後の流れから、論理的に推測して解答しなくてはいけない場合、自身の中にある言葉のストックの量が問題となる。何となく理解はできているのだが、適切な言葉で表せないというもどかしい状態にならないためにも、ボキャブラリーは、普段から増やす努力をしておこう。

28

問一　母さんはいつのまにか遠くに行ってしまったんだな（23字・94行目）

問二　a イ　b オ　c ウ　d ウ

問三　イ

問四　昔の、普通の母さん（9字・122行目）

問五　例押野にぞんざいな態度をとった。（15字）
例おじいさんに軽口を言った。（13字）（順不同）

問六　例自分が動揺しているのに、おじいさんの様子はいつも通りに見えたから。（33字）

問七　エ

解説 問一　抜き出し問題。「ぼく」の母親に対する思いを答える。——線①よりずっと後ろにあるため、見つけにくければ、ほうっておき、問六を解くついでに解けば見つけやすい。

問二　心情説明問題。a「う、うん」なので、勢いに押し切られているとわかる。b まだ「……母さんさ」としか言っていない。「空を見ながら」なので、何か言いたいことがあるわけではない。c・d 123行目「……そうか」というせりふから判断。

問三　心情説明問題。このときの「ぼく」の心情を考える。お母さんと出会ったことから来る理由以外は考えにくい。

問四　抜き出し問題。「ちがうもの」とはすっかり変わってしまった今の母親のことである。これと反対なので、昔の母親ということになる。

問五　内容説明問題。動揺を隠そうとする光輝の行動を二つ探す。そばに押野とおじいさんがいるのだから、この二人に虚勢を張るかのような行動になるはず。

問六　心情説明問題。直前の「きっかけ」として「おじいさんはいつもどおりだった」、心情として自分の「動揺」をとらえる。

問七　内容説明問題。142行目「なんにもしゃべらなくても、ただここでこうしているだけでよかった」から判断する。

得点アップ

▼心情も含め、なるべく本文中に根拠を求め、客観的に判断していこう。十分にヒントを集めた上で類推するのであれば、本文中に直接書いていない要素も正確に導き出せる。

3 主題をとらえる

〈29〉

問一 例 人間の命が六十、七十年であるのに対して、木は五十年やそこらでは一人前にならず、全体として森はゆっくり巡っているということ。

問二 例 古い倒木を養分にして今はたくましく立つ木が、今度は自分を育んだ古木を守っているように見えたから。（48字）

問三 情感をもって生きているもの（13字・*44*行目）

問四 ウ

解説

問一 内容説明問題。——線①の直前にあったできごとを説明する。*20*行目「五十年やそこらでは、一人前に達せぬ」ことに対して「じれったく」感じ、「ゆっくり巡る」ことに対して「のんびりと心のびる」のである。さらに対比的に人間のありようとして「短命」であることの説明を加え、三つの解答要素で構成したい。

問二 心情説明問題。きっかけとなるできごととして「この木をみて」とあるので、その木がどういう状態であるのかを説明する。*29*行目「容赦もなく古株をさいなんで、自分の養分にした」ことと、立派に生長した後、自分が利用した古株を「いとおしんで」「守っている」ということの二点。

問三 抜き出し問題。主語は筆者の森に生える木に対する思いである。木に対して生きているもののもつ温かみを感じ、温かな感情をもっているかのように思われたということ。

問四 内容一致問題。**ア**は「感情を抑えた」、**イ**は「倒置法」「緊張感」、**エ**は「体言止め」がそれぞれ誤り。木の生命の営みに対する感動や共感が、擬人法を用いることで、いっそうあらわに強調されて表現されている。表現技法の「倒置法」

「擬人法」「体言止め」「反復」などは判別できるようにしよう。

得点アップ

▼文学的文章の内容一致では、文体の特徴や表現法など、主観的な判断を要求されることが多い。「簡潔に」「テンポよく」「力強く」「饒舌《じょうぜつ》に」など、読書の経験が乏しければ、そのように感じ取れないかもしれない。ただし、入試では、ほとんどの場合、そういった紛らわしい主観的な内容には触れることなく、わかりやすい事実関係で正誤判断が可能である。なるべく、本文に根拠のある、わかりやすい部分で判断していくことが鉄則である。

30

問一　エ
問二　ウ
問三　オ
問四　エ
問五　イ
問六　ア

解説

問一　心情説明問題。「僕」の心情を説明する。——線①に「沢山の子分たちの前で」とあるので、ここから判断する。

問二　心情説明問題。——線②の直前の堂々とした様子、27行目「俺がなんかしたとかね」というせりふから判断する。

問三　心情説明問題。43行目「わるいけどな〜だまっちゃおかんばい」というせりふから「彼」の心情を考える。また、家族を養わなければという責任感にあふれた「彼」の様子をとらえる。

問四　心情説明問題。次の47行目にある「心の何処かで尊敬していた」と48行目の「自分を彼に投影しはじめていたのだ」、その後の59行目のせりふ「俺も新聞配達をやらしてくれんか」から判断する。

問五　心情説明問題。「ほころんだ」とは微笑《ほほえ》むことであるから、イかウ。相手の生活を手助けしてやりたいという気持ちは本文から読み取れないのでウは除外される。

問六　心情説明問題。——線⑥の直前の「彼」のせりふ「いい加減な気持ちでやるとやったら、俺がゆるさん」という部分をヒントにする。

得点アップ

▼心情判断の際のヒントとして一番優先して見るべきは、心情の直接描写、つづいてせりふ、それでもだめなら行動・様子の順。主語が異なるものの描写は使わない。

31

問一　エ
問二　無力感…例要一にも飛沫にもまったく及ばない自分は競技の練習を続ける意味がないのではないかと思う気持ち。
　　　安堵感…例要一や飛沫のように、ハイレベルで厳しい競争とは無縁でいられることにほっとする気持ち。
問三　オ
問四　例勝ちたいという欲や闘志が感じられない知季が、自分よりも優れた演技をするであろうことに対していらだっている。
問五　A　結果（40行目）　B　勝つ（66行目）　C　母親（85行目）

解説 **問一** 内容説明問題。「いやみ」であるためには、表面上は肯定的な内容でありつつ、伝達内容がその逆に否定的なものでなくてはならない。まずその条件に当てはまるものが**イ**と**エ**と**オ**。**イ**の「飛込みをやめたら」という気持ちが全くないことは、後のやりとりから明らか。また、陵も飛沫の実力を認めており、**オ**は当てはまらない。

問二 内容説明問題。「そう思うと」とあるので、直前の18行目「どちらにしても～下にいるのだ」をとらえる。これがもたらす「無力感」とは自分の及ばなさ、「安堵感」とは自分がまだそのようなシビアな領域に達していないことの安心感である。

問三 内容説明問題。前後の陵のせりふから判断する。

問四 心情説明問題。64行目の「負けたくねえんだよ」と66行目「でも、～なんだよな」から判断。「闘志のないやつに負けたくない」という点、「でもそういうやつが勝つ」という点、それに対する「いらだち」の三点から考える。

問五 空欄補充問題。主語は知季である。したがって、問四から**A**は勝負にこだわらないという点が考えられ、**B**は勝利の意味が入る。**C**は「にとって」「息子」という語から判断。

得点アップ

▼部活動やスポーツに打ち込む中高生を描いた作品はよく出題される。目標を達成するために努力したり、団結したりする過程を経て、主人公の成長や変化を主題とする作品が多く、こうした成長や変化、そのきっかけをとらえさせる問題が出る。主人公の内面の変化に特に注目したい。

32

問一 例 私がスリッパのばい菌を気にしていたのを、なれない環境に緊張していると考えたこと。（40字）

問二 例 自分の意思に関わりなく、他人のなすがままにならなければならない悲しさと不安。

問三 オ

問四 エ

問五 私は、この（87行目）

解説 **問一** 内容説明問題。「思い違い」の説明なので、本当はどうであるのか、それをどのように考えたのかという二点を答える。本当はスリッパのばい菌が気になっていたという点と、それを先生が初めての環境で緊張していると考えた点の二点。

問二 心情説明問題。直前の第三段落で自分が嫌われるかどうかを気にしているので、不安があり、また「シャボン玉」なので、自分の意思では動くことができないという二点がポイント。

問三 心情説明問題。「学校のものになった」という比喩《ひゆ》の意味を考える。直後の第六段落「新しい学校生活に出会う」以下がヒント。

問四 内容説明問題。――線④の前後「日常生活に、もう私は組み込まれていない」「遠く離れたところまで、～どこにいるものですか」が対比事項。ここを読んで逆の内容を考える。

問五 抜き出し問題。――線⑤の直前「草木が私に寄り添う中で」とあり、「私」は、夏の草木の生命力に囲まれ、純粋な悦楽を味わっていると考えられる。これを受け、自我や理性が曖昧《あいまい》になる状態を「草や木に殺されている」と表現していると考えられる。さらに、――線⑤の「真っ赤」は血をイメージさせ、「殺されている」という表現とのつながりを感じさせる。

得点アップ

▼比喩表現は、書き手がとくに読み手の印象に残したいと考える部分に使われるのが一般的である。したがって、その内容を問われたら、その文章なり部分で、もっとも重要な内容はどんなことかと考えてみるとよい。

33

問一　A　ア　B　ウ　C　オ
問二　エ
問三　イ
問四　エ
問五　ウ
問六　例見知らぬ場所を探検する緊張や不安から解放され、いつもの爺とのやり取りに、普段以上の興奮を感じている。

解説 問一　修飾語を補充する問題。まず各選択肢の言葉を確認しておきたい。「ずんずん」はとどまることなくものごとが進行する様子。「ばたばた」は落ち着きがない様子。「ばったりと」は思わぬところで思わぬ人やものごとに出会う様子。または、続いていたものが急に途絶える様子。「しっかりと」は揺らぎがない様子。「こっそり」は隠れて何事かをする様子。それぞれの意味がわかれば、あとは各場面に合わせて選ぶだけである。

問二　空欄に適切な慣用句を補充する問題。これもそれぞれの選択肢が理解できていれば容易。アは恥をかかされること、イは重い責任から解放される様子、エはひどい目に遭うこと、オは心残りな様子である。「爺」は「腹を立てた」のだから、ひどい目に遭わせるはずと考える。

問三　行為の理由を説明する問題。「私たち」の心情をとらえよう。一つ前の段落で「寺の境内や墓地を荒すことが面白い」「爺に見つかるのを恐れながら」とあるのでこれをおさえておきたい。これに設問部の心情を合わせて考えれば、イ以外にない。

問四　心情を説明する問題。直前の「一層驚かずにはいられなかった」に注目。驚きを述べているのはアとエだが、アは「超自然の存在」が明らかな間違い。また、時間経過の間違いもある。

問五　全体的な内容について説明する問題。書き出しから、子ども時代を懐古した文章とわかる。さらに、所々、当時の「私」の視点で述べられ、臨場感が増すという工夫がある。アは「冷静な」が間違い。イは「無気味な景色」に「衝撃」を受けたわけではない。エの「常泉寺周辺の景色」はどこにも描写がない。

問六　心情を説明する問題。該当の場面は、「私たち」が初めての場所を探検し終わったところである。探検の間中、未知の場所に踏み込むドキドキに包まれていたものが、ようやくいつもの世界に帰り着き、ほっとしているのである。そこに加え、「爺」との追いかけ合いというエンターテイメントが加わり、いつも以上に「興奮」した、ということを説明しよう。

得点アップ

▼なかなか場面がとりにくい小説は、心情を丁寧に拾っていくことに加え、細かい表現にも注目しておきたい。この文章でも、「一層」や「再び」という言葉がある。何と比べて「一層」なのか、どこに対して「再び」なのか。そういったことにも気を配りながら読み込もう。

4 文学的文章の総合的読解

34

問一 ウ
問二 ア
問三 例何も悪いことをしてないにもかかわらず、思わず女房の言葉にたじろいでしまったから。（40字）
問四 エ

解説

問一 表現問題。ここでの語り手は「私」である。「陳腐」の意味と、——線①の直後から続く、かつての家族の情景が解答の根拠となる。*16*行目では「どこの家庭にもある、ありふれた思い出の断片」と言い換えている。

問二 心情説明問題。——線②の直前*21*行目「第一、あの頃は～それが実現したままでのことだ」と、直後「よし、料理でもしよう」の二点から考える。

問三 心情説明問題。一人の自由な休日を楽しんでいる現場を家族に見つかってしまい、急に後ろめたい気分になっている自分を情けなく思っている。女房と娘の帰宅・せりふと自分のたじろぐ姿が解答の要素。

問四 空欄補充問題。*72*行目「心とうらはらに」という部分がヒント。「私」はなつかしいヨーグルトが食べられず、落胆していると考えられる。これと「うらはら」な行動を考える。

得点アップ

▼表現の理由を問われた場合は、登場人物の誰《だれ》がそのように考えたり、言ったりしているのかを確認する。その人物の心情とあわせて、そのような表現になっている理由を考える。その上で内容を丁寧にとっていくこと。結果的に内容説明問題の解答と、内容が似てくる。

35

問一 ア
問二 エ
問三 ウ
問四 イ

解説

問一 心情説明問題。*7*行目「何だってそうよね」以降が解答の根拠。恵子の言葉で述べられていないことがらを含む選択肢を消去していく。

問二 内容説明問題。*50*行目「帰ってゆきたい景色」が該当する。続く段落の*52*行目「『だから、自分はここにいるんだ』って思う」、*53*行目「生きてゆく座標になるような」をヒントに、これに近い選択肢を探す。

問三 心情説明問題。直後の*85*行目「一層、和やかな親しみ」から判断。

問四 内容説明問題。「確か」なので、**ア～ウ**に限定できる。前の段落で明男が「和やかな親しみにあふれた気配をただよわせた」のを見て、恵子は「よしよし」と思っている。**イ**の「次第に自分に心を開いてきた」がこれに対応している。

得点アップ

▼心情など、はっきりと目に見えないものの判断には主観的な偏りがどうしても生じやすい。選択肢のこの部分は、本文中のこの部分の言い換えであるというように、なるべく本文中の根拠から判断していくように心がけたい。

36

問一 例兄は戦犯として処刑されるかもしれず、最後の御馳走になるかもしれないと思ったから。（40字）
問二 イ
問三 ウ
問四 エ

問五　例勧められた方も楽しめないだろうし、それで事態が好転することもないと思われるから。

解説

問一　心情説明問題。母親の心情を考える。戦地に向かったときも同じ事をしていたこともヒント。兄が戦犯に問われる可能性と二度と会えないかもしれないという二点を指摘する。

問二　心情説明問題。——線②に「つらく応えた」としかないので、ア「自慢」やエ「恥ずかしく」は除外。兄だけが戦犯に問われているのがつらいので、ウ「自分たち」、オ「アメリカ軍に協力」も誤り。

問三　心情説明問題。——線③に続く112〜118行目「私はそれが〜ひびきを感じた」を読んで判断する。117行目「既に別の大きな力が支配している世界に移され」に対応する部分を選択肢から探す。

問四　空欄補充問題。142行目、私の気持ちは「もっと重苦しい、希望のないもの」である。戦犯に問われている状況で、「希望のない」こととはどんなことか。

問五　心情説明問題。逆に、どうであれば「勧め甲斐」があるのかを考える。勧めた相手がそれを喜び楽しんでくれたり、それが役に立つ（この場合は刑罰が軽くなるなど）ような場合である。この二点をひっくり返して解答すればよい。

得点アップ

▼理由説明問題などでなかなか解答の道筋が見つからないときは、逆の場合を導入として考えてみると道が開けることがある。

「なぜ○○したのか（しなかったのか）」

⇩

「○○しないと（すると）、□□だから」

「□□だから」の部分が答えになる。

37

問一　例里子がみんなを笑わせようとして派手に倒れたという見当が、実際は本当にけがをしていた。

問二　例里子のけがの原因を、自分が入れた栗が爆ぜたことだと理解した。

問三　例自分のいたずらのせいで里子の右目は失明したのに、本当のことが言えなかった自分を責める思い。

問四　オ

問五　例死んだ妻が現実にいるかのような思いにさせてくれる（24字）

解説

問一　内容説明問題。直前の36行目「彼は、里子が〜思ったのである。」が「見当」の内容。次の段落の「ひとすじの鮮血」から里子が本当にけがをしたということを導き、それが「実際」の内容。

問二　内容説明問題。「里子になにが起こったのか＝右目にけがをした」「自分が入れた栗が原因」という二つの点。

問三　心情説明問題。直前に「かつての罪を里子に告白する気になった」とあることから、それができなかったことが彼の心に重くのしかかっていたのであり、さらにその原因は自分のいたずらのせいであるという点も付加したい。

問四　内容説明問題。ア〜エは、前後の里子のせりふに表れている。

問五　内容説明問題。暖炉に火を入れる場面を見つける。暖炉の場面では亡妻が必ず登場し、語りかけている。

得点アップ

▼傍線が引かれてない設問でも、かならず隠された傍線部がある。したがって、そのような場合はまず、自分で傍線部を設定してから考えていこう。設問部の設定をきちんとすれば、問題自体は楽に解ける場合が多い。

38

問一 例病人本人を前にその人がそろそろ死ぬなどと言い、本人もそれをにこやかに聞いているなど、東京では考えられないことだから。(58字)

問二 例死がタブーではなく、十分に生きたという実感と満足感、死への充足感があるから。(38字)

問三 例高齢者たちが、本人の前ですら死をタブーとせず、口にしていること。

問四 例広い世界で自然とは隔絶し、他人と違うことをしようとする人生。(30字)

問五 例伝統的な生と死の感覚を失わず、他の人と同じようでも与えられた人生に満足し、感謝して生きること。(47字)

解説

問一 心情説明問題。きっかけ、つまりできごととしては、本人を前にしてその人がそろそろ死ぬなどということを口に出すこと、および本人もそれを受け入れていることの二点、さらにそれが東京では考えられないことなので驚いたのだから、その点を付加して三点で解答を構成したい。

問二 内容説明問題。おばあさんとおじいさんの心情を説明すればよい。*43*〜*48*行目、死をタブー視していない点と、十分に生き、死を迎える充足感があるという点を述べる。

問三 内容説明問題。――線③の直後にある内容をまとめる。

問四 内容説明問題。直接は述べられていない。逆の上野村の高齢者の様子が描かれているだけである。したがって、その内容をひっくり返して書いていく。ポイントは、*54*行目「この村で生きた」vs「広い世界」、*51*・*52*行目「村の森に還り／土を耕し」vs「自然と隔絶」、*51*行目「他人と変わった人生を送ったわけではない」vs「他人とは違った人生を送ろうとする」、といったところであろう。

問五 内容説明問題。*60*行目「いつでも、何かが十分でないのである」が――線⑤の補足になっている。この逆の内容を考えればよく、*46*〜*47*行目に「生きてきたことへの満足感〜充足感がある」とある。この「満足感」に加えて、「伝統的な生と死の感覚」、「その生を、ありがたい一生だと感じる」という二点を入れればよい。

得点アップ

▼国語の問題は、「解答を文中から拾う」ことを求めているのではない。あくまで本文を読んで理解し、本文を根拠に判断した結果を答えるのである。したがって、本文中にない要素を答えなくてはならない場合も多い。そのためにも普段から辞書を引き、ボキャブラリーを豊かにする努力をおこたってはいけない。

第2回 実力テスト

1

問一 例部員たちに、自分たちも良い演奏をしようと思わせるような力はなかったということ。（39字）

問二 例他校のスゴイ演奏を聴いて自信を失っていた部員の心に届く、客観的で救いとなる一言であったということ。（49字）

問三 例ついこの間まで子どもだと思っていたものが、あっという間に大人っぽくなり、子どもあつかいするわけにいかなくなり、その加減が大人にはわかりにくいから。（73字）

問四 ウ

問五 例ついこの前まで子どもだと思っていたのに、いつの間にか全身で緊張しつつ穏やかに精神統一できるほどに成長した息子に、少し驚きながらもうれしく思う気持ち。（74字）

問六 翌日から一（36行目）

解説

問一 内容説明問題。主語は「川島の言葉」である。一文前の6行目に「気持ちの立て直しはできなかった」とある。つまり、「自分たちも良い演奏をしよう」や「すごい音楽を作ろう」（4点）というように気持ちを立ち直らせる力がなかった（4点）ということ。以上二ポイント。

問二 比喩《ひゆ》説明問題。OBたちの言葉がどのように感じられたかを答える。対比的に、15行目の昨日までの「鳥の鳴き声」とは、意味のない、心に届かない言葉であったと押さえる。この逆だから、「心に響く、意味のある言葉であった」（4点）ということ。さらにそれは「他校のスゴイ演奏を聴いて」（2点）、「意気消沈しているタイミングであった」（2点）ということ、以上三点が解答要素。

問三 表現理由説明問題。この表現の語り手は母親である百合子。ポイントは以下の三つ。「いつの間にか成長する」（4点）、「子どもあつかいすることができなくなる」（4点）、「その加減が大人にはわからない」（4点）。

問四 克久の様子から理解したことなので、克久の内面がどのようか考える。帰ってきたばかりなので、トンカツはまだ目にしていない。「緊張感」と「穏やかな精神統一」がポイントである。

問五 心情説明問題。克久に対する百合子の心情を考える。ポイントは以下の三つ。「全身で緊張しながら穏やかに精神統一をしている息子」（4点）、「いつの間にか成長した」（4点）、「驚き」（2点）と「うれしさ」（2点）。

問六 意味段落分け問題。時間（大会当日と翌日以降）と場所に加え、部員たちの内面まで変化している部分をとる。

＊p.16 **実力テスト　採点基準** 参照。

3 韻文の読解

1 詩の理解

39

問一 ア エ（順不同）
問二 c
問三 例 探し求める幸せが見つからなかったから。（19字）
問四 ア

解説

問一 詩の分類問題。まず、「山のあなたの」「空遠く」「『幸』すむと」「人のいふ」の音数を数えてみると「ヤマノアナタノ」「ソラトオク」「サイワイスムト」「ヒトノイウ」となり、七五調になっているのがわかる。また、表記は歴史的仮名遣いで、文法や言葉遣いも文語である。以上より「文語定型詩」と判断できる。

問二 文法問題。cのみが「が」に置き換え可能な主語を表す助詞の「の」で、他は連体修飾の助詞の「の」（p.41「得点アップ」参照）。

問三 心情説明問題。――線①の前のできごとをまとめる。「幸せ」を探しに行ったこと、涙を流しながら帰ってきた、ということから考える。

問四 詩の分類問題。問三で見たとおり、悲しい心持ちが主題になっている。求めれば求めるほど、幸せは遠のいていくものだという人生訓も読み取れる。

得点アップ

▼詩の分類で形式を考える際に陥りがちなのが、表記が歴史的仮名遣いだというだけの理由で文語詩に分類してしまうというミス。表記ではなく、言葉自体が文語かどうか、あるいは文法がどうであるかなどに注目したい。

40

問一 イ エ ク（順不同）
問二 第一連 第二連
問三 ちいさな儀式（5行目）
問四 エ

解説

問一 現代の話し言葉で書かれており、一句の音数に決まりがないので、口語自由詩。蝶《ちょう》が羽化する光景を描いているので叙景詩。

問二 表現技巧問題。第一連3行目「朝」、5行目「儀式」、第二連8行目「日日」がそれぞれ体言止め。

問三 抜き出し問題。「決められた過程」と「儀式」が対応する。「羽化」とは、昆虫などが幼虫やさなぎの状態から、羽のある成虫の状態へと変化すること。

問四 内容一致問題。アは「敬体」「永遠の別れを惜しむ」が、イは「断定的」「人間として〜感謝」が、ウは「文語体」「おそれ」「不安な気持ち」がそれぞれ誤り。

得点アップ

▼韻文は言葉が少ないので、自分で内容を補って理解していくことが求められる。そのため、主観的な想像が入り込みやすい。極力表現に忠実に意味をとらえていきたい。

41

問一　ウ
問二　一日が
問三　そよかぜのやうに（6行目）
問四　エ
問五　例この世で起きるすべての事柄が書き込まれているから。（25字）

解説 問一　「おとづれる」「そよかぜのやうに」は歴史的仮名遣いだが、文法や言葉遣いは口語なので注意。
問二　文法問題。何が「まっさら」なのかと考えてみる。すると、後にある「一日」であると見当がつく。これを含む文節を抜き出す。
問三　空欄補充問題。一つめのAの直後に「軽やかに」とあるので、頁が「軽やかに開いていく」様子をたとえている部分を詩中から探す。
問四　内容一致問題。鑑賞文の最後の一文から考える。「世の人々すべてへ宛てた祝福の気持ち」を抱いているのである。
問五　理由説明問題。鑑賞文中13～14行目を参考にする。なぜそう表現されているのかを問われたら、その内容を答えればよい。鑑賞文を中心にして考えたい。

得点アップ
▼韻文に鑑賞文が付いていたら、鑑賞文の方をじっくりと読解したい。韻文についての必要不可欠な情報があるはずだ。鑑賞文は論理的文章の一種であるので、論理的文章の読み方で、しっかりと読んでいけば、けっして難しくない。

42

問一　擬声語　［別解］擬音語
問二　A　カリリッ（4行目）　B　てのひら（12行目）　C　海の香り（7行目）
問三　例ヒマラヤが海の底であった（12字）
問四　貝は（8行目）
問五　高いヒマラヤと深い海をつなぐてのひらのアンモナイト（11・12行目）

解説 問一　動物の声や物の出す音を似せて表すのが擬声語、または擬音語。物の様子や人の動きを音になぞらえて表すのが擬態語。擬声語と擬態語をあわせて擬音語ということもある。
問二　空欄補充問題。Aは「音」とある。詩中で「音」として出てくるのは「カリリッ」のみである。Bは「化石」がどこに「載っている」のかと考える。Cは「周囲に漂っている」と「作者」が感じているものを答える。7行目から判断できる。
問三　空欄補充問題。「想起された」「かつて」の様子である。鑑賞文18行目のBの後ろがヒント。
問四　抜き出し問題。「向き合っている」に対応する表現を詩に探すと8行目「貝はぼくをみている」が見つかる。
問五　抜き出し問題。「印象深く」とあるので、表現技巧に注意したい。この詩は題名の体言止めで終えられている。体言止めは、印象を強めるのによく使われる表現技法である。

得点アップ
▼詩句の印象を強めるためによく使われる表現技法は、比喩、擬人法、体言止め、倒置法、対句、反復などである。
・こころなきうたのしらべは　ひとふさのぶだう《ドー》のごとし（比喩＝直喩）
・その手の指は氷砂糖のつめたい食欲（比喩＝隠喩）
・レモンは　遠くへ　行きたいのです（擬人法）
・草は鳴る　八月の　山の昼（体言止め）

・どこへ走り去ったのだろう　白い貝殻をつんだ　僕の汽車は（倒置法）
・山は青きふるさと　水は清きふるさと（対句）
・実は赤く光り、赤く、赤く光り（反復）
中でも、比喩は散文でもよく使われるので、種類も含め、覚えておこう。

2 短歌の理解

〈43〉

問一　A 下句　B 上句
問二　エ
問三　イ

解説 **問一**　空欄補充問題。**B**から考えるとわかりやすい。**B**は直後に「詠嘆の心」とあるので、これは4行目の「上句のごく一般的な春の詠嘆の声」に対応し、「上句」とわかる。したがって**A**は「下句」となる。6行目に「景そのものが」とあり、情景を詠《よ》んでいるほうの句と判断できる。
問二　短歌の最後は「花」という名詞（体言）である。
問三　「万葉以来の普遍的な方法」とは、9行目「イメージと心、物事と心を対比させて短い定型の中で豊饒感を増幅しようとする方法」であり、「たんぽぽの可憐さをうたうこと」ではない。

得点アップ
▼鑑賞文付きの出題では、短歌でも詩のときと同様、まず解説文が短歌のどの部分と対応しているのかを見極めることが肝要。

〈44〉

問　エ

解説 まず、「霜の夜」なので、「冬」の歌としている**ア**・**エ**に限定される。「われの眉間に立つごとき」の句から、北斗七星と真正面に向かい合って、なおかつ、顔を昂然《こうぜん》とあげて歩く姿が想像できる。この姿にふさわしい心情は**エ**の「たち向かうような強い思い」であろう。イの「悲しみと寂しさ」、ウの「ゆったりとした気分」などの心情は表現されていない。

得点アップ
▼短歌は詩以上に字数が少ないので、つい余計なことを補って解釈しがちだが、短歌中にないことを勝手に補うことは、極力避けたい。まずは、短歌に描かれた情景を正しく思い浮かべること。

45

問一　ア
問二　ア
問三　エ
問四　a　例自然破壊（4字）
　　　b　例野の鳥の食べ物が山になくなってしまった（19字）
問五　ウ
問六　エ

解説 **問一**　空欄補充問題。*14*行目「春の到来を告げる～自然界の息吹」が「梅」と「鶯」の取り合わせであると述べている。もう一例あげようというのが**A**の句であるから、梅と鶯同様、季節の到来を告げるものを取り合わせている句を選ぶ。初夏の到来を告げるものを列挙した**ア**がふさわしい。

問二　空欄補充問題。**B**の直後、*49*行目に「鶯の声はあちらの方から響いてくる」とあり、「鶯の声」をうたっているのが**ア**と**エ**。さらに*50*行目「懐かしく」とあるので、その心情に当てはまる「きくも惜しきは」とある**ア**を選ぶ。

問三　内容説明問題。まず、蕪村の句なので、主語は「鶯の姿」であり、**イ**～**エ**に限定できる。さらに「可憐」とあるのでこれに当てはまる「愛らしい」を含む**エ**を選ぶ。

問四　空欄補充問題。*63*行目「現実批判」や次の歌の「秩序破壊」がヒント。本来自然の山の中にいるべき椋鳥《むくどり》が、人里の「庭」にいるということは何を意味しているのか。森がなくなった（＝餌《えさ》がなくなった）ということである。その原因は「人間」による自然「破壊」である。

問五　空欄補充問題。前問をヒントにする。自然破壊で餌がなくなり、人の住む町中にまで鳥が餌を取りに来ている、ということを述べていたので、それに連なるものを選ぶ。

問六　内容説明問題。*73*行目の歌に「ひたすらに」、*76*行目の歌に「大らかに」とあるので、「弱って」「寂しさ」とある**ア**は除外。*76*行目の歌に「大らかに」「まこと静かに」とあるので、**イ**の「最後の力を振り絞って」「鬼気迫るような思い」も誤り。**ウ**は「愛する家族の元には帰れない」の部分が本文から読み取れない。

得点アップ
▼歌の解釈に関わる問題では、なるべく短歌中に根拠となる言葉を見つけるよう努力したい。誤った選択肢には、短歌からは読み取れない解釈がわざと紛れ込ませてあるはずである。自力で解釈するにしても、根拠となる言葉がなければただの妄想に過ぎない。

46

問一　例時間に関係なく電灯に照らされた地下道から地上にでると薄暗い風景が広がっており、時間の経過がわからない世界から、一瞬で現実の時間経過の中に引き戻されたということ。
問二　例表面には現れてこないものの、すべての作品の中に一貫して隠されたテーマとして存在しているということ。

問三　例愛する妻に先立たれ、生き残ってしまった自分の立場が切ないということ。

問四 ウ

解説 **問一** 内容説明問題。「地下道を……」の作者はどのような状況にいて、何をしたのかをまず述べる。時間に関係なく電灯が照らし続ける地下道にいて、時間の感覚がわからなかったが、外に出ると時刻に見合った薄暗い光景が目に入り、現実の時間経過に引き戻された、ということ。このとき、個人の時間の感覚が失われ、この世界から一人こぼれ落ち、とり残されたかのような感覚を「人生のエア・ポケットに落ち込んだ」と表現している。

問二 内容説明問題。ポイントは以下の二つ。「はっきりとは現れない」「一貫して存在している」。「通奏低音」とは元来音楽の用語で、低い音の旋律で伴奏すること。よって、表面には現れないが、常に底流している考えや感情のこと。

問三 内容説明問題。状況を把握すると、「妻の死に際しては」とあるので、妻に先立たれた状況であるとわかる。そこで何が悲しいのかを考える。「有る」のは自分であり、生きて有るということ。したがって、「妻に死なれたこと」と「自分が生き残ったこと」の二点がポイントとなる。

問四 表現説明問題。*58*～*64*行目に筆者の土屋文明に対する評価が書かれている。これともっとも合致するのが**ウ**。*66*行目と*70*行目の歌も利用できる。妻の死を悲しんでいるので、**ウ**の「生と死」「孤独」、**エ**の「苦悩」あたりが候補となる。ただ、「平凡な生活の中で生きる苦悩」ではないので、**エ**は除外される。

得点アップ

▼短歌の表現説明においても、小説と同様、主観的な判断を迫られる。わかりにくいところの判断は避け、本文に根拠を求めやすいところで判断するようにしたい。基本的に主観的に判断しなければならない部分は、重要ではない。使われている表現技法、句切れ、字余り、歌中の言葉の言い換えなど、客観的に判断できる部分がないか、まずは検討してみよう。

3 俳句の理解

47

問一 季語 満月　季節 秋

問二 オ

解説 **問一** 季語判定問題。季節に関係する言葉は「満月」のみ。「月」といえば、仲秋の名月など秋のイメージが強く、「満月」のほかに「月夜」「月見」「月」は秋の季語。ただし、同じ月でも、「朧《おぼろ》月」は春の季語。季語が出題されているのに出会ったら、関連させてできるだけ多くの季語と季節を覚えておきたい。

問二 内容説明問題。「湖山の息づかひ」なので、**ア**「大自然の息吹」か**オ**「息づいている情景」。「けなげに生きる作者自身」は句からはまったく読み取れないので**ア**は除外。

得点アップ

▼俳句が出題される場合は、基本的な季語のマスターは必須。左は一例であり、資料集などで調べ、季節とともに覚えておこう。現在とは異なる暦《こよみ》で定められており、現在の季節感とは異なるものもあるので注意。

〈春〉 雪解《ゆきどけ》 風光《かぜひか》る 山笑《やまわら》う 土筆《つくし》 雛《ひな》 花見《はなみ》 霞《かすみ》 鶯《うぐいす》 菜《な》の花《はな》

〈夏〉 薫風《くんぷう》 梅雨《つゆ》 夕立《ゆうだち》 田植《たう》え 麦《むぎ》の秋《あき》 蛍《ほたる》 新茶《しんちゃ》 団扇《うちわ》 秋近《あきちか》し

〈秋〉 残暑《ざんしょ》 夜長《よなが》 七夕《たなばた》 名月《めいげつ》 渡《わた》り鳥《どり》 秋刀魚《さんま》 萩《はぎ》 菊《きく》 紅葉《もみじ》 新米《しんまい》

〈冬〉 雪《ゆき》 北風《きたかぜ》 霜《しも》 探梅《たんばい》 除夜《じょや》の鐘《かね》 節分《せつぶん》 風邪《かぜ》 大根《だいこん》 落葉《おちば》

〈新年〉 元日《がんじつ》 年賀《ねんが》 門松《かどまつ》 鏡餅《かがみもち》 破魔弓《はまゆみ》 福寿草《ふくじゅそう》

48

(1) エ　(2) ウ

解説 空欄補充問題。(1) 解説文の最後の一文に「新春そのものを包括して」とある。したがって、「春そのものを」とあるエが一致する。(2) 解説文に「まだ固いつぼみ」とあるので、季節は春になっていない。したがって、アかウである。春の訪れが待ち遠しくて梅の花を探しに行くのでウがふさわしい。

得点アップ

▼俳句と季節感とは切り離せない。伝統的な俳句の多くは、季節の到来に対する気づきや喜び、感動を詠《よ》んでいる。鑑賞においては、作者がどんな季節の風物(風景)を切り取り、どのように感じ入っているか、という観点が不可欠である。

49

問一 B イ
問二 例子どもを抱くというはっきりとわかる
問三 例父も私を眺めていたのかもしれない
問四 父と久保田（14行目）
問五 a 例父に肩車をしてもらっている（13字）
b 例離れて子どもを眺めている（12字）
c 雪 d みやげ

解説 問一 表現技法問題。Bの冒頭は「葡萄食へば」（ブドウクエバ）で六音である。

問二 内容説明問題。――線①の直前を見ると、父親が子どもを抱いていた話である。これを述べればよい。さらに、40～42行目のように、筆者の父は愛情表現において控えめであり、抱くというはっきりとした愛情表現を示すことが筆者には想像できない。「はっきりと」や「直接的な」のような、どのような愛情表現かを示す言葉を入れ、解答とする。

問三 空欄補充問題。「私」が父について気づいたことである。29～32行目から判断する。

問四 抜き出し問題。前問に続けて考えると容易。13行目「思い出すことがあった」以降の回想部分から、父の様子を述べている部分を探す。

問五 空欄補充問題。a 子どもの状態を述べる。b 父親（久保田万太郎）はどうしていたか。28～30行目を見て、表中の「触れ合っている」との対比で考える。c「元の形をとどめないもの」を句中から探す。d 肩車は何の代わりだったのかを考える。

得点アップ

▼俳句の内容を理解するときに、鑑賞文を利用することはもちろんだが、それでもわからなければ、説明的文章や文学的文章の部分でやったように「主語」に立ち返って考えてみるとわかる場合も多い。

50

問一 ゆかし
問二 風情（7行目）
問三 ギラギ～た姿勢（13～15行目）
問四 a 春風江上の路（28行目） b ゆとりある（16行目）

解説 問一 表現技法問題。「ゆかし」が終止形で句切れである。どの語かと尋ねているので、一単語のみ抜き出して答える。

問二 抜き出し問題。ゆとりある態度によって発見したのはどのような「美」であるかを考える。一つ前の段落の最終文に見つかる。

問三 抜き出し問題。まず、「この」とあるので一文前に戻ると15行目「このようなゆとりある態度」とあり、さらにもう一文さかのぼる。すると見つかる。

問四 空欄補充問題。a 高啓が楽しんだものを考えると「花」と「水」であり、それをまとめて述べた言葉を探す。b 問三をヒントにするとわかりやすい。

得点アップ

▼俳句の句切れは、切れ字がなくても、用言の終止形であれば、そこが切れ目となる。切れ字（「や」「かな」「ぞ」「けり」）は、古文の係り結びの係助詞（「ぞ」「なむ」「や」「か」「こそ」）と混同しやすいので注意。切れ字の役目は句を切るだけでなく、そこで「感動を深くする」ことである。

第3回 実力テスト

1

問一　駆け足であがり。（8行目）
問二　ウ
問三　D
問四　B

解説 問一　抜き出し問題。18行目の「勢い」に対応する表現を考えると「駆け足」が見つかる。

問二　表現技巧問題。各行とも、言い切りになっておらず、動詞の連用形の中止めの形になっており、一種の反復といえる。この特徴から受ける印象は**ウ**の「おさまりきらないほどの勢い」。**ア**は「次の行に関連していかない」、**イ**は「季節の変化」が当てはまらない。**エ**「聴覚に関係する言葉」、**オ**「各行の終わりの音をすべて統一」のようにはなっていない。

問三　表現技巧問題。擬人法を使っているのは、Dの「葉を落とし」「重心を地下に還せり」の部分。

問四　内容説明問題。「色彩」＝「青葉の色」、「見とれている」＝「色よき見つつ我れを忘るるも」と、対応するものを選ぶ。

2

問一　A イ　B カ
問二　(1) ア　(2) ウ
問三　(1) A ア　B ウ　C エ　D イ　(2) 切れ字
(3) B 例 朝顔のつるが井戸のつるべにからみつき、ひきちぎるのもかわいそうなので、そのままにして、よその井戸に水をもらいにいったよ。（60字）
D 例 新しい葉が出て、周囲の草木の緑がすっかり深くなるこの季節、この前生まれた我が子の口にも歯が生え初めたことだよ。（55字）

解説 問一　文学史の問題。教科書に載っている俳人や、ア〜カの俳人については、活躍した時代や代表的な句を知っておきたい。

問二　(1) 句数や音数、季語にとらわれない俳句を「自由律俳句」という。
(2) 「時雨」の季節感として、17行目に「万物衰滅にむかう冬の初め」とある。草木の枯れはてた情景がふさわしく、ウが入る。

問三　(1) 季語判定問題。Aは「菜の花」が春の季語、Bは「朝顔」が秋の季語（「夏」と間違いやすいので注意）、Cは「大根（引き）」が冬の季語、Dは「万緑」が夏の季語。「同じ記号を繰り返し答えてはならない」とあるので、わかるものからやっていけばよいだろう。旧暦との違いで、現在の実感とはややかけ離れた季語もあるので、そういうものは気をつけて覚えておこう。
(2) 表現技巧問題。切れ字はほかに「かな」「ぞ」など。「や・かな・ぞ・けり」の四つは覚えておくこと。
(3) B ポイントは以下の三つ。「朝顔のつるが井戸のつるべに絡《から》みついた」（1点）こと、「引きちぎるのがかわいそうだということで、そのままにした」（2点）ということ、そのため、水が汲《く》めず、「わざわざよその井戸に水をもらいにいった」（2点）ということ。
D ポイントは以下の三つ。「季節は草木の葉が緑に輝く季節（夏）である」（2点）こと、「我が子の歯が生えてきた」（2点）こと、「葉が生えることと歯が生えることが対比させられている」（1点）こと。「万緑」は見わたすかぎり緑という意味の夏の季語。

＊p.16 **実力テスト　採点基準** 参照。

4 古典の読解

1 古文の理解

51

問一 例身分や財産［別解］地位や暮らし向き
問二 例呂尚父と再婚して一緒に暮らすこと。
問三 ように
問四 イ
問五 ア
問六 エ

解説 **問一** 直前に「王の師（先生）となりて」とあるので、「地位、身分」の程度が上がったことをとらえる。また、*1*行目「家貧しき」によって「離れ」た妻が「帰り来りて」とあるので、経済的にも豊かになったことを加えたい。

問二 「離れ」た妻が2行目「帰り来りて、もとのごとく」なのだから、再び妻にしてほしい（再婚したい）ということである。

問三 「やう」のように、ア段の音と「う・ふ《ウ》」でオ段の長音に読む。すなわち、「よう」となる。

問四 「いかでか」は「どうして」という意味の疑問を表す語。直訳すると「どうして返し入れようか」。これができないのは明らかであり、「どうして返し入れようか、いや、返し入れようがない」という反語の解釈になる。

問五 「汝」は「あなた」で妻のこと。「我」は呂尚父《りょしょうほ》。夫婦の縁が切れた（尽きた）のである。

問六 妻は貧しさに耐えかねて離れたが、呂尚父が王の師になったら、帰ってきた。しかし、呂尚父は戻ることを許さなかった。**エ**の「心短き類」とは妻のこと。「貧しさに耐えることができなくて、移り気なたぐいである」となり、本文の内容に合致する。**ア**は「このように耐えて暮らしていることはまことにすばらしいと思える」、**イ**は「女はこのようであってほしいものである」で逆の内容。**ウ**は「人をだますことなどもよくよく考えるべきだ」となり、本文とは合致しない。

［現代語訳］ 呂尚父の妻は家が貧しくて暮らすのが嫌になり、別れてしまった。呂尚父が王の先生となり、身分も高くなり、豊かにもなったとき、別れた妻が帰ってきて、元のように一緒に暮らすことを望んだ。その時、呂尚父は桶《おけ》を一つ取り出して、「これに水を入れろ」と言ったので（妻は）言うままに水を入れた。（呂尚父が）「こぼせ」と言うのでこぼした。そして、（呂尚父が）「（こぼした水を）元のように戻して入れよ」と言う時に、妻は笑って「土にこぼれてしまった水を、どうして戻せましょうか（いや、戻せはしない）」と答える。呂尚父が言うには「あなたが私と別れた事は、桶の水をこぼしてしまったようなものだ。今さらどうして帰ってきて（一緒に）住めようか（住むことはできない）」と言った。

得点アップ

▼*4*行目「いかでか返し入れん」のように、疑問の形でその否定を強調する表現を反語といい、しばしば出題される。「や」と「か」の係り結びの部分では、まず、「〜か」と疑問で訳してみて、その答えが明らかにノーのときは、「〜か、いや〜（では）ない」と反語で解釈をすればよい。「やは」「かは」の形で係り結びが出てきたときは、ほとんど反語になる。反語の「〜ない」の解釈を選ばせる問題もあるので、選択肢をよく読んで判断しよう。

52

問一　来年の司召（8行目）
問二　例 一人は三か月の間に死んでしまった。もう一人はその死んだ人に代わって国司になった。
問三　最初　来年なるべ（4行目）　最後　なしたり。（5行目）
問四　④ 例 病気になり　⑥ 例 病気が治る
問五　いみじくわづらひ出でて（11行目）
問六　F

解説

問一　書き損じの紙である反故《ほご》に来年の除目（任官目録）が書かれていた。8行目以降、会話の後半で「来年の司召（任官式）などは」とあり、9行目「今年この山に」から、どうやって国司を決めるのかが書かれている。

問二　「守（国司）」に「二人」の名が書いてあったのである。国司はいわゆる都道府県知事に相当する役職で、通常は一名。中央政府（朝廷）が任命する。後の7行目「この国の守とありし～」と7行目「又なり代りたるも～」が「二人」を指すことになる。それぞれがどうなったかは、直後にある。

問三　「この文」とは――線③直前の「とりあげて、乾して、をさめたりし」した「反故」。3行目の「とりあげて見れば、～書かれたり」では体裁が示されており、4行目「あやしくて見れば」以降にその反故の内容が示されている。

問四　「わづらひ」は、現代語と同じく病気になること。病気が治ることを「おこたる」といい、こちらは現代語にはない意味。

問五　病気だったから「覚え」がないのである。一行は東国から京の都へと旅をしており、「とうたうみ（遠江、今の静岡県西部）」に入って、名所であり、難所でもある「さや（小夜）の中山」を越えたのである。

問六　E「なく」は形容詞「なし」。古文の形容詞は「～し」が終止形。A「けり」は過去の助動詞、B「たり」は完了の助動詞、C「わたし」は動詞「渡す」の連用形、D「いたづらなる」は形容動詞「いたづらなり」の連体形。形容動詞は「～なり（たり）」が終止形。

[現代語訳]　富士川というのは、富士山から流れてきた水の川である。その（駿河《するが》の）国の人が出てきて語るには、「ある年、所用で出かけたところ、とても暑かったので、この川辺で休みながら見ると、川上の方から黄色い物が流れて来て、何かに引っ掛かり止まったのを見ると、書き古した紙だった。取り上げて見ると、黄色い紙に赤い字で、濃くきちんと書いてあった。不思議に思って見ると、来年任命されるべき国々を、任官目録のようにみな書いて、この国も来年（国司が）空くはずなので、国司を任命して、またそれに書き添えて（国司が）二人になっていた。不思議だ、驚きあきれることだ、と思い、取り上げて、乾かして、しまっておいたのを、翌年の任官式に、この文に書かれていたことが、一つも違わず、この国の国司に書いてあったままだったのだが、一人めは三か月のうちに亡くなり、また代わりになった人も、となりに書き添えられていた人である。このようなことがありました。来年の任官式などは、今年富士山にそこここの神々が集まって、なさるのだなあと思いました。珍しいことでございます」と語る。

沼尻《ぬまじり》という所も無事に通過してから、ひどい病気になり、遠江《とうとうみ》の国にさしかかる。小夜《さよ》の中山など越えたことも覚えていない。とても苦しいので、天竜という川のほとりに仮の小屋を建てて、そこで数日間過ごしているとだんだん病気が治ってきた。冬が深くなったので、川風が強く吹き上げながら、我慢できないほどに思われた。その渡し場から浜名の橋に着いた。浜名の橋は下った時は黒木（皮がついたままの木）を渡してあったが、今回はそのあとさえ見えないので、船で渡った。入り江に渡してあった橋である。外の海はたいそう荒れて波が高く、入り江のつまらない中洲などに特別なものもなく、松が茂っている中から波が寄せては返るのも、いろいろな玉（宝石）のように見えて、ほんとうに松の梢《こずえ》を波が越すように見えてとても趣深い。

得点アップ

▼文学史でよく出題される日記は主に平安時代の作品。「土佐《とさ》日記（作者は紀貫之《きのつらゆき》）」、「蜻蛉《かげろう》日記（作者は藤原道綱母《ふじわらのみちつなのはは》）」、「和泉式部《いずみしきぶ》日記」、「紫式部《むらさきしきぶ》日記」、「更級《さらしな》日記（作者は菅原孝標女《すがわらのたかすえのむすめ》）」、「讃岐典侍《さぬきのすけ》日記（作者は藤原長子）」、ここまでが平安時代。鎌倉時代は、「十六夜《いざよい》日記（作者は阿仏尼《あぶつに》）」を覚えておけばよい。平安時代は順番を問われることもある。ここに挙げた順番で覚えておくこと。紫式部日記が源氏物語や枕草子《まくらのそうし》と同時期と考える。

▼本文の比較的近い位置に同じ言葉が出てくることがある。例えば、3行目「止まりたるを『見れば』」、3行目「とりあげて『見れば』」、4行目「あやしくて『見れば』」の対象は「反故《ほぐ》」、「黄なる紙」、「来年なるべき〜書きて」で、同じものを指している。同じ内容や言葉の繰り返しは作者が意図的に情報を読者に投げかけてきているのではないかと注意されたい。

53

問一 a 梅の木（2行目） b 繁樹（13行目）

問二 ① 繁樹（13行目） ② 貫之の主の御娘（12行目）

問三 (1) イ (2) エ

問四 例 帝が代わりの梅の木を探させたこと。

解説

問一 a 「侍らざりし」は「ございませんで」の意味。4行目「ひと京まかりありき」してもなかったものは何か。b 「持て参り」は梅の木を帝《みかど》のもとに持って参ったということ。梅の木を持ち帰って来たのは誰《だれ》か。

問二 ① 「きむぢ求めよ」と命令されたのは誰か。14行目「『思ふやうなる木持て参りたり』とて衣被けられ」たのは「繁樹」だから、命令を受けたのも「繁樹」である。② 「家の主」は持って行った梅の木のもとの持ち主で、11行目に帝が「何者の家ぞ」と質問しているので、その答えである「貫之の主の御娘」が正解となる。

問三 (1) 古文では、「の」を、主語を表す「が」で使うことが多い。「鶯が『宿は』と問うならば」という意味で、鶯の宿とはとまる木で、梅の木のことである。

(2) 「勅」とは天皇の命令、「かしこし」は「おそれおおい」の意味。鶯が「宿は」と問うならば、「いかが答へむ」とあるが、木を持って行かれたら、鶯がとまる木はなくなってしまう。鶯にかこつけて婉曲《えんきょく》に迷惑だと伝えている。

問四 「遺恨」とは「悔いを残すこと」。13行目「甘えおはしましける」の主語は「帝」である。帝が悔いを残す原因となった行為は何か。「繁樹」や「何がし主の蔵人」は「帝」の指示で働いたので、これに責任を感じているのである。

［現代語訳］ とても趣深くしみじみございましたことは、この村上天皇の御代《みよ》に、清涼殿《せいりょうでん》の御前の梅の木が枯れてしまったので、（天皇が）探しなさっていたところ、誰《だれ》それ殿が蔵人《くろうど》でいらっしゃった時に、お受けして、「若い者どもでは見わけがつけられまい。おまえが探せ」とおっしゃったので、（私は）京じゅう歩き回りましたけれども、ございませんで、西の京のどこそこにある家に、（花が）色濃く咲いている木で、枝ぶりが立派な（梅の木）がございましたのを、その梅の木を掘り取ったところ、その家の主人が「木にこれを結んでお持ちなさい」と召し使いに言わせなさったので、「何かわけがあるのでしょう」と持ってまいりましたのを、帝は「何だ」とご覧になると、女の筆跡で書いてある。

勅なれば…勅命なのでたいそう恐れ多く、この木は献上しますが、この木にやってくる鶯が「とまる宿は」と問うたら（私は）どう答えようか

とあったので、（天皇は）不思議に思われて、「何者の家か」とおたずねになったところ、紀貫之の娘の住む所だった。「遺憾《いかん》なことをしてしまったなあ」と（天皇は）ばつが悪そうにしていらっしゃった。この繁樹、一生の辱《はずかし》めはこの事件でございましたでしょう。それなのに「望みどおりの木を持ってきた」といって着物を頂戴《ちょうだい》したのもかえって辛《つら》く感じたのだ。

得点アップ

▼名詞に接続している「の」は、意味・用法を問われることが多い。

① 主語を表す。助詞の「が」と同じ意味。

② 同格を表す。助詞の「で」と同じ意味。「の」で前の語の説明を加える。

③ 準体格（名詞の代わりになるもの）を表す。「もの、こと」の代わり。

④ 連体修飾を表す。「の」以外に言い換えることができない。

以上が主な用法で、言い換えてみると用法が特定できることが多い。

▼天皇の命令によって編纂《へんさん》された和歌集を「勅撰《ちょくせん》和歌集」という。平安時代前期に成立した一集目の「古今和歌集」から、鎌倉時代前期に成立した八集目の「新古今和歌集」までがとくに有名で「八代集」と呼ばれている。一集目の「古今和歌集」の代表的編者が紀貫之である。

▼問題文末尾で、繁樹は帝から着物（「衣《きぬ》」）を頂戴した、とある。古文では、

褒美として着物が与えられることが多い。今よりも服や布は貴重で、税として布を納めてもいた。高貴な人から頂戴した着物を、記念として大事にしたり、仕立て直して着用したりしたようだ。

54

問一　源氏方　a　平家方　b　c　d（順不同）
問二　例平家方の敗北が濃厚だということ。
問三　エ
問四　A　唐　B　兵
問五　(1)　a　例誰のものかわからない白旗が一つ源氏方の船の舳先に舞い降りた
　b　判官
　c　例八幡大菩薩が現れたと喜んだ
(2)　a　例沖から千、二千頭のいるかが平家方の船の下を這うように通り過ぎた
　b　小博士晴信
　c　例平家方が敗戦すると予想した

解説

問一　a　源平合戦における「判官」とは「源義経」のこと。5行目「源氏の船の舳《へ》に」白旗が舞い下がってきたのを八幡大菩薩の現れと喜んでおり、源氏方とわかる。b「大臣殿」は前後から平家方の船にいることがわかる。c「田内左衛門」は15行目「平家によくよく忠を尽くし」た阿波民部重能の息子。d「新中納言」は寝返った重能に対する怒りの言葉から平家方とわかる。

問二　「今はかう」は「今となってはこのような」の意味。どうだというのかを――線①・③前後から導き、共通していることを答える。――線①では「江豚《いるか》が船の下を通れば味方(平家)が危うい」ところで、江豚は「すぐに這うて通り」したのであった。――線③では、25行目「源氏の兵ども、～切り殺されて」の後のこと。いずれも、平家の敗戦、滅亡が目前であることを表している。

問三　「いかにもかなはじ」と思って、「心がはりして、源氏に同心（味方）」したのである。「いかにも」は打ち消しを強め、「どうしても（～しない）」という意味。

問四　身分の高い人を粗末な「兵船」に乗せ、身分の低い人を豪華な「唐船」に乗せ、源氏方の目をあざむこうとしたのである。しかし、寝返った阿波民部のために、源氏方は身分の低い人の乗るAの船には目もくれず、大将軍らが目立たないようにして乗っているBの船を攻めたのである。

問五　設問の「神意」「前兆」から本文の第一段落に注目。6行目「八幡大菩薩の現じ給へるにこそ」とあるので、八幡大菩薩の示現は何だったのかを答える。また、10行目「いかがあるべきと勘へ申せ」と「江豚」の動きを考えることは、例の亀の動きから戦況を占い、予想することに通じる。

［現代語訳］　そののち源氏も平家も戦いに命を惜しまず、わめき叫んで攻め戦う。どちらが劣っているとも見えない。それでも、平家方は十善の帝王が三種の神器を持ち続けていらっしゃるので、源氏方はどうだろうかと危ぶんでいると、しばらくは白雲かと思われて空に漂っていたが、雲ではなく、誰《だれ》のものかわからない白旗が一つ空から流れ舞い落ちて、源氏方の船の舳先《へさき》に旗を竿《さお》に結び付けるための紐《ひも》が触るように見えた。判官《ほうがん》（源義経）は「これは八幡大菩薩《はちまんだいぼさつ》が現れなさったのだろう」と喜んで、手を清めうがいをしてこれを拝み申し上げる。兵士たちもみな同じようにする。また、源氏の方からいるかという魚が、千二千（海中を）這《は》うように平家の方へ向かってゆく。大臣殿（平宗盛）はこれをご覧になって陰陽師《おんみょうじ》晴信をお呼びになり、「いるかは常に多いが、いまだにこのようなことはない。どうあるべきか占い申し上げよ。」とおっしゃったので、（晴信は）「このいるかが引き返しましたら、源氏は滅びるでしょう。（引き返さず）通り過ぎたら、味方（平家）の軍勢は危ないでしょう。」と申し上げ終わらないうちに（いるかは）平家の船の下を通り過ぎた。「もはやこれまで。」と（晴信は）申し上げた。

阿波民部重能は、この三年間平家によく忠義を尽くし、度々あった合戦に命を惜しまず防ぎ戦ったが、息子の田内左衛門を（源氏に）生け捕りにされて、どうしてもかなうまいと思ったのだろうか、たちまち心変わりして、源氏に味方してしまった。平家方では、作戦として身分の高い人を兵船に乗せ、雑兵を唐船に乗

せて、源氏が心ひかれて唐船を攻めたら、中に取り囲んで討とうと用意をしていたが、阿波民部が寝返っているので、(源氏は) 唐船には目もくれず、大将軍が身なりを変えて乗りなさっている兵船を攻めたてた。新中納言 (平知盛) は「まずいことだ。重能を切り捨てておけばよかったのだが。」としきりに後悔なさるがどうしようもない。(中略)

源氏の兵たちは、すでに平家の船に乗り移り、船頭や舵取《かじと》りどもは射殺され、切り殺され、船の向きを直すこともできず、船底に倒れ伏していた。新中納言知盛卿《きょう》は、小舟に乗って帝のお船に参上して、「もはやこれまでと存じます。見苦しいものを、みな海に投げ捨てなさいませ。」と、船の後部に走り回り、掃《は》いたり拭《ふ》いたり、塵《ちり》を拾い自分の手で掃除をなさった。女房達が「中納言殿、戦《いくさ》はどうなっているのか。」と口々に問いなさると、(知盛は)「珍しい東男《あずまおとこ》をご覧になれましょう。」と、からからとお笑いになるので、(女房達は)「何ということの場に及んでの冗談だろうか。」と声々にわめき叫びなさった。

得点アップ

▼敬語は古文の中でもとくに難しい文法事項である。本文でも「給《たま》ふ」「奉《たてまつ》る」「仰《おほ》す」「候《さうら》ふ」「申《まう》す」などの敬語が使われている。このうち尊敬語は、用いられている動作の主(主語)に対する敬意を表すのが原則で、主語判別の際などにヒントとなる。地の文であれば、文の書き手の、会話中であれば、話し手の敬意を表す。尊敬語の原則として、尊敬語を使う人物には常に尊敬語を使う、尊敬語を使わない人物には常に使わない、ということがある。ただし、会話文中では話し手の都合で敬語の使い方が変わるので注意しよう。

55

問一　a イ　b ア　c イ　d ア

問二　ひかあらん (15行目)

問三　ア

問四　オ

問五　ウ

解説

問一　4行目「そもそも」から父の会話部分であることに注意。「汝《なんじ》(あなた)」が話の聞き手で、息子である一茶《いっさ》。「我」が話し手である父親である。**a**は継母《ままはは》と一茶の様子を見て父親がふと思った。**b**「思いつらめ」は「思っただろう」の意味。子どもの頃《ころ》の一茶がつめたい親だと思っただろうということ。**c**は父親が「汝」、すなわち一茶の手を借りようと思ったということ。**d**は江戸に住む一茶が、故郷まではるばる来たということ。

問二　会話部分の終点には「と」「など」「とて」が付くことが多い。8行目の「～あるべきと」は6行目「一所にありなば」から始まる思ったことの終点。11行目「つれなき親とも思ひつらめ」は9行目「今三年四年過ぎたらんは」から始まる思ったことの終点。11行目「『皆これ宿世の因縁』と諦めよや。」、12～13行目「『今年は我も～汝が手を借らん』と思ひしに」は『 』内の心情の終点である。15行目「何の悔ひかあらんと、」が父の会話全体の終点となる。

問三　「かく」は「このように」という意味の指示語。「一所にありなば」は選択肢から「いっしょに暮らしていれば」なので、お前(一茶)と誰《だれ》が一緒に暮らしていると「このように」なるのか。前の行の「日々に～」「夜々に～」が「かく」が指示する内容で、「魂をいため(不愉快で)」「心のやすき(安心できる)時はなかりき」である。その原因は、5行目「後の母の仲むつまじからず」である。

問四　問三にある「後の母」との不仲によって、「一度ふるさと離したらば」は後の母から距離を置くこと。「したはしき」は漢字に直すと「慕はしき」。「汝(一茶)」と後の母との関係が良くなることを願っているのである。よって、**イ**「心の隔てがなくなる」よりも、**オ**「肉親の情が芽生え」を選びたい。

問五　**ア**「親不孝だと思っていた」、**イ**「親子の縁を切った」、**エ**「継母と息子が～打ち解けてくれた」は誤り。「継母」は、父の話に出てくるだけで、実際に登場してはいない。**オ**「息子の手を借りて死にたい」は13行目「相果つるとも汝が手を借らんと思ひしに」に該当するが、一茶が父の願いをかなえるために帰省したのかは定かではない。**ウ**は「苦労をさせた息子」は本文11行目「荒奉公させ」

から、「恨むことなく」は父の最期をみとる態度から一致する。

[現代語訳] 六日、晴れたので、寝てばかりでは退屈にお思いになるだろうと、布団《ふとん》をたたんで寄り掛からせ申し上げたところ、昔の話などを始めなさった。

「さて、あなたは三歳のときに母と死に別れ、ようやく成長してからは、後の母との仲がよくなく、毎日不愉快な思いで、毎夜激しく怒り、心が休まる時がなかった。ふと思いついたのは、一緒に暮らしていたら、いつまでもこのようであるだろう、一度故郷を離れさせたら、また、(後の母を)慕《した》わしく思うにちがいないと、(あなたが)十四歳の春、はるばる江戸へ行かせた。ああ、よその親だったら、あと三四年したら、家を継がせ、あなたにも安心させ、自分も隠居して余生を楽しむことができるのに、年端《としは》のいかない未熟な子に荒々しい奉公をさせ、冷淡な親だと思っているだろう。みなこれはこの世に生まれる前からの約束によるものだと諦《あきら》めてほしい。今年は私も二十四輩の旅に出て、かの地(江戸)で一度あなたに会い、死ぬにしてもあなたの手を借りたいと思っていたら、今回はるばる(あなたが)やって来て、このような看病をしてくれるのは浅くない因縁《いんねん》だなあ。このたびは今死んでも、何の後悔がある(いや、後悔しない)」と、はらはら涙を落としなさるのに、一茶はただ伏せて、物も言うことができない。

得点アップ

▼本文の会話は常にマークしよう。「〜と言ふ(のたまふ、申す、思ふ、おぼす)」などの表現を見つけたら、各自で「 」などの印をつけよう。「 」の中では、「私」と「あなた」の関係が逆転していることが往々にしてある。今回の文章がまさしくそうである。

56

問一 ① 筑紫の人 ② 舟に乗りたる者
問二 イ
問三 例血を流して鮫をおびきよせて戦うため。(18字)
問四 ウ
問五 ア ウ (順不同)

解説

問一 ①この段落の登場人物は、「筑紫の人」以外いない。すべて1行目に出てくる「筑紫の人」の行為。②「人々に告げて、〜舟を出す」をしたのは、6行目「その影水にうつりたり」を見た人である。水を見ていたのは4行目「舟ばたにゐて、うつぶして海を見」ていた「舟に乗りたる者」である。

問二 「え」と打ち消しの語を合わせて「〜できない」と訳す。「躍りつかで」の「で」は「〜ないで」となる接続助詞。「落ち入りぬ」の「ぬ」は「〜しまった」という完了を表す助動詞。

問三 血がしたたり落ちている「切れたる所」を水に浸した後にどうなったのか。14行目「沖の方より鰐、虎の方をさして来る」のだった。虎が傷を水に浸したのは、鮫をおびき寄せて、足を食われた復讐《ふくしゅう》をしようとしていたとわかる。

問四 「〜ましかば」は「〜だったら(…だろうに)」という事実と異なることを仮定する表現。9行目「え躍りつかで、海に落ち入りぬ」から、虎は船に飛びつけなかったとわかる。この事実とは異なることを想定するので、「飛び乗っていたとしたら」ということになる。

問五 「かばかり」は「これほど」「これくらい」の意味。直後の「力強く早かったのは、虎が何をしたことを指すのか。——線⑥の直後「何わざをすべき」は「どうすることができるだろうか(いや、どうすることもできない)」の意味で、虎の強さにはなすすべがないということ。

[現代語訳] 今となっては昔のことだが、筑紫《つくし》の人が商いをしに新羅《しらぎ》に渡ったが、商いが終わり帰る日に、断崖《だんがい》のすそ野の海岸線に沿って進み、船に水を汲《く》みいれようと、水が流れ出ている所に船を止めて水を汲む。

そのとき、船に乗っている者は船べりにいて、うつぶせになって海を見ると、山の影が映っている。高い岸の三四十丈より高い所に、虎が姿勢を低くするように構えて何かを狙っている。その(虎の)影が水に映っていた。その時に(船に乗っている者は虎がいることを)人々に知らせて、水を汲む者を急いで呼び乗せて、手に手に櫓《ろ》をこいで急いで船を出す。その時、虎は躍りかかり飛び降りて、船に乗ろうとしたが、船がはやく出る。虎は落ちてくる間があったので、（船まで）あと一丈くらいのところで、飛び乗ることができずに、海に落ちてしまった。
船をこいで急いで行きながら、この虎を注意して見る。しばらくして、虎は海から出てきた。泳いで陸に上がって、海岸の平らな石に登るのを見ると、左の前足を膝《ひざ》から食い切られて血がしたたり落ちている。「鮫《さめ》に食い切られたのだなあ」と見ていると、（虎は）その切れたところを水に浸《ひた》して、平らにうつぶせているのを、「どうするのだろうか」と見ると、沖の方から鮫が虎の方をさして来る、と見ると、虎は右の前足で鮫の頭に爪を立てて陸に投げ上げると、一丈くらい（鮫は）浜に投げ上げられた。（鮫は）あおむけになってばたばたする。（虎は鮫の）あごの下を飛びかかって食らいつき、二三度ほど振り回して、（鮫を）なよなよにして、肩に乗せて、手を立てたような（絶壁の）岩で五六丈ある岩を、（虎は）三本の足で下り坂を走るように登って行くので、船の中にいる者たちは、この虎の所業を見て、半分死んだように呆然《ぼうぜん》としていた。「（虎が）船に飛びついていたら、鋭利な刀剣を抜いて対峙《たいじ》しても、これほど力強く素早くてはどうすることができるだろうか（いや、どうすることもできない）」と思うと、気も遠くなり、船をこぐ方向も定まらないままに筑紫に帰ったとかいうことだ。

得点アップ

▼事実に反することを仮定して、起こり得る結果を想像する表現を「反実仮想」という。古文では次のように反実仮想を表すことが多い。

～ましかば・～ませば・～せば…まし ＝ **「～だったら…だろうに」**

「…まし」がないときは、「よかったのに」という続きの部分が省略されていると思えばよい。例えば、「この木なからましかば、とおぼえしか」（徒然《つれづれ》草《くさ》）は「この木がなかったら（よかったのに）、と思われた」となる。

▼「ぬ」は完了「～てしまった」と訳す場合と、打ち消し「～ない」と訳す場合がある。本来は未然形につく「ぬ」は打ち消し、連用形につく「ぬ」は完了、と文法上の識別を要するが、ほとんどは、文中の「ぬ」は打ち消し、文末の「ぬ」は完了、としておけばよい。本文*16*～*17*行目「投げあげられぬ。」の「ぬ」は、助動詞「らる」が未然形も連用形も「られ」であるため、仮に助動詞の活用を覚えていても接続からは判断できない。そこで、文末の「ぬ」は完了、としておけば、「投げあげられてしまった」と解釈できる。ただし、文末でも係り結びになっているときは打ち消しになる。

57

問一 c
問二 エ
問三 いとつきづきし（*13*行目）
問四 エ
問五 ウ

解説

問一 「の」の区別は古文でも現代文でもほぼ同じと考えてよい。①「が」、②「で」、③「もの（こと）」、④「の」、⑤「のように」、のいずれかに置き換えることができる。ただし、⑤は現代文ではあまりない。設問の「冷え徹るのが」は「冷え徹る『こと』が」と置き換えられるので③の用法。同様に、c「蛍が飛んでいる『こと』も愉しい」と言い換えることができる。

問二 「ここ」とは直前の「ねぐらに急ぐ烏たち」を描いた部分である。指示語の代わりにその内容を入れてみて、文意が正しく通るか確認しよう。

問三 ――線②直前の「火をいそいでおこして～」から、古文の*12*行目「火など急ぎおこして～」に注目。「つきづきし」は「似つかわしい」の意。

問四 *53*行目「短い文章も」は枕草子のこと。「相手」は清少納言のこと。これを「のぞきこむ心」は読み手の心となり、まず、**イ**と**エ**に絞ることができる。直後の*55*行目「私は、この思いで『枕草子』を読んできたし」によって、**イ**「平安時代特有の人間観」よりも、**エ**「作品世界を丁寧に理解」が適する。「相手の心をのぞきこむ」は「清少納言の思いにまで踏み込んで」に対応する。

問五 **ア**「現代では理解しにくくなった」、**イ**「現代においてこそ再評価されるべき」と「文化史上の意義」、**エ**「筆者自身の体験を重ね合わせ」に本文では触れていない。*17*行目「私の『見ぬ世の友』となった」の前後から、『枕草子』や清少納言その人に、筆者が深く魅了されていることがわかる。

得点アップ

▼現古（現漢）融合の文章の読解では、設問が、**1**「古文（漢文）の問題」、**2**「現代文の問題」、**3**「現代文と古文（漢文）を対照させる問題」いずれかを判断しよう。古文（漢文）の現代語訳が現代文の中に書かれていることが多い。古文（漢文）だけを読んで理解できないからと言ってあきらめることはない。

58

問一 例 ずっと男と結婚したいと思っていたこと。
［別解］男に思いを寄せていたということ。
問二 オ
問三 a イ　b ア
問四 ぞ
問五 オ
問六 A 夏　B 秋
問七 イ
問八 魂（*17*行目ほか）

解説 **問一** 主語は「むすめ」である。解説文*12*行目「ひたすら思い秘めて〜死んだ良家の娘」の思いとは古文の*1*行目「いかで〜ものいはむ」に該当する。何を言おうとしていたのか。解説文の*12*〜*13*行目から、娘が男に恋をしていたことを読みとりたい。

問二 「かたくやありけむ」には打ち消しの表現がないので、「なかった」とある**イ**、**ウ**、**エ**は不適。「かたく」は漢字で「難く」。難しかったのは**ア**「家出」ではなく、「ものいはむ」ことである。言い出す（口に出す）ことが難しくて、死ぬときになって「このように思っていた」と打ち明けたのである。

問三 **a** *2*行目の「物病みになりて死ぬべき時に」と解説文の*12*行目「死んだ良家の娘」を対照させよう。「物病みになりて死ぬべき」なのが「むすめ」なので、続く〜〜〜線**a**の主語も「むすめ」となる。**b** *4*行目「死にければ」の主語は「むすめ」である。*4*行目で親が告げた相手は「をとこ」で、「むすめ」のところにやってきたのも「をとこ」。

問四 係助詞とは、係り結びをつくる「ぞ・なむ・や・か・こそ」と「は・も」の七語。「ものぞ悲しき」の「ぞ」がこれにあたる。係助詞によって、終止形「悲し」であるところを連体形の「悲しき」で結んでいる。

問五 解説文*13*行目の「後にそれを知らされた男のやるせない思い」から、**エ**「むすめを哀れに思う悲しみ」としたいが、——線③の歌に「そのこととなく（そのことというわけでもなく）」とあるので、娘の死だけでなく、人の死そのものが悲しいのである。

問六 古典での暦《こよみ》である旧暦では、「六月」は夏の終わりである。

問七 六月の晦日《みそか》は「魂祭り《たままつ》」をする時で、中世のころからは「仏教の盂蘭盆《うらぼん》」となったのだから、**イ**「宗教」的背景でよい。

問八 *32*行目「空にのぼってゆく蛍」、*33*行目「雲の上までおとずれて来ている雁」は何のたとえか。空に昇っていくという共通点から考える。手がかりになるのは*21*行目の「魂の行き合いの時であり」と「六月の晦日」の特殊性を述べている部分。古文では蛍を死者の魂に、雁をこの世とあの世の通信使に例えることが多い。

［現代語訳］ 昔、（一人の）男がいた。ある人の娘で（親が）大切に育てていた娘が、なんとかしてこの男に愛を告白しようと思っていた。言い出せなかったのだろうか、（娘は）病気になって死にそうなときに、「このように思っていた」と言ったのを、親が聞きつけて、（男に）泣く泣く告げたところ、（男は）あわててやって来たのだが、（娘は）死んでしまったので、（男は）することもなく（喪に服して）引きこもっていた。時は六月の月末、とても暑い頃《ころ》で、宵《よい》は管弦の演奏をして、夜更《よふ》けには少し涼しい風が吹いてきた。蛍《ほたる》が高く舞い上がる。この男、見ながら横になり、

ゆく蛍…飛んでゆく蛍よ、雲の上（あの世）まで飛び去れるのなら（この世では）

秋風が吹いていると雁《かり》に告げてくれ
暮れがたき…暮れるのが遅い夏の（日に）一日中物思いにふけっているとそのことというわけもなく物悲しいことだ

得点アップ

▼古文では、現代とは異なる暦が用いられており、季節が現代とずれている。

春	一月（睦月《むつき》）	二月（如月《きさらぎ》）	三月（弥生《やよい》）
夏	四月（卯月《うづき》）	五月（皐月《さつき》）	六月（水無月《みなづき》）
秋	七月（文月《ふみつき》）	八月（葉月《はづき》）	九月（長月《ながつき》）
冬	十月（神無月《かんなづき》）	十一月（霜月《しもつき》）	十二月（師走《しわす》）

一月が春になることに違和感があるかもしれないが、現在でもお正月に「新春」、「迎春」という語が残っていることで理解されたい。

2 漢文の理解

59

問一　イ
問二　ウ
問三　ア
問四　エ

解説 **問一** 明帝が「どうして泣くのですか」と問いかけたのは、直前の「様子をたずねて、はらはらと涙を流した」人、元帝に対してである。長安からやってきた人は、元帝に旧都である洛陽の様子を語り、それを元帝がつぶさに話したのである。

問二 元帝が明帝に、日と長安とどちらが遠いかと尋ねたことへの明帝の答えである。**A**は*13*行目「お日さまのあたりから～聞いたことがありません」と答えているので、「お日さまの方が遠い」となる。**B**は答えの後で元帝が*17*行目「昨日の言葉と違う」と言っていること、また、明帝が*17*行目「お日さまは見えますが、長安は見えません」と言っていることから、「お日さまの方が近い」となる。

問三 「異なる」は「他と違っている」の意だが、古文、漢文では、まれなものごとを珍重する意識はあるものの、異質なものを排除する意識はほとんどない。よって、**ウ**「失望」、**エ**「腹を立て」は解答から除外される。膝の上に座るくらいの幼い明帝の答えに意表を突かれたのである。

問四 「色」とは、現代語の「顔色」のような、様子、表情、機嫌を表す語。直後の「昨日の言に異なるや」が「どうして昨日の言葉と違うのか」と昨日言ったことと違っていることへの驚きと焦りが表れているのである。

得点アップ

▼漢文（書き下し文）では、「～言ふ《ウ》。『……』と。」という、倒置のような形

で会話を直接引用する。現代語訳としては「〜が『……』と言う。」の順となる。また、「曰」という漢字を用いて「〜曰《い》は《ワ》く『……』と。」という形も頻繁に用いられる。「曰はく」は「言うことには」と現代語訳するのが一般的。全体としては「〜が言うことには『……』と。」や、本文のように「〜は『……』と言った。」と現代語訳する。

60

問一 例蝶がたくさん集まり（9字）
問二 主人貧（5行目）
問三 有リ二旧巣ノ燕一
問四 B 栄 C 盛
問五 エ

解説 問一 「蝶満枝」を現代語で書けばよい。「蝶」が主語、「満」が述語（動詞）、「枝」が補語である。漢文の語順（文法）は、英語に似ていると思ってよい。

問二 6行目「花がしぼんでしまうと蝶はめったに姿を見せなくなる」のに対して、どうであっても7行目「燕は今年も同じ巣に帰ってくる」のか。

問三 書き下し文の漢字の順「有(4)旧(1)巣(2)燕(3)」の順に読めるようにすればよい。二文字以上戻る場合は「一・二点」を用いる。一文字戻る場合はレ点を用いる。

問四 「栄枯盛衰」となるように入れる。覚えておきたい四字熟語の一つ。

問五 10行目の「燕のようにそのような移り変わりには関係なく」から考える。燕は「亦帰」するのである。落ちぶれて貧しくなると（＝花がしぼむと）、訪ねてこなくなる人（＝蝶）と対比している。

［現代語訳］花が開くと枝に蝶がたくさん集まり
花がしぼめば蝶はめったに来なくなる
ただ古い燕の巣があるだけだが
燕は主人が落ちぶれてもまた（今年も）帰ってくる

得点アップ

▼漢詩の主な形式は、一つの句の文字数によって「五言」と「七言」に分けられ、いくつの句によって成り立っているかによって、四句なら「絶句」、八句なら「律詩」となる。本文の「事に感ず」は「五言絶句」となる。五言詩なので偶数句末（七言詩は第一句と偶数句末）の「稀」と「帰」が「キ」という音でそろえられ、押韻《おういん》となっている。また、第一句と第二句が「花〜ば、蝶……」という形にそろえられ、対句《ついく》となっている。

61

問一 有レ欲二依附一
問二 イ
問三 賊追ひて至る（3行目）
問四 華歆
例頼みを受け入れた以上決して見捨てない（18字）

解説 問一 「有(4)欲(3)依(1)附(2)」の順で読むように返り点をつける。下から上に読む文字には返り点がつくのだから、「依→附」にはつかないが、「附、欲、有」には返り点が必要になる。「一」と「レ」は合わせて使うことがあるが、「二」と「レ」を合わせて使うことはない。

問二 「何すれぞ」は「どうして」という疑問。「可ならざらん」の「ざら」は打ち消し。「ん」は「む」に相当し、推量を表す。「どうしてできないだろうか」がもともとの意味。打ち消しの疑問になっているイを選ぶ。

問三 「急をもつて」から予想外の危機的状況を答えよう。二人を頼みにして船に乗っている人を捨てようとしたのはなぜか。

問四 王朗《おうろう》は後で賊に追われることを予想できず、船に乗せてやるよう主張し、賊が迫ってきてから、乗せた人を見捨てようとした。華歆《かきん》は後で賊が迫ってくることが予想できた上、一度助けた人を見捨てようとはしなかった。先見の明があり、義理に篤《あつ》いのは華歆。

[現代語訳] 華歆と王朗は一緒に船に乗って難を逃れた。連れて行ってほしいと願う者がいた。華歆はこれを拒否した。王朗が言うには「幸いなことに船は広い。どうしてできないだろうか（いや、連れて行ってやることができるはずだ）。」と。その後、賊が追って来たときに、王朗はこの連れて行ってやることにした人を見捨てよう（船から降ろそう）とした。華歆が言うには「はじめに連れて行くことをためらった理由は、まさにこのこと（賊に襲われる危険）のためだけだったのだ。すでにその頼みを受け入れたのだから、どうして緊急だからといって見捨てることができようか（いや、見捨てることはできない）。」と。とうとうはじめのように一緒に行った。世間ではこの話から華歆と王朗の優劣を決めた。

得点アップ

▼漢文でも反語がたびたび見られる。古文と同じく、疑問に対して答えが明らかにノーであれば、反語と判断すればよい。左が主な反語の形である。

- ・何《なん》ぞ～ん(や)。　**どうして～か、いや、～ではない。**
- ・何《なん》すれぞ～ん(や)。　**どうして～か、いや、～ではない。**
- ・何《なに》をか～ん(や)。　**何《なに》を～か、いや、～はない。**
- ・誰《たれ》か～ん(や)。　**誰《だれ》が～か、いや、誰も～ではない。**
- ・安《いづ》くんぞ～ん(や)。　**どうして～か、いや、～ない。**
- ・安《いづ》くにか～ん(や)。　**どこに～か、いや、どこにも～ない。**
- ・豈《あ》に～ん(や)。　**(どうして)～か、いや、～ではない。**

文末が「～んや」になっている場合はほぼ反語だと思ってよい。したがって、疑問の文が出てきたら文末を確認し、「～んや」なら反語で、「～や」「～か」なら疑問で解釈して、その答えがノーなら反語に解釈すればよい。

62

問一 例道を見つけるため。（9字）

問二 行《キテ》二山中《ヲ》一無《シ》レ水

問三 水（3行目）

問四 イ ウ（順不同）

問五 a 愚心（7行目） b 聖人の智（7行目） [別解] 学ぼうとすること

c 例教えてもらうこと（8字） こと（8字）

解説

問一 2行目「老馬の智、用ふべし」と言って、——線①「老馬を放ち」した。「乃ち」は「そして、そこで」くらいの意味。老馬の智(知恵)でどうなったのか。3行目「道を得たり」なのだから、目的は「道を得る」ことである。

問二 「行[3]山[1]中[2]無[5]水[4]」の順になればよい。

問三 4行目「蟻は～水有り」と言って「地を掘り」、得たものは何か。老馬によって道を得たように、容易に見つからないものを蟻によって得たのである。

問四 ——線③の直後「老馬と蟻とを師」としたのは誰か。「知らざる所」とは、正しい道であり、水のありかである。「すべて選び」と、答えが一つとは限らないことに注意しよう。

問五 「管仲と隰朋」と対比されているのは「今人」なのだから、a・bは「今人」について書かれている7～8行目を参照すればよい。cは「師とする」を言い換えればよい。「師」は「先生」で、「師とする」とは、「教えを乞う、教えてもらう」ということである。

[現代語訳] 管仲《かんちゅう》と隰朋《しゅうほう》は桓公《かんこう》に従って孤竹を討ち破り、春に戦いにゆき、冬に帰ってきた。迷って道がわからなくなった。管仲が言うには「老馬の知恵を用いよう。」と。そこで老馬を放して、老馬の進むのに従って、ついに進む道を見つけた。山中を行くと水がなかった。隰朋が言うには「蟻《あり》は、冬は山の日の当たるところにいて、夏は山の日が当たらないところにいる。蟻塚が一寸あると深さ八尺のところに水はある。」と。そこで地面を掘って、ついに水を手に入れた。管仲の知徳と隰朋の知恵があっても、知らないことは老馬と蟻とに教わることを嫌がらない。今の人は、愚かな心を持っているのに、聖人の知恵を教わろうとしない。なんと誤ったことだろうか。

得点アップ

▼漢文では「すなはち」という語が頻繁に出てくる。意味は「そして・そこで」あるいは「すぐに」くらいである。「すなはち」と読む字は「乃・則・輒・即・便」などがある。上の三つは「すぐに」で使うことはないが、下の二つは「すぐに」の意味で使うことがある。どちらかわからないときは、ひとまず「そして、そこで」にしておいて差し支えはないだろう。文頭や節の前におかれるのが普通の使われ方である。

63

問一 例 詩の中で使う語を「推」にするか「敲」にするかということ。（28字）
問二 イ
問三 エ
問四 a ふ　b いま　c すなは　d つぶ　e これ

解説

問一 「未」は「いまダ～ず」と読む再読文字。意味は「まだ～していない」。2行目「詩を賦し（詩を作る）」、4行目「推すを改めて～」、5行目「推敲の勢を作す」、そして「未決＝未だ決せず（まだ決めないで）」で、詩の言葉を「推」か「敲」かで迷っていたということ。

問二 漢文の4行目「欲改推作敲」に返り点に従って読む順番を振ると「欲[5]改[2]推[1]作[4]敲[3]」となる。選択肢で「敲作欲」の順番で読んでいるものを選ぶと、アとイに限られる。このうち書き下し文の「推《お》すを改めて」に対応するのは「敲《たた》くと作《な》さん」であるから、正解はイとなる。ここでの「作」は「な(す)」と読み、意味は「～とする」である（ただし、特に覚える必要はない）。

問三 この問いは故事成語としての意味を問うているので、直接本文から答えを導くことはできない。漢文から生まれた故事成語や慣用句についても、ある程度の学習はしておきたい。詩の表現として「推す」と「敲く」のどちらがよいかを吟味するところから、詩文の語句をよく考える意味になった故事成語である。

問四 漢文の単語の問題。漢和辞典を引くなどして、見知らぬ漢字は調べよう。とくに指示がなければ、歴史的仮名遣いで答えておく。bは「いま（だ）」、cは「すなは(ち)」、dは「つぶ(さに)」、eは「これ」。eの「之」は「いく(行く)」とも読み、d「具」も「ぐ(す)(連れる)」とも読み、動詞としても使われる。

［現代語訳］賈島《かとう》が科挙の受験に都にやって来たとき、驢馬《ろば》に乗って詩を作り、「僧は推《お》す月下の門」という句を思いついた。「推す」を「敲《たた》く」に改めようか、手を動かして「推す」「敲く」の動作をした。どちらにするかまだ決まらず、うっかり都の長官の韓愈《かんゆ》に出会った。そこで（賈島は、「推す」か「敲く」かを迷っていることを）詳しく言った。韓愈は『敲く』の字が良い」と。ついに一緒に詩について長い間語り合った。

得点アップ

▼返って二回読む字を「再読文字」という。打ち消しの「～ない」を文末に置くなどのように、日本語と漢文とは文法が異なり、一つの漢字を二語に分けて読まざるを得なくなったのが、再読文字である。再読文字には必ず返り点がつく。数は少ないので覚えてしまってもよい。

・未（いまダ～ず）　まだ～ない
・将・且（まさニ～ントす）　～しようとする・～しそうだ
・当・応（まさニ～ベシ）　～するべきだ・～にちがいない
・宜（よろシク～ベシ）　～するべきだ・～するのがよい
・須（すべかラク～ベシ）　～しなければならない・～しろ
・猶・由（なホ～ごとシ）　～と同じようだ・～と似ている
・蓋（なんゾ～ざル）　どうして～しないのか（～しなさい）

64

問一　イ
問二　因果応報
問三　オ
問四　ウ

解説 **問一**　書き下し文から「資[1]財[2]皆[3]乾[4]没[5]する所[6]と為[7]り」の順に返り点がついているものを選べばよい。「乾」と「没」の順が入れ替わってしまっている**ア**とウは除外。また、一・二点は、一から二に返って読むので**オ**は返り点のルールそのものが間違っている。**エ**では「乾」と「没」の間に「所」がはさまってしまうので不適。よって**イ**が正解となる。

問二　悪いことをして、後にその悪事に対しての相応の報いを受けること。知識として覚えていてよい四字熟語である。

問三　設問の「この世の役所」の「この世」を人間の世の中としたら、なぜ人間の世の中ではいけなかったのか。〰線**a**の手前、*4*行目に「乙は甲の陰事を挟みて、遽に反噬す」とあるので、乙には甲が文句を言ってきても、それを黙らせることができるもくろみがあったのだ。「陰事」とは、隠すべき(秘密にするべき)こと。甲は乙に、人間の世の中の裁判の場で「陰事」を言われたくなかったのである。該当するものが**オ**「裁判中に自分が過去に関わった不正行為などを乙に暴露された場合」である。

問四　神は*8*行目「人能《よ》く事々我が意のごとくするは、恐るべきこと甚だし」ということを知らなかった甲に対してため息をついたのである。**ア**「甲をかわいそうに」思っていないことは、神の最後の言葉「訴へを用ふること無かるべきなり」からわかる。**イ**「地方長官」の役目についての話ではない。**エ**「人間界の裁判」に打って出られなかったのは、乙の立場を心配したのではなく、甲の事情によったことである。**オ**「以前から深く信仰されていた」ことには触れられていない。

[現代語訳]　甲と乙は仲がよかった。甲は乙を呼んで甲家の重要な仕事を任せた。甲が長官になると、役所の仕事も任せて、(乙の)言うことに従った。長い間の後、(甲の)財産は(乙に)横領されて、はじめて乙の不正を知った。(甲が乙を)少し責めとがめると、乙は甲の隠し事をつかって、突然反対にかみついてきた。甲は怒りが収まらないで、訴えを記した木の札をつかって都市の守り神の城隍《じょうこう》に訴えた。夜、夢に城隍が甲に語るには「乙がこんなにも邪悪だったのに、あなたはどうして信用して疑わなかったのか。」と。甲が言うには「(乙の)する全てのことが、私の思う通りだったからだ。」と。城隍はため息をついて言うには「他人が自分の思い通りにすることほど恐ろしいものはない。あなたはこれを恐れないでかえって喜んだ。そんなあなたをだまさないで、誰《だれ》をだまそうというのか。彼(乙)は悪事をし続けてきて、邪悪に満ちている。最後に必ず報いを受けるだろう。あなたのような人は、つまりは、自分で災いを招いたのだ。訴えをとりあげることはできない。」と。

得点アップ

▼本文*1*～*2*行目「治めしむ」「佐けしめ」の「しむ」「しめ」は使役《しえき》の表現で「～させる」の意味である。漢文では「治《メシム》」、「佐《ケシメ》」のように送りがなの中に入れられることもあるが、「使、令、遣」などの文字で、「使《しム》レ治《メ》(治めしむ)」としてもよい。使役は一般的に、

使《ム》二 A《ヲシテ》 B一　AをしてBしむ　**AにBさせる**

という形でよく使われる。

▼受け身とは、「～される」の意味である。使役と同様に「疑《ハル》」のように送りがなに含まれることもあるが、「見、被」といった文字で、

見《る》レ 流《サ》　流さる　**流される**

のように使われる。また、本文*3*行目の「資財皆乾没する所と為り」は、「資財は皆(乙によって)乾没された」と解釈する。そこで、

為《なル》二 A《ノ》 所《ト》レ B《スル》　AのBする所と為る　**AによってBされる**

という構文ができあがる。句形、句法や構文は、なぜそういう形ができたのかを考えてみると覚えやすいかもしれない。

65

問一 石崇(は)其の曲を問ふも、郭訥(は)知らず

問二 例どうしてすばらしいと言うことができるだろうか

問三 挈㆓妻子㆒而去㆑之走

問四 オ

問五 エ

問六 例内容よりもレッテルを尊重する

［別解］中身より名によって評価しようとする

解説

問一 白文を書き下す問題では、対応する現代語訳がないか探そう。今回は17行目で「石崇」が「何の曲か、わかるかね」と尋ね、「郭訥」が「知りません」と答えている。「石崇がその曲を問うが、郭訥は知らなかった」となるように、漢字に読む順を付けると、「石《1》崇《2》問《5》其《3》曲《4》、郭《6》訥《7》不《9》知《8》」となる。石崇が問うが、郭訥は知らなかったのだから、「問」に逆接を表す「も」をつける。「石崇(は)其の曲を問うも、郭訥(は)知らず」となる。主語を表す「は」はあってもなくてもよい。「不」は日本語の助動詞にあたるので、ひらがなで書く。

問二 「何ぞ」は「どうして」という疑問を表す。「佳し」は「良し」と同じ意味。「得」は「〜できる」という助動詞としての用法があり、今回は「言ふを得ん」とあるので助動詞。「どうして良いと言うことができるのか」が疑問の訳。直前に「曲を識らず」とあるので、この疑問への答えはノー、「言うことはできない」となる。疑問の答えが明らかにノーだとわかれば、反語で訳す。よって、「どうして良いと言うことができるのか、いや、できない(できまい・できないだろう)」でもよい。

問三 書き下し文から「妻子挈之去走」の順だが、「而」が抜けている。文中の「而」は「置き字」と呼ばれるもので「発音しない文字」であり、返り点は付かない。したがって、「挈《3》妻《1》子《2》而《4》去《6》之《5》走《7》」とただ挟んでおくだけでよい。

問四 「矉」は7行目に「眉をしかめる」とある。それが書かれていない**ア**は明らかに不適。**ウ**「瞬間」、**エ**「どのように」はそれぞれ該当する語がないので不適。「所以《ゆえん》」は「わけ、理由」の意味の語で、「美なる所以」は、**オ**の「なぜ美しく見えるのか」が該当する。

問五 ——線⑤の前に、21行目「西施というような美人に出あったとき、〜はじめて美しいと感じますかね。」とある。その答えにあたるのが28行目「レッテルを見なくても、名前を聞かなくても、なかみのよしあしは、わかる人にはわかる」とあるのだから、**エ**「名前を聞かなくても、その人の美しさは分かる」である。

問六 「郭訥の言葉」は20行目「曲の名は知りません。しかしそれがよい音楽であることは、わかります」。さらに、21行目「西施というような〜美しいと感じますかね」とある。郭訥は「名」よりも「中身」を重んじる姿勢なのだから、34行目「その美しさそのものによっては評価されずに、西施という名によって評価される」こと、つまり「中身(=実)よりもレッテル(=名)を尊重する(態度)」への抗議であり、その一例として曲の名にこだわる石崇がいるのである。

［現代語訳］(1)皇太子の侍従の郭訥《かくとつ》、字《あざな》は敬という者が、以前、都にやって来て、芸人が歌うのを見て「すばらしい」と言った。石崇《せきすう》がその曲の名を問うが、郭訥は知らなかった。石崇が笑って言うことには「あなたは曲名を知らないで、どうして良いと言うことができるのか(いや、できないだろう)」。郭訥が答えた。「例えば西施《せいし》を見るようなことだ。どうして必ずしも姓名を知ってから、その後に美しいということがわかるということがあるだろうか(いや、姓名を知らなくても、美しいことはわかる)」。石崇は郭訥を責めることができなかった。

(2)西施が胸を病んで眉《まゆ》をしかめたところ、その里の醜《みにく》い人が、これを見て美しいと思い、帰って胸に手を当てて眉をしかめた。その里の金持ちはこれを見て、かたく門を閉じて外に出てこなかった。貧しいものはこれを見て、妻子を連れて逃げ去った。この醜い者は、眉をしかめたことが美しいことはわかったが、眉をしかめたことが美しい理由を知らなかったのだ。

得点アップ

▼漢文では訓読しない字「置き字」が頻繁に出てくる。問三の「而」がその一例である。「而」のほかに文中で「於、于、乎」、文末で「焉、矣、兮」などがある。中国語の古文としては読む(ニュアンスを付け足すなどの意味がある)のだが、漢文を日本語に訳す上では支障がないので、そのまま置いて

あるだけの字だと思っておけばよい。他に「者、也」など、読んでも読まなくてもよい字もあり、置き字もまれに読むことがあるが、内容理解に与える影響は小さい。なお、置き字に返り点はつかないが、「而」については文頭の場合は「しかして、しこうして」と読み、「だから、そして、しかし」と順接、逆接のどちらでも使える接続詞となる。

▼問一のように白文から返り点をつけたり、書き下しにする場合に知っておくとよいのが、漢文の基本的な語順は「主語＋動詞＋目的語」ということである。「石崇問其曲」は「石崇」が主語、「問」が動詞、「其曲」が目的語となる。日本語での語順に従って「石崇(は)其曲(を)問う」の語順となるように解答すればよい。動詞と目的語の順が逆になるのがポイントである。同様に「郭訥不知」では、「不」が英語でいう「ｎｏｔ」なので、漢文や英語では動詞の前に置かれるが、日本語では、「郭訥(は)知ら不」のように、動詞の後ろ(文末)に置かれ、ひらがなで「ず」と書くことになる。

第4回 実力テスト

1

問一 A 例自分が食べる（6字）
B 例慳貪の神を祀る（7字）

問二 エ

問三 例倉を開けて財宝を配っている者は本物の留志長者ではない。私が本物の留志長者だ。

問四 エ

問五 イ

解説

問一 「虚言」とは「嘘《うそ》」のこと。Aが本音で、Bがそのための嘘である。──線①の直前に「人も見候はざらん所に行きて、よく食はん」とあるので、Aは「自分が食べる」になり、そのために7行目「我に憑きたる物惜しまする慳貪《けんどん》の神、祀《まつ》らん」と「神を祀る」と嘘をついたのである。

問二 直前の「帝釈、きと御覧じてけり」から、帝釈は「留志長者」の行動を「御覧じ」ていたのである。ア、イの「留志長者の一族」は関わりがない。ウ「天の神を欺こう」とはしていない。留志長者が嘘をついた相手は妻である。オ「動物に食べ物を与えなかった」も関わりがない。

問三 直訳すれば「これではない。私がそれだ」。直前の23行目「我とただ同じ形」から留志長者の姿の帝釈が「倉もみな開けて」いるところに、本物の留志長者が帰って来たのである。本物の留志長者が「これではない」と言ったのは財宝を取り出して配っていた留志長者はにせものの留志長者だということである。この時点では本物の留志長者は、にせものの留志長者の正体が帝釈だと気づいていない。「私がそれだ」とは「私が本物の留志長者だ」ということ。

問四 古文の「やは・かは」は反語の目印。反語はつまるところ打ち消しになるのだから、答えはイかエ。27行目で「腰のもとに～それを御覧ぜよ」を受けて、──線④の直前に「見るに」とあり、さらに直後で「二人ながら物の跡もあれば」とあるので、「落」は「見落とし」と解釈するのがよい。

問五 34行目「慳貪にて、地獄に落つべき」だった留志長者を、地獄へ「落さじ（落とすまい）と」したのである。財宝を分け与えてしまうことを選択肢では「無一文に」あるいは「一文無しに」と言い換えている。ア「一文無しになって地獄に落ちる」はおかしい。ウ「留志長者の母親をも欺き」は結果的にそうだったのだが、本来の目的ではない。エ「自ら財産を放棄するように命じ」たのではなく、帝釈は留志長者の姿をして放棄したのである。オ「母親を使って」はいない。

［現代語訳］ 今となっては昔のことだが、留志長者といって、裕福な長者がいた。およそ倉を数えられないほど持ち、裕福さは比類なくすばらしかったが、心は卑《いや》しくて、妻に子にも、まして召し使う者などには、決して十分にものを食べさせ、服を着させることはなかった。

自分は、物が食べたければ、まったく人には見せず、人目を盗んで食べるが、満足できずに（もっと）多くほしかったので、妻に言う。「果物、ごはん、酒、おかずなど、たくさん出してくれよ。私にとりついている慳貪の神を祀ろう」と言うと、（妻は）「物惜しみ（けち）な心がなくなるだろう」と思って用意する。本当は「他人も見ておりません所に行って、たっぷり食べよう」と思って、嘘をついたのだった。

そうして（食べ物を）取り集めて、丸い器に入れて、とっくりに酒などを入れて、持って出ていく。「この木の根元には烏《からす》がいる。あそこには雀《すずめ》がいる。食べられないようにしよう」と場所を選び、人のいない山中の木の下に、鳥も獣《けもの》もいなくて、食べてしまうものもないので、（留志長者は）食べていると、楽しくて気分がよくて、吟じることには「今日曠野中、飲酒大安楽、猶過毘沙門、亦勝天帝釈」。その意味は、今日人のいない所に一人でいて、おいしいものをたくさん食べる、毘沙門にも天帝釈にも勝《まさ》っている、と申し上げるのを、帝釈はちゃんとご覧になっていた。

（帝釈は）憎らしいとお思いになったのだろうか、留志長者の姿形に変わりなさって、「私が、山で物を惜しむ神を祀ったので、その神は離れて、物が惜しくなくなったのでやるぞ」と言って、倉などを次々と開けさせなさって、妻子たち、親、召し使いどもをはじめとして、知っている人にも知らない人にも、財宝どもを取り出して配りなさっている時に、喜びあって（財宝を）いただいていると、本当の留志長者は帰ってきた。

倉もみな開けて、このように人々が（財宝を）取り合っていることに、驚きあきれて悲しく、（帝釈が）自分と同じ姿形になさっているので、「これ（は本物の留志長者）ではない。私が本物だ」と言うが、聞き入れる者はいない。帝に訴えると、「母に聞け」とおっしゃる。母に問うと、「物を人に下さるのが我が子でしょう」と申すので、（留志長者は）どうしようもない。「腰のところに黒子というものの跡がありますが、それをご覧ください」と（留志長者は）申し上げるので、（着物を）開けて見るが、帝釈がお見落としなさるだろうか、いや、お見落としなさるはずがあるまい。二人とも黒子の跡があるので、どうしようもなくて、仏のもとに二人して参上すると、帝釈は、元の姿に戻り、（仏の）御前にいらっしゃるので、議論申し上げようがない。（留志長者は）「悲しい」と思ったが、聖者としての悟りを開き始めたので、物を惜しむ心もなくなってしまった。

このように帝釈は、人を導きなさることは計り知れない。むやみにあれ（留志長者）の物を失わせようとは、どうしてお思いになるだろうか（いや、お思いにはなるまい）。けちで地獄に落ちそうなところを、落とすまいと計画なさったので、すばらしいことになったのだ。見事なことだ。

＊p.16 **実力テスト 採点基準** 参照。

③